ユダヤ人と経済生活

ヴェルナー・ゾンバルト
金森誠也 訳

目次

ユダヤ人と経済生活

凡例

本書はWerner Sombart, *Die Juden und das Wirtschaftsleben*, 1911の抄訳である。底本にはDuncker & Humblot GmbH, München und Leipzig, 1928版を用いた。本書で割愛した部分の章題、内容については、巻末の「解説」および「学術文庫版訳者あとがき」を参照されたい。

本書における符号、その他の使用は左の要領にしたがった。

1 『 』は書名、「 」は誌紙名および引用文。

2 （ ）は原文にもとづくもの、〔 〕内は訳者による注である。

3 傍点を付している部分は、原文でイタリック体で強調されている個所である（人名を除く）。

4 行間の（1）（2）……は原注を示し、注は各章の末尾にまとめてある。

はじめに

おそらく多くの読者の方々は、わたしが、どうしてこの奇妙な本を書くようになったか、といういきさつをお知りになりたいだろう。さらにこの本の評判を、どんなにわたしが気にしているかについても関心をおもちのことと思う。

わたしは拙著『近代資本主義』を全面的に書き改めようとしていたとき、偶然ユダヤ人問題にめぐりあった。そのとき、重要だったのはなかでも「資本主義の精神」の起源に通ずる思考の歩みを一層深めてゆくことであった。ピューリタニズムと資本主義との間の関連についてのマックス・ヴェーバーの研究に促され、わたしは当然のことながら、宗教の経済生活への影響を、これまで以上にくわしく探究せねばならなくなった。そのさいわたしは、まずはじめに、ユダヤ人問題にめぐりあった。なぜならヴェーバーの研究をくわしく調べたところわかったのだが、資本主義の精神の形成にとって実際に意味があったように思われるピューリタンの教義の構成要素のすべてが、ユダヤ教のもろもろの理念からの借り物であったからである。

しかしこの認識だけでは、近代資本主義の発生史のなかにおけるユダヤ人の役割のくわしい考察を行なう機会に恵まれなかったであろう。ところがわたしがその後研究をつづけてゆくうちに——これまた全く偶然であったが——近代国民経済の形成にあたっても、ユダヤ人の関与は、これまで予想していたよりも、はるかに大きいという確信を抱いたのだ。

この洞察にわたしを導いたのは、十五世紀の末期から十七世紀の末期までの間にほぼ完成した、経済の重心の変動、すなわち、南ヨーロッパから、北西ヨーロッパの諸国へと移らせたヨーロッパの経済生活における重心の変動を理解しようとした努力の結果であった。スペインの突然の没落、オランダの突然の興隆、イタリアとドイツにおける多くの都市の衰退、それに他の諸都市、たとえば、リヴォルノ、リヨン（一時的）、アントウェルペン（一時的）、ハンブルク、フランクフルト・アム・マインの繁栄は、わたしにこれまでの理由づけ（東インド諸島への航路の発見、国家間の力関係の推移）だけではけっして十分に説明されていないと思われた。そのとき突然、わたしには、様々な国家と都市の経済的運命と、その頃、自分たちの地理上の居住地の、ほとんど完全な変動をまたもや体験したユダヤ人の運命との間の、当初は全く外面的な並行性が明らかになってきた。

そして、くわしく見てゆくうちに、わたしには疑う余地のないほどはっきりと、実際に移住した土地に決定的に、経済的繁栄をもたらしたのもユダヤ人であれば、退去した土地に、経済的な衰退をもたらしたのもユダヤ人であったという認識が生まれた。

そうはいうものの、このことを事実に即して確かめるのが、まず本来の学問的な課題である。あの諸世紀の間、「経済的繁栄」とは何を意味したのか？　いかなる特別の業績によって、ユダヤ人はあの繁栄実現に貢献したのか？　この特別な業績をつくる能力をユダヤ人に与えたのは何か？

　これらの疑問に完全に答えることは、当然のことながら一般的な近代資本主義の歴史の枠内ではできなかった。しかしその問題はあまりにも魅力があったので、わたしは数年間、主著『近代資本主義』執筆の作業を中断し、ユダヤ人問題の解明に没頭した。その結果この本が生まれたわけである。

　だが数年間で本書を完成しようという目標は、やがてまちがっていることが判明した。なんといっても参考になるような著作が皆無に等しかったからである。

　ユダヤ民族について書かれたものが数多くあるのに、もっとも重要な問題である彼らの経済生活における位置について、基礎的な重要事項がほとんど記述されなかったのは、実際全く奇妙である。われわれがいわゆるユダヤ経済史、あるいはユダヤ人の経済の歴史について所有するものは、全くその名に値しないものばかりだ。これらの著述はつねに現状については全く顧慮していない、たんなる法制史、いや、それどころか、たんなる法律の年代記にすぎないからである。そこでわたしは、まずはじめに数百の（なかにはすぐれたものもある）学術論文や文献から事実の資料をまとめあげなくてはならなかった。それというのも、最近の三世紀におけるユダヤ人の経済活動について——あえて記述するとはいわないが——素描するためであった。

　多くの地方史家たちは、最近数世紀におけるユダヤ人の表面的な経済生活や彼らの運命を記述すべく少なくとも努力はしてきたものの、これまで、次のような問いにごく一般的にでもあえて取り組もうとした者はほとんどいなかった。すなわち、なぜユダヤ人はあの固有な運命をもったか、あるいはもっと正確にいえば、われわれがその実情を見てきたように、ユダヤ人に近代国民経済形成にさいし、あの卓越した役割を果たさせるようにしたものは何か？という問いである。そしてこの問いに対する回答として打ちだされたものは、全くお粗末な古めかしい図式にすぎない。すなわち「外的に強制された状態」「商業とかけひき商売の能力」「遠慮会釈をしない性質」などである。これらの、そして類似の一般的決まり文句が、諸民族の歴史のなかでももっとも微妙な疑問の一つに回答するために持ちだされねばならなかったのだ。

したがって、まずはじめに本来説明すべきことは、証明されるべきユダヤ人の特性を、きわめて正確に特定しておくことであった。こうしてはじめて、近代資本主義の建設者としてのユダヤ人の特性を説明する可能性が、検証されることになった。この検証に本書の大部分が捧げられている。しかしここでは、わたしの探究の成果をくわしく伝えることはできない。とりあえず、読者の耳にいわば主題（ライトモティーフ）としてひびくように次の事柄を列挙しておきたい。

まず、わたしが、すべての他の影響を凌駕する近代経済（ならびに一般の文化）生活にとってのユダヤ人の大きな意味を、内的、外的状況の全く独自の結合のなかで見抜いたことである。次に、わたしはこれが、全く特別な種類の民族――砂漠の民、そして放浪の民、亜熱帯の民――が、全く性質の違う民族――寒冷・多湿な土地の民、鈍重な土着の民――の間に押しこまれ、その土地でふたたび全く独特な外的条件の下で生活し、かつ働いたという（歴史的に偶然な）事実によるものと考えた。

もし彼らユダヤ人が全員オリエントにとどまるか、あるいは他の温暖な地方に押し流されたのであったならば、当然彼らの特性はたしかに独自なものを生みだしたであろうが、その影響はあのようにダイナミックにはならなかったであろう。彼らはおそらく今日、たとえばカフカスにおけるアルメニア人、アルジェリアにおけるカビール人、インドにおける中国人、アフガン人、それにペルシア人と似たような役割を演じたであろう。

近代資本主義という現象が全く風変わりであることを、その本質の大部分を説明できる次のような事実が示している。それは、ただ純粋に「偶然」な各種各様な民族の結合と、しかもただ純粋に「偶然」な何千もの状況によって左右された運命が、その独自性を基礎づけたということだ。そして地球の北半球の国々にユダヤ人が拡散しなければ、近代資本主義も、近代文化も生まれなかったろう！

わたしは自分の研究を現代まで推し進め、実はそのように自負しているのだが、あらゆる人に対し、現代の経済生活が、ますますユダヤ人の影響を受ける度合を深めたことを証明した。ただわたしがこれまでのべなかったことがある——だから本書でのべようと思っているのだが——それはあらゆる兆候から見て、こうしたユダヤ人の影響がごく最近になって減少しはじめたことだ。外部から見て重要な地位、たとえば大銀行の取締役や監査役にユダヤ人の名前が少なくなってきたのは、全く疑う余地がない。このことはたんに名前を列挙すれば、すぐにわかることだ。それにユダヤ人的要素の実際の抑制も行なわれている。今日こうした重要な現象発生の原因を追究するのは興味深いことだ。こうした原因にはいろいろ理由があるだろう。一方では、経済人の個人的能力の変化がある。非ユダヤ人は資本主義的経済組織の要求にますます順応してきた。彼らは「学習」した。これに反し、ユダヤ人は、彼らの外面的運命が体験したもろもろの変化（彼らの市民的地位の向上、宗教的感覚の希薄化）や、他の内的、外的な理由に基づき、資本主義に対するかつての独自の適性の一部を失った。

他方、われわれは、ユダヤ人の影響の減少の理由をわれわれの経済生活のなかに、おそらくまた、経済が営まれている物質的条件の変化のなかに見出さねばならないであろう。資本主義的な様々な企業（われわれの大銀行を考えて見よ！）は、もはや以前と同じように、特殊な商人の特性を要求しない官僚的機関へとますます変化していった。官僚主義が、商業主義の代わりに出現したのである。

資本主義の最近の時代が、ユダヤ人の影響の減少をどのくらい示しているかを確定するには、今後の精密な研究に待たねばなるまい。

かつてわたしは自分や他の人が行なった個人的な様々な考察を、これらの考察された諸現象の基礎をなす唯一の理由をあげながら本書のなかで試みたユダヤ人の影響についてのわたしの説明が実際に正しいことを証明するために利用した。ユダヤ人の影響の減少は、いわば実験で見られるように影響の実情とは何かを示している。

実際にわたしは、ユダヤ人が資本主義に適していることを説明した本書の論述の部分、すなわち第二部と同様、ユダヤ人の近代国民経済形成への関与を事実だとしてのべた第一部が、基本的な考え方としては、いささかもゆるがないと信じている。おそらくこうした論述が是正されたり（とくに！）補完されたりすることはあろうが、その思考の歩みの正しさは、けっして反論されることはないであろう。

最後にわたしは、本書のいくつかの特色を指摘し、それによって、誤解されたあげく、わたしの思考構造の輪郭が霧のなかでぼやけたようになり、わたしが、つくりあげたのと全く別のものが「批判的」観測者の眼前に出現することが避けられるのを期待している。

一　本書は一面的な本である。本書は一面的であることを望む。なぜなら、様々な頭脳のなかに革新的な作用をひきおこすことができるためには、どうしても一面的であらねばならないからである。

というのは、本書が近代の経済生活に対してユダヤ人の果たした意味を明らかにしようとしているからだ。この意味を判然とさせるようなすべての資料を本書は収集したが、そのさいユダヤ人以外に近代資本主義の形成に関与した他の要素については言及さえしなかった。だがそれによって、当然のことながら、こうした要素の影響が否定されたわけではない。人は同等の権利をもって、近代資本主義に対する北方民族の意味について書くこともできる。また、わたしがユダヤ人なくしては近代資本主義はなかったといったのと同等の権利をもって、技術の成果なくしては、アメリカの銀鉱山の発見なくしては、資本主義はなかったということができる。

わたし自身が、一面的だと名づけたように、本書はそうした種類の本だが、それでもなおかついえるように、

二　本書はけっして主張を列挙した本ではない。

わたしの考えによれば、本書のなかで、そして本書によって、何かこれときまった「歴史理解」が正しいと証明されるわけでもなければ、本書によって、経済生活の「民族に準拠」した理由づけがなされるわけでもない。いかなる「理論的」、あるいは「歴史哲学的」結論を、本書の記述から引きだすことができるか、あるいは引きださねばならないかということは、全く別問題であって、さしあたり本書の内容自体とは何の関係もない。本書が望んでいるのは、わたしが目撃したことを再現し、観察された事実を説明すべく試みることである。

そうしたことからしても、なんぴとが試みるものであれわたしの意見に対する反論も、つねに経験的、歴史的事実から出発するべきである。またもし、誤りを証明しようとするならば、わたしがこれときまった現実性を主張した個所、そしてもし誤った推理があるとするならば、わたしがこうした現実性の因果関係を理解しようと試みた個々の場所において行なわれねばなるまい。

三　本書は厳密に学問的な書物である。

わたしが人の耳目を驚かすにたるほど力をこめて強調したいのは次のことだ。

これによってわたしは当然、本書を自賛するのでなく、逆に本書の欠点を説明しているの

だ。どうしても学問的な書物であるために、本書は事実の確認、説明に限定され、あらゆる価値判断を避けている。価値判断はつねに主観的であり、つねに全く主観的である可能性がある。それというのも、価値判断は結局、あらゆる個人のきわめて個人的な世界観、生活観に基づいているからである。しかし学問は客観的認識を伝達しようと望んでいる。学問は、根本的にはただ一つしかない真理を求めている半面、価値なるものは、根本的には価値判断をする人と同じ数だけ存在する。客観的認識は、それがなんらの主観的色彩を帯びた価値判断と混同された瞬間に曇ってしまう。そしてこのために学問や学者は、彼らが認識したことについての査定に直面すると、まるでペストに遭遇したように逃げだしてしまうものだ。だが「人種問題」の分野、そしてとりわけ、いわゆる「ユダヤ人問題」の分野におけるほど、主観的評価が猛威をふるい、客観的現実の認識を停滞させるところはない。

本書がとくに独自の特色を獲得したのは、長々とユダヤ人についてのべながらも、ただの一ヵ所でも、ユダヤ人とその性質や業績についての評価をほのめかそうとしなかったからである。

たしかに――また厳密に学問的意味において価値の問題を、この場合には一定の住民集団の価値、あるいは無価値をあつかうことができる。そこで、われわれは、すぐさま、このことはつねにただ、啓蒙的な、あるいは批判的な警告を与える意味で行なうということを明らかにしたい。それは次のような方式で行なわれる。

まずはじめに、そもそも民族は個人と同様、彼らの現状、彼らの業績によって評価されること。しかも、あらゆる場合において、その最後の尺度が、主観的であることに注目すべきである。それとともに注意せねばならないことがある。たとえば、「劣等」民族、「高等」民族について語り、ユダヤ人を「劣等」、あるいは「高等」民族ときめつけることは、そしていかなる性質、いかなる業績を、価値あり、あるいは価値なしと見なすかは、きわめて個別的な個人の価値感情に拘束されていることからしても、全く不適切である。

このことを思い起こさせるのは、次のような考え方である。

たとえば、ユダヤ人の運命について、彼らが他のすべての民族を凌駕した永遠の民であるとする見方がある。詩篇三六について、ミドラシュ〔ユダヤ教の祭祀的な旧約聖書の解釈〕はいかにも誇らしげに「一つの民が興り、他の民が消滅する。しかしイスラエルは永遠に残る」とのべている。今日でも多くのユダヤ人が保持している一民族のこのような永遠性は、そもそも価値があるものか？　ハインリッヒ・ハイネは、次のようにのべたとき、別の考え方をしていた。

「この原初の民族は、長期間にわたり呪われ、おのれの劫罰の苦しみを何千年も引きずってつづいた。おお、ではエジプトはどうか！　この地でつくられたものは、時の流れに抗していまだ立っている。ピラミッドは、依然としてゆらぐことなく聳え立っている。ミイラは、いまだいている。もとのまま、こわされず、腐らずに残っている。そのありさまは、地球上を放浪し、太古の文字のむつきのなかにくるまれたあのミイラ民族〔ユダヤ人〕と同じである。彼らは化石となった世界史の一片であり、おのれの生計を両替と古着のズボンを売ることによって立ている幽霊である」

ユダヤ人の業績とは何か？　彼らはわれわれに若干の神と、イエス・キリストと、それに二元論の道徳つきのキリスト教を贈った。

これは価値のある贈り物なのだろうか？　フリードリッヒ・ニーチェは、これについては別の考えをもっている。

ユダヤ人は今日の形態をとる資本主義を可能にした。まさに感謝すべき業績ではないか？この疑問にも、人それぞれが資本主義の文化に対してもつ個人的な関係にしたがって、まったく種々雑多な回答が与えられるだろう。

神ならざる身をもって、だれが「客観的」に価値ある業績とは何かとか、二つの民族、二人の人間のうち、どちらがより価値が高いかなどを決定できるだろうか？　この意味においては、いかなる個人も、いかなる個々の民族も、他人、他民族より価値ありとは見なされないのである。さらにまじめな人々が、それでもなおかつ依然として、こうした価値づけに取り組むならば、たしかにきわめて、個人色の強い彼らの見解を表わす権利はもちろんあるだろう。そうはいうものの、そもそも価値判断が、客観的な、そして一般的な判断の性格をもつことが望まれるならば、われわれは情け容赦もなく、そうした判断が誤ってつくりあげた思いあがった威厳を剝脱し――こうした現象の危険性に直面している以上――精神の戦いにおけるもっとも鋭い武器、すなわち物笑いの種にすることを恐れてはならない。

これときまった人種の代表や、やはりこれときまった民族の一員が、彼らの人種や民族をなぜか「選ばれし者」、価値があり、高級な者として自画自賛する（ちょうど新郎が、新婦をほめるように！）のを見ると、ほんとうに滑稽に思えてくる。最近では二つの人種（あるいは民族集団）が、そのための宣伝がもっとも派手になされたためか、とくに過大評価されていると思われてならない。その二つの人種とはゲルマン人とユダヤ人である。そのうちユダヤ人は（全く正当にも）民族意識旺盛な同胞を、他の民族、とくにゲルマン人の思いあがった代弁者が、彼らに対して行なっている攻撃から防衛すべく努めている。他方では、両民族に属する者が、自分の民族を一層価値あるものと見なし、自分の民族自身を愛することはまた当然である（ちょうど花婿が、花嫁をあつかうように！）。しかしこの趣味を他人にまで強制しようとするのはおかしい！　もしだれかがゲルマン人を礼賛するなら、どうしてゲルマン人でありながら、それに反論したヴィクトル・ヘーンの言葉を対抗して打ちだしてはならないであろうか。ヘーンはとりわけ次のようにのべた。

「そもそもイタリア人は、最下層のタイプから、ますます高級な組織へと向上する段階のなかで、たとえばイギリス人と比べ一層高級な地位を占め、一層精神的かつ豊かな素質にめぐまれた人間形成が行なわれていることを示している」（もちろんヘーンはこの判断によって、全く対立した見解をもつゲルマン人礼賛者と同じくらい、およそ客観性に欠ける認識を語っている）〔ヘーンがラテン系のイタリア人を、ゲルマン系のイギリス人より高く評価したことをさしている〕

それともどうだろう。もしわたしが黒人をアメリカ合衆国の白人の住民以上に高く評価したら、はたしてだれがわたしに反論するだろうか？　もし人がわたしにきわめて発達した物質文化こそヤンキー〔もともとはニュー・イングランド住民の白人〕の業績だとして異議を申し立てるならば、これがはたして反論となるだろうか？　それならば、こうしたアメリカ文化が、黒人の「原始的」文化などよりも一層価値があるということを、まず、わたしに向かって証明せねばなるまい。

だが人種の価値評価問題の学問的分析はまだ他に課題を抱えている。こうした分析は、価値の尺度が、いかに時代の流れとともに変動していったかを証明せねばならないし、また数世紀にわたるこの歴史的考察にさいしては、ある頭のよい人がかつて表現したように、発達の順序は、人間性から出発して国民性を経て、ついには獣性にいたること。また、そうはいうものの、この過程――獣性へと下降する勾配の寸前に――からは、他の考え方が分岐することもあるということが確認されねばなるまい。ではその他の考え方のことだが、そのモットーはおそらく、人間性（これは、さらに、人間性の規制的理念ではなくして、たんに紙上で万人の同価値を表わすものと考えられる）が、国民性（そして人種礼賛）を経て、特殊性（あるいは質の良さ）に向かうのだというふうに表現されるであろう。換言すれば、血統による種族の状態にしたがって、それぞれの出身種族を云々することをせずに人間の評価をすることにいたるわけである。われわれはちょうど今、人種の概念が新しく形成されており、人種は、もはやたんなる進化論的な事実ではなく、理想主義的な要求として理解されていることを知っている。

今や次第にすべての人種と民族の集合的評価が、あまりにも粗野な理想としてしりぞけられる気運にあり、人間の顔を備えてさえいれば、全員すべて同価値であるというこれまた粗野な考え方でなく、次のようなより高級な（！）考え方が打ちだされるようになった。すなわち、たしかに血統が人間を価値あるものとするけれども、それがゲルマン人の血であるか、ユダヤ人の血であるか、あるいは黒人の血であるかということは無関係だというのだ。人間はきびきびとしていなければならない。そしてこの考察方式によれば、きびきびしたユダヤ女は、嘘つきでしまりのないゲルマン女よりすぐれており、また逆も真ということだ。

最後にすべての人間集団の価値評価に関する学問的論文のなかでは、そもそも世の中には人種だの民族だのに一切囚われず、個々の人間のみを評価し、人種でも何でもよいが、人間集団とは、ときたま価値ある人間、賢人を含んでいる無価値な大衆によって満たされているとの意見をもつ人々もいるのだ。すでにかなり以前から人類を垂直に線引きして分類することをやめた人々がいる。彼らは水平に線を引いて「すぐれた人類」とその他を分け、かくして当然のことながら「線上」でしばしば（あるいはまれに）ユダヤ人にもキリスト教徒にも、北極地方の先住民にも黒人にもめぐりあうのだ（なぜなら、あらゆる人類の集合体のなかに「すぐれた人々」が存在することが否定できないからだ。ゲルマン人やユダヤ人のなかのすぐれた人々といえども、黒人のブーカー・ワシントンや、普通は評価されていないこうした人種の多くの精神的、芸術的そして道徳的にきわめてすぐれた人々の後塵を拝している）。

最後にのべた評価方式が、一定の人間集団の価値判断を、全く個人的な生活経験に依存させていることは明らかだ。それはともかく、たしかにわれわれ近代人の多くが、好むと好まざるとにかかわらず、ユダヤ人を非常に高く評価するようになった状況を、かの愛すべきドイツ詩人フォンターネが、かつて古典的言葉を用いつつ次のような詩句のなかで表現した。

わたしの七十五歳の誕生日にあたって

この祝日にやって来た人々の
名前はまことに各種各様であった。
恐れたり、非難するつもりはないが、
ほとんど先史時代にさかのぼる貴族名もあった。
名前の語尾が「山《ベルク》」や「家《ハイム》」の人々は数知れず、
大挙して押し寄せて来た。
マイヤーという名の人々は大隊単位で来た。
またポラックはじめもっと東方の住人も、
アブラハム、イサーク、イスラエルと、
すべての族長がやって来た。
そして親しげにわたしを彼らの先頭に立たせた。

イッュンプリッツェという名の人など、
わたしにとって何ほどの関係があろう！

だれにとってもわたしは何者かであった。

全員がわたしの作品を読んでいた。

全員がかなり以前からわたしを知っていた。

そしてこれがかんじんなことだ。

どうぞいらっしゃい、コーンさんも。

〔このなかにアブラハムはじめ、きわめて多くのユダヤ人名があることに注意されたい〕

人種評価の問題についての学問的研究はまた——そこを強調したいが——この種の価値判断をも顧慮しなくてはなるまい。そしてこれによって、こうした判断のきわめて個人的な性格を明白に示すことになろう。すなわち、彼らのきわめて個人的な、したがって「非学問的」性格を明白にすることになろう。しかし本書は、学問的な書物であるべきであり、したがって、なんらの価値判断も含んでいない。著者の個人的な見解などは、広い世界の人々にとっては関心がない。これに興味をもつのはただ著者の友人たちだけである。しかも彼らはこのことをよく承知しているのだ。

ヴェルナー・ゾンバルト

第一部　近代国民経済形成へのユダヤ人の関与

第一章　調査方法——関与の方式と範囲

ある住民集団が、これときまった経済の動きにかかわった様子をはっきりさせるためには、二つの方法を利用できる。それは統計的方法と発生的方法である。

名称が示すように統計的方法を用いることによって、そもそも経済的行為に関与した経済人の数、たとえば、一定の国の商業、一定の時期における一定の種類の工業をつくりだした経済人の数を探り、その後、調査対象になっている住民集団のなかで、これら経済人が占める割合（パーセンテージ）を探るよう試みるのだ。疑いもなくこの方法は大きな長所をもっている。

もしわたしがある業種に関与した人間の五〇パーセント、あるいは七五パーセントが、これときまった民族に属することを数字の上で確かめることができるならば、その業種の発展にとって、外国人なりユダヤ人なりのもつ意味について、かならずやはっきりした観念が生まれるであろう。とくに次のような場合にはますますそうなってくる。すなわち、統計が、経済人という人間以外に経済的に重要な事実、たとえば応募し、投資された資本の大きさ、生産された財貨の量、それに商品の販売額などについて行なわれた場合である。そういうわけで、ここでのべたような事柄を調査するさいには統計的方法が好んで用いられ、しかも成果をあげることもある。ところが、すぐにこの方法だけでは、問題が解決できないことがわかってくる。

まずはじめに、最良の統計といえども、われわれが問題にしている事柄のすべてはいわずもがな、しばしばもっとも重要なことについて何も語ってくれないからである。世の中には強力な個性をもち、それを縦横に行使できる人がいる。そうした人の影響は、直接の活動分野をはるかに越えてひろがり、これときまった物事の動きへのなんらかの関与は、職業集団と生活の展開に対する数字で示された関与を、実際には当然のことながら、比較にならないほど、大幅に上まわっている。ところが最良の統計といえども（どこでも人間の営みが行なわれるところでは、どうしてもそうなるのだが）、彼らが経済生活のなかで行使するダイナミックな効果の問題に直面すると、ただひたすら沈黙するばかりである。

ある銀行の業務形態が、他の十行の銀行にとって模範となり、さらに一時代の、そして一つの国の一般的業務形態が、これによってはっきりした特徴をもつようになったとしても、この方向を与える一行の銀行の銀行組織の発展に対する関与は、明らかに正確な数字上の確定によって再現させることはできない。そういうわけで、統計的方法は、どんな場合でも他の調査方法によって補完されねばならない。

だが、統計的方法の別の欠陥が今のべたものよりも、おそらく一層きびしく痛感される場合がある。すなわち、この方法はもっとも一般的なケースにさいしても、不十分な数字上の資料しか示せないため、そもそも適用不可能ということになる。過去において、ある工業とか、ある商業分野にたずさわっていた人の数、それに販売額の大きさが、それに関与した種々の住民集団の正確な配分率——したがってわれわれの場合には、数字で示されるユダヤ人の関与——とともに正確な数が表示されて残っていたとすれば、それはまったく特別に幸運な状況である。現在と将来については、おそらく——とくに恵まれた状況下では——これまで考えられてきたような統計的な確定が、大がかりに行なわれることも可能であろう。そのうちのいくつかについては、本書の論述の経過のなかでも示されるであろう。ところで今や、この種の調査が直面する巨大な困難が意識されることになった。そのさい一般的な職業および実業の算定でわれわれはまったく行きづまってしまう。もっとも恵まれた場合には、こうした数字から、いかなる宗教の信者が経済活動の各分野にたずさわっているかが判明する。しかし、これはあまり役立つことはない。まず第一に、すでに強調したように、資本、あるいは生産、あるいは販売能力の大きさの表示がなければ、たんに仕事に従事する人数だけでは不十分である。第二に、宗教を変えた改宗者であっても、やはり調査される住民集団に属していると算定されてしかるべき人々が調査から外されることになる。

ほんとうに信頼のおける結果にたどりつきたいのであれば、この種の数字上の確認は種々の資料を比較しつつ利用した上で、正確なきめ細かい分野についての知識をもち、とくに正確に個人個人についての知識をもっている人々によって専門的に行なわれねばならない（このさい種々の資料というのは、とくに商工業ハンドブック、商工業アドレスブック、それにユダヤ教の会衆の納税目録のたぐいである）。わたしは本書が、この種の調査（なにはともあれ、かなり費用がかかる）を大がかりに実施するようすがとなれば幸いだと思っている。しかし今のところわれわれは——ウィーンのジークムント・マイヤー氏が計画した調査をのぞいては——ここで考えられているような種類の役に立つ著作を一切もっていない。そういうわけで、もしユダヤ人のわれわれの経済生活への関与を確定するための統計的方法があったならば、本書のような著述は書かれなかったに違いない。しかしわたしが本章の冒頭でのべたように、わたしが発生的と名づけた他の方法がある。この方法はたんに応急処置の穴ふさぎとして登場するばかりでなく、統計的方法を上まわる様々な長所さえ備えている以上、統計的方法と同じ資格をもって活用することができよう。

発生的方法は、たとえば、次のように特徴づけられる。すなわちわれわれは、とりわけ一つの住民集団（ユダヤ人）が、近代経済生活の、動き、方向、性質、それに方法にとってどの程度、決定的であったかを、つまりいわば、その質的な、あるいは前述したようにその力学的な（ダイナミックな）意味を調べたいと思うのだ。しかしそれにはとくに、これときまったわれわれの経済生活を特徴づける性質の最初のしるしを、たとえばユダヤ人からさずかったかどうかを調べるのが先決である。ところで、そのさいたとえば、ある種の外的な、位置的、組織的性質の形成がユダヤ人の活動によったかどうかとか、一般にわれわれの経済生活を支える経済の格率にまで成長した業務上の諸原則が、とくにユダヤ人の精神から生まれたかどうかを調べるわけである。こうした方法の適用は、明らかに経済的発展の順序をできるだけ始源まで追究することを求めており、したがってわれわれの観察を、近代資本主義の初期、あるいは少なくとも、それが今日の形態をとりはじめるようになった時期までおしすすめるよう要求する。

しかもこの方法の適用は、けっしてわれわれにその発端や初期にとどまることなく、資本主義的な本質の成熟過程を追究するよう要求する。それというのも、現代までのすべての時代において、「新しい要素、より新しい要素」が次々とあらわれ、資本主義の固有性が、しばしば壮年期に達してはじめて、経済組織のなかに顕現するようになるからである。新しい要素が、はじめて感知される瞬間がつねに認められねばならぬ。そしてこの決定的な瞬間において、新しい衝動を駆り立てた経済生活の特別な分野において、だれが指導的役割を演じたのかを探究せねばなるまい。

もちろん、だれが、決定的な役割を演じたかを厳密に確定することは、たとえ不可能ではないまでも、きわめて困難である。ここでも、他の多くの場合と同様に、学問的な機転が必要である。経済生活のなかに制度や指導的理念をもちこんだ人々が、けっしてつねに、せまい意味における「発明家」ではなかったのは、自明の理である。

しばしば、ユダヤ人は本来発明的な頭脳の持ち主ではないとか、たんに技術の分野ばかりでなく、経済の分野でも、新しい「諸発明」は、非ユダヤ人によってなされており、ユダヤ人は、他人の理念をたくみに利用するすべを心得ているのである、などといわれている。わたしはこうした命題は、一般的に正しくないと思っている。技術面でも、そして、もちろん経済面でも、われわれは、本来の意味におけるユダヤ人の「発明家たち」に遭遇する（それは、各種各様な事柄のなかで証明されている)。しかし、これまでのべた諸命題が、かりに正しかったとしても、それはけっして、次のような見解に対抗する証明とはなっていない。その見解とは、経済の世界のなかで問題になるのは発明よりも、発明の「収穫」である以上、ユダヤ人は、経済生活の部門に、彼ら固有の刻印を表わしたということだ。それは、なんらかの理念を活性化し、なんらかの新しい思考を現実の土台の上に定着させる能力である。そもそも、経済的発展の動きと方向を定めるのは、どこかの天才的頭脳の持ち主が、たとえば分割払い販売の理論的可能性を思案したかどうかではなく、この新しい業務形式を大量に打ちだすだけの関心と能力をもつ適性のある人間がいたか、どうかということである。

ユダヤ人の、われわれの近代的経済生活建設への関与それ自体の分析を試みる前に、わたしは数語を費やして次の問題を論じたい。それはもし、調査に使える二つの方法、すなわち、統計的方法と発生的方法を、できるだけ効果があがるように、併用して適用できるとすれば、実際のユダヤ人の関与の大きさを表わすことにどの程度、成功するかという問題だ。

ところで、まず、近代経済の発展に対するユダヤ人の意味が、実際よりも大きく見えることは疑う余地もない。それというのも、すべての現象が、「ユダヤ人は、その活性化にどのくらい関与したか?」という一つの視点の下でのみ観察されるからである。複合した全体の結果のなかで、一つの要素の重要性のみを過大評価するという事態は、この一つの要素それだけを分析に用いることにより出現する。もし、近代技術の、その経済生活の動きへの影響の歴史を書くときには、すべてが全く技術的問題に制約されるように思われるであろう。またやはり一面的に近代国家が資本主義発生に対してもつ意味をのべようとするならば、何事もすべてが、国家組織によって左右されているようにみられるものだ。

たしかにこのことは自明の理である。しかし、われわれの経済生活へのユダヤ人の影響を、わたしが過大評価したとの非難を前もって回避するためにも、このことははっきりと強調しておきたい。

当然のことながら、他の何千もの要因がわれわれの国民経済が今日備えている形をとるために、いわば貢献している。アメリカとその銀鉱山の発見なくしては、近代技術の発明なくしては、はたまたヨーロッパ諸国民の民族的特性と、その歴史的運命なくしては、ちょうどユダヤ人の活動がなかった場合のように、近代資本主義はやはり、ありえなかったであろう。ユダヤ人の影響は、分厚い史書のなかの一章を形づくるものであり、わたしが近い将来完成を期している『近代資本主義』の新しい発生的記述のなかで、大がかりな関連の下に、そのふさわしい場所で、彼らの関与の意味が示されるであろう。そのあかつきには、ユダヤ人の影響は、正しい尺度にしたがい、他の重要なもろもろの要素とならんで、論述されることになろう。

だが本書では、それはできない。そのために（未熟な読者の場合には）容易に、一つの要素を重視するあまり、現実のとりちがえが起こるかもしれない。だがここでのべた警告は、おそらくは、その（主観的）効果を失うことはないだろう。そして他の（客観的）事実とあいまって、ほぼ正確な寸法測定を導きだすことになろう。これについてわたしの考えをのべると、やはりわれわれの経済生活の動きへのユダヤ人の影響は、歴史的記述のなかに表われているものよりも、疑いもなく、はるかに大きいということだ。

しかもそれは、きわめて単純な理由による。すなわち、この影響が一般にただ一部のみ確かめられているだけであり、他の（おそらく、ずっと大きななかなりの）部分は一般にわれわれの知識には入ってこないからである。それは実情について、不十分な知識しかないからであろう。統計的な点からいって、いかにこうした知識の充実が求められているかは、すでに強調しておいたとおりだ。しかし純粋に発生的―力学的（ダイナミックな）観察方式を採用した場合でも、ある一つの工業を興した、ある一つの商業分野を発展させた、あるいはある一つの業務原則をまずはじめにつくりだした人、あるいはその集団がだれなのかを今日でも特定できる者があろうか？

もちろんわたしは、これらの事柄について、われわれが今日所有するよりも、ずっと多くの知識が得られるようになるだろうと思っている。いやそればかりではない。すでに今日、わたしが知っている以上の、そして、わたしがそれに基づいて本書で表現できた以上の広い知識を、われわれが所有していることを疑っていない。しかし、わたしの知識の客観的（様々な関係の下に置かれた）不十分さに加えて、この場合にはさらに、主観的な（報告者の不十分な能力に基づく）現実に関する知識の欠陥がある。それによって、ただ（おそらく非常にわずかな）知るべき事実の部分だけが本書の読者諸氏にも伝えられるということになる。

とにかく、読者諸氏は、わたしがユダヤ人の近代国民経済の形成にあたっての関与についてのべることができた事柄は、実はつねに実態の極小部分を表わしているにすぎないこと、さらにこの極小部分ですら、他の理由から、事実の経過の全体との関係において、まだまだ不確定であることをつねに念頭においていただかねばならない。それというのも、前述したように、きわめて欠陥部分の多いわれわれの国民経済発生に関する知識のなかでも、とくに個人に関しては、たとえその人の影響力を確かめられたとしても、またその人の名前や人柄について正確なことを知りえたとしても、はたしてその人がユダヤ人かそうでないかという疑問について、全く不十分な情報しか得られないからである。

ユダヤ人——すなわち彼らはモーセの信仰に帰依している民族に属する者たちである（わたしはことさらに、この概念規定にあたっては、——さしあたり——疑わしい、あるいは本質的に重要でないとしてしりぞけられるような、血統上の特性に基づく、あらゆる方向づけを避けた）。わたしとしては、なにもはじめに、ユダヤ人の概念を把握する方式において（概念規定のさいに、すべての人種的特徴を排除するにもかかわらず）、たとえユダヤ教の宗教集団から離脱したユダヤ人でもユダヤ人として残留するのだとことさらのべる必要はないであろう。またそうしたユダヤ人の子孫も歴史上の記憶が残るかぎり、ユダヤ人であることは当然である（この見解の正しさについては本書のなかでのべるつもりだ）。

経済生活におけるユダヤ人の関与を確かめようと研究してゆくうちに、自分が、あるいは祖先がひとたび洗礼を受けた以上、自分はキリスト教徒であるとするユダヤ人がくりかえし登場することになった。わたしはすでに、こうした事実をかくす態度は統計がつねにただ信仰だけをとりあげるために、統計的方法を適用するとき、弊害になるとのべておいた。しかし他の方法に基づいたときでも、信仰という被覆が取り換えられたため、該当者の実態がかくされたままになっているのは具合の悪いことだと、われわれはしばしば痛感してきた。

だがあらゆる時代に、少なからざる人数のユダヤ人が彼らの信仰を捨てたことを、確実だと見てもいいだろう。かなり以前の世紀には、ユダヤ教からキリスト教へと改宗させられたのは、とくに強制的洗礼を通してであった。われわれはこれらの改宗が中世初期からあることを知っている。イタリアにおいては七、八世紀の間、スペインでも同様にその時期、さらにフランスのメロヴィンガー王朝でもそうであった。そしてわれわれはのちの諸世紀を通じ、最近にいたるまで、すべてのキリスト教民族のなかでこうした改宗者にめぐりあう。その動きは自由意志に基づく改宗が大衆現象として登場する時代までほとんどずっとつづいていた。その時代とは十九世紀、それも最後の三分の一の時期である。最近の数十年についでは、きわめて信頼できる統計があるが、その半面、それ以前の時代については、しばしば、全く信用できない報告が伝えられているだけだ。たとえばヤーコプ・フローマー(1)は十九世紀最後の二十年間に、ベルリン在住のユダヤ人の約半数がキリスト教に改宗したと伝えているがこれは全くありえないことだ。

それと同様に、しばらく前に「ユダヤ教を信仰するドイツ国民中央連合」の集会で、その晩の報告者、ラビのヴェルナー・ミュンヒェン博士が、（新聞報道によれば）ベルリンでそれまでに十二万人のユダヤ人が洗礼を受けた〔キリスト教に改宗した〕とのべたという主張も、あまり正しいとは思われない。われわれが、信用のおける統計的確定が行なわれた時代についての入手した数字は、このラビの主張とは違っている。その数字によれば、一八九〇年代に入ってはじめて、強力な改宗運動がはじまった。ところが改宗者のパーセンテージが、どの年にも一〇〇分の一・二八（この最高値には一九〇五年に達した）を上まわることはなく、（一八九五年以来の）平均は一パーセントであった。ともあれベルリンでユダヤ教の宗教集団から離脱した人々はかなり大勢にのぼり、毎年百人を数え一八七三年から、一九〇六年にいたるまで、なんと千八百六十九人に達した。(2)

オーストリア、とくにウィーンのユダヤ人の改宗の動きはもっと強烈である。今やウィーンでは毎年五百人から六百人がユダヤ教の宗教集団から離脱している。そして一八六八―一九〇三年の三十六年間に、その数は九千八十五人に及んでいる。改宗者の数は激増している。一八六八―七九年では、毎年ユダヤ人の改宗者は千二百人、一八八〇―八九年では四百二十―四百三十人。これに反し一八九〇―一九〇三年は、すでに二百六十―二百七十人となっている。(3)

だが、ユダヤ人の経済生活への関与を調べるさい、もし洗礼を受けたユダヤ人が、調査から離脱する唯一の要素であったのならそれでよい！　ところがそうではない、そもそもその活動の有様を調べようとしても、とてつもなく困難であり、調査のしようもないようなユダヤ人の他の集団もいるのだ。

ところでわたしは、キリスト教の家族の者と結婚し、そうなったときには当然のことながら、それっきり姓名の上から、ユダヤ人女性としては消滅しながらも、おそらくおのれの出自を捨てることなく（このことについては、あとでゆっくりのべることにする）、したがって、もちろん、ユダヤ人の特性をその後も普及させてゆくような、女性ユダヤ人グループの存在を全く考えていなかったようだ。

むしろわたしは、まずはじめに、歴史的に極めて重要なかくれユダヤ人のことを考えた。われわれは彼らに、あらゆる世紀を通じてめぐりあっていた（このことも、後にもっとくわしく報告することにする）。そして彼らは、多くの時代において、ユダヤ的なるものの、かなり大きな要素となっていた。その隠花植物的ユダヤ人は、あまりにも巧みに非ユダヤ人として振る舞ったので、彼らは世間的には、実際にキリスト教徒あるいはイスラム教徒と見なされていた。十五、六世紀（および後の世紀）の間に南フランスに居住したポルトガル系とスペイン系ユダヤ人について――ちょうどイベリア半島とその外側で、すべてのマラノス〔強制的に洗礼させられたスペインなどのユダヤ人〕が生活したのと似たように――われわれは次のことを知っている。

「彼らはすべてカトリック教の外面的習慣にしたがっている。彼らの誕生、彼らの結婚、そして彼らの死亡は教会の記録に記載される。教会は、彼らに、洗礼、結婚ならびに拝油礼などのキリスト教の秘蹟を与える。彼らのうちのいくたりかは教団に入り、司祭となる」(4)

したがって彼らが、商業などの実業や工業の設立などに関するすべての記録のなかで、ユダヤ人としては扱われていないこと、さらに今日でもなおいくたりかの歴史家が、「スペイン系」および「ポルトガル系」の移住者の好ましい影響について欣然として語るのも、全く不思議ではない。

みせかけのキリスト教徒となったかくれユダヤ人はしばしばおのれの民族の出自をあまりにも巧みにかくしとおしたために、今日ではユダヤ研究の専門家たちは、ある特定の家族の起源が、はたしてユダヤ系かどうかについて論争している。(5) かくれユダヤ人がキリスト教徒の名前を名乗った場合には、不確実性が、もちろん、とくに大きくなる。一般的な理由から、それもユグノー教徒のもとでめぐりあう多くのユダヤ人名から推しはかった場合、十七世紀におけるプロテスタント避難民のなかに特別多くのユダヤ人がいたに違いない。(6)

最後に、実際には三月革命以前の時代〔一八一五―四八年〕では経済生活のなかで活動しながらも、法律が彼らの職業の行使を禁じたために、そうしたかくれた活動を官憲に知られていなかったすべてのユダヤ人が、調査による統計から洩れてしまう。彼らは、キリスト教徒を、ロボットとして利用するか、あるいは特権をもつユダヤ人の保護を求めるか、それともなんらかのほかのトリックを用いて、法の網をくぐりつつ活動せねばならなかった。

物事の事情によく通じている人々によれば、こうして、かくれながらも事業を発展させたユダヤ人は多くの場所で、かなりの数にのぼったようだ。そういうわけで、たとえば一八四〇年代におけるウィーンでは、ユダヤ人の数はひかえ目な計算によっても、すでに一万二千人に達していた。その頃早くも、すべての繊維卸売取引は彼らの手中におさめられ、都心部の全体が、ユダヤ人業者によって占められていた。ところがその際、一八四五年版の公式の商業概要はただ六十三人のユダヤ人のみをあげている。彼らは「黙許されたユダヤ人商人」であり、あつかう商品も一定の品目に制限されていることが概要の付録に記されている。(7)

これで十分であろう――わたしがここで問題にしているのは次のことを示すことだ――すなわち、きわめて多くの理由から、われわれが知っているユダヤ人の数は、昔も今も、実際よりも少ないということだ。したがって――どうか読者諸氏も認識していただきたいが――われわれの国民経済へのユダヤ人の関与が、実状よりも少ないように見えるに違いない。そこでいよいよこれから彼らの関与の実態を解明すべく努めてみよう。

（1）ヤーコプ・フローマー『ユダヤ人の本質』（一九〇五）一四四頁
（2）「ユダヤ人の人口学と統計学のための雑誌」第三号　一四〇、一四五頁
（3）ヤーコプ・トーン「オーストリアのユダヤ人受洗の歴史」（注（2）と同誌第四号）六と次頁以下
（4）テオフィル・マルヴザン『ボルドーにおけるユダヤ人の歴史』（一八七五）一〇五頁
（5）たとえば、L・ウォルフ「ジェサラン・ファミリーについて」（「季刊ユダヤ評論」第一号〈一八八九〉四三九頁以下）
（6）Ch・ヴァイス『プロテスタント難民史』初版（一八五三）一六四、三七七、三七九、三八三頁、第二版　五頁参照
（7）ジークムント・マイヤー『ウィーンのユダヤ人の経済的発展』七頁

第二章　十六世紀以来の経済中心地の移動

近代経済の発展の経過にとって、決定的に重要な事実は、国際経済関係の重心と、経済エネルギーの中心地が南欧諸国民（イタリア人、スペイン人、ポルトガル人と、いくつかの南ドイツ地域の住人）から北西ヨーロッパ国民へと移ったことである。後者にはまず、ベルギー人とオランダ人、ついでフランス人、イギリス人、そして北ドイツ人が属する。本質的な出来事は、突然オランダが興隆したことであり、それがその後の経済大国、とくにフランスとイギリスの強力な発展のきっかけをつくったことだ。十七世紀全体を通じ、北西ヨーロッパ諸国のすべての理論家および実業家にとってはただ一つの目標しかなかった。それは商工業、海運それに植民地獲得の分野でオランダに追いつき追い越すことであった。

この周知の事実に関して「歴史家」たちは、まったく奇妙な説を打ちだしている。たとえば、アメリカの発見、東インド諸島へ向かう航路の開発のせいで、イタリアと南ドイツの諸国家、それにスペインとポルトガルは経済的重要性を失ったというのだ。またこれによってレヴァンテ、つまり対中近東貿易の重要性が減少し、この貿易の主要国であった南ドイツとイタリアの諸都市の地位がゆさぶられたともいうのだ。だがこれは全く筋の通っていない説明である。まず第一に、対中近東貿易は、十七および十八世紀を通じて、他のほとんどすべての地方との貿易を凌いで発展した。南フランスの商業都市の繁栄も、はたまたハンブルクの商業の発展も、この期間を通じて、とくに対中近東貿易に依存していた。それに十七世紀になって勢力を失った様々なイタリアの都市は、貿易ルートが荒廃したにもかかわらず、十六世紀全般を通じて依然として強力に対中近東貿易に関与していた（たとえばヴェネチアのように）。

しかしなぜ十五世紀にいたるまでの指導的民族であったイタリア人、スペイン人、それにポルトガル人が、（航路を通じる）アメリカおよび東アジアとの新しい貿易関係の発展によって損害を受けねばならなかったのか、ということや、なぜこれら国民が、少なくとも、フランス人、イギリス人、オランダ人、それにハンブルク市民とくらべ地理的位置のために不利益を受けたのかという理由は、まったくわからない。

ジェノヴァからアメリカあるいは東インドに向かう航路の長さは、アムステルダム、ロンドン、それにハンブルクからこれらの土地に向かう航路とほとんど同じではないか？　ポルトガルとスペインの港を出たイタリア人とポルトガル人によって発見され、まず最初にスペイン人とポルトガル人によって獲得されたこれら新開地にはまるで、最短距離の航路が通じていないみたいではないか？

これと同様に頼りなく思われるのが、経済の中心地の北西ヨーロッパ諸国への移動を納得させるための他の論拠、つまり強力な国家権力のことである。国家権力によって、これら諸国民は、分裂していたドイツ人およびイタリア人よりも優位に立つことができたというのだ。ふたたび驚きのあまり質問したい。それではあのアドリア海の強力な女王〔ヴェネチア〕は――十六世紀はともあれ――十七世紀において、オランダよりも貧弱な国家権力しかもっていなかったのか？　またフェリペ二世の国・スペインが、権力と名声において、その頃すべての国にまさっていなかったか？　驚きつつ質問はつづく。なぜ政治的には分裂していたドイツのなかの個々の都市、たとえばフランクフルト・アム・マインやハンブルクが、十七および十八世紀を通じて、英仏でもわずかな都市にしか比肩を許さないほどの繁栄に達したのか？

このように疑問を抱える様々な現象の全体の原因を探るには、ここは適当な場所ではない。最終的結果が出るまでには一連の状況が同時に作用したのであろう。そこでむしろわれわれがこの問題をあつかうにさいして、もっとも注意を払うべきように思われながらも、不思議なことに、わたしの知るかぎりでは、そもそも考慮に入れられることもなかった奇妙な現象を解明する可能性を指摘すべきであろう。わたしはもちろん経済の重心の南欧から北欧への移動（簡略化したため、かならずしも正確な表現ではない）を、ユダヤ人の移住と関連させる可能性を考えているのだ。この考えを抱くや否や、これまでは、どうもはっきりしないように思われたあの時代の様々な動きについて、一挙にすばらしい解明の兆《きざ》しが出てきた。そこで、われわれは少なくとも、これまで、ユダヤ民族の地理的な移動と、様々な民族と都市の経済的運命との間の外面的並行性が気づかれなかったことに驚いている。まるで太陽のように、ユダヤ人はヨーロッパ全土の上に照り輝いた。ユダヤ人が来る所には新生命が芽生え、ユダヤ人が去った所では、これまで栄えたものすべてが衰えていった。ユダヤ人が十五世紀末以来体験した有名な移動、変動の状態を少しでも思い出すならば、この観察の正しさがすぐに確かめられるであろう。

まず他の何ものにも先がけて思いをはせなくてはならない壮大な世界史的出来事は、ユダヤ人のスペインおよびポルトガルからの追放であろう（一四九二年、一四九五年、それに一四九七年）。コロンブスが、アメリカを発見するために、パロスを出帆した日（一四九二年八月三日）に、三十万人のユダヤ人が、スペインから、ナヴァラ、フランスへ、そしてポルトガルへ、また東方へと移住させられたことをけっして忘れてはならない。しかもヴァスコ・ダ・ガマが、インド航路を発見した年にイベリア半島の他の部分、つまりポルトガルがユダヤ人を追放したのだ。

ユダヤ人が十五世紀末から経験した場所の移動についての、数字の裏づけのある把握はできない。この方向で行なわれた試みは、その大部分が推測値の割りだしにとどまっている。わたしの知っている最良の研究は、J・S・ロエブ「中世におけるカスティリアおよびスペイン在住のユダヤ人の人口」（「ユダヤ人研究評論」第十四号、一八八七年、一六一頁以下）である。ロエブの数字の多くはほとんど見積りにすぎないが（ほとんどが現在各地に居住するユダヤ人の人口である）、ここで彼の熱心な研究の成果をあえて伝えたいと思う。彼によれば一四九二年に、スペインとポルトガルには、約二十三万五千人のユダヤ人がいた。これは二百年前とほとんど変わらない。そのうちアンダルシア、グラナダを含め、カスティリアには十六万人、ナヴァラには三万人となっている。これらスペイン—ポルトガルのユダヤ人のその後の行方は次のとおりである。受洗者五万人、航海中死亡した者二万人、移住者十六万五千人、そして移住者の受け入れ先は、

欧亜にまたがるトルコ	九〇、〇〇〇人
エジプト、リビア	二、〇〇〇人
アルジェリア	一〇、〇〇〇人
モロッコ	二〇、〇〇〇人
フランス	三、〇〇〇人
イタリア	九、〇〇〇人
オランダ、ハンブルク市、イギリス、それにスカンジナビア諸国	二五、〇〇〇人
アメリカ	五、〇〇〇人
他の国々	一、〇〇〇人

これを補完するため、わたしは多くの物事について、きわめて知識豊かなヴェネチア使節ウィツェンツォ・クエリーニの一五〇六年の報告のなかに見られる数字をあげておく。「スペインのカスティリアおよびその他の州では、州の人口の三分の一がマラノス（改宗ユダヤ人）である。彼らは市民と商人階級のおよそ三分の一にあたる。なぜなら庶民階級

は、純然たるキリスト教徒であり、また上流階級の大部分も純粋なキリスト教徒だからである」（アルベリによる）

したがって公式な追放のあとも市民階級の三分の一がユダヤ人であった！　そうしたことからしても（他の理由からも大いにそのように思えるのだが）、スペイン（およびポルトガル）からの彼らの退去はとくに十六世紀を通じて行なわれたと考えるべきだろう。

その方式からいって、同じように考慮に値する出来事が続出したのは、奇妙な偶然である。それは、新大陸の開発と、同じ頃行なわれたユダヤ民族の大がかりな再編制だ。しかしユダヤ人のイベリア半島からの公式な追放は、同地における彼らの歴史をただちに終わらせたわけではない。まずはじめは多くのユダヤ人が仮装したキリスト教徒（マラノス）として残留した。彼らは、フェリペ三世以来とりわけきびしく実施された異端糾問[1]によって、それにつづく世紀の間に、土地から追いだされた。スペインとポルトガルのユダヤ人の大多数は、十六世紀とくにこの世紀末期に、他の国々に移住した。そしてこの時代にはまたスペイン―ポルトガルの国民経済の成行きがおかしくなった。

十五世紀にユダヤ人は、もっとも重要なドイツの商業都市から追放された。ケルン（一四二四―二五年）、アウクスブルク（一四三九―四〇年）、ストラスブール（一四八三年）、エアフルト（一四五八年）、ニュルンベルク（一四九八―九九年）、ウルム（一四九九年）、レーゲンスブルク（一五一九年）。

十六世紀にはユダヤ人は多くのイタリアの都市で同じ運命にあった。彼らは一四九二年、シチリアから、一五四〇年から四一年にかけてナポリから、一五五〇年にジェノヴァから、同じ年にヴェネチアからそれぞれ追放された。しかもイタリアでも一時的な経済的後退とユダヤ人の退去が一致した。

その半面、とりわけスペイン系ユダヤ人が移住したもろもろの都市や国で経済的興隆――それもまったく突然の興隆――がみられたが、それはユダヤ人移民の到着以後のことと考えられる。たとえば十六世紀に強力に繁栄したわずかなイタリア都市の一つリヴォルノは、イタリアへ逃げこんだ大多数のユダヤ人の目的地であった(2)。

多くのユダヤ人を十六および十七世紀に受け入れたのは、ドイツではとくにフランクフルト・アム・マインとハンブルクであった。

フランクフルト・アム・マインに向かったのは、とくに十五および十六世紀、他の南ドイツ都市から追われたユダヤ人であった。しかしオランダからも十七および十八世紀に同市に新移住者がやってきたに違いない。十七および十八世紀におけるフランクフルトとアムステルダムの間の密接な貿易関係は、このことに基づいていたものと思われる。

フリードリッヒ・ボーテが確かめたところによると(『ドイツ帝国直属の都市フランクフルトの経済ならびに社会史への寄与』一九〇六年、七〇頁以下)ユダヤ人の人口は十六世紀中に二十倍になった。ユダヤ人は一六一二年には、約二千八百人であったが、一七〇九年には（正式の国勢調査によれば）三千十九人と算定された（同市の総人口は約一万八千人）。フランクフルトのユダヤ人の由来については、とくにA・ディーツの労作「フランクフルトのユダヤ人の系譜——一五四九年から一八四九年までのフランクフルトのユダヤ人の家族についての歴史的報告」（一九〇七年）がきめこまかく教えてくれる。ディーツはほとんどの場合、フランクフルトへやってくる以前の各家族の出身地を確定できた。ただ残念なことに、それだけではさらにその時期をさかのぼる出身地、たとえば、東ドイツ、オランダ、スペインなどをおしはかることができない。それ以前の時代（一五〇〇年まで）は、K・ビュッヒャー『フランクフルトの住民』（一八八六年）の五二六—六〇一頁を参照していただきたい。

ハンブルクには最初のユダヤ人難民——当初はカトリック教徒の仮面をつけた——は一五七七年ないし一五八三年に到着した。彼らが到着すると、彼らにフランドル、イタリア、オランダ、および直接スペインとポルトガルからやってきたユダヤ人が加わった。十七世紀を通じて、その後新たに、東ドイツのユダヤ人が移住してきた。ガレアッツォ・グアルド・プリオラト伯爵の記録によれば、一六六三年に、百二十のポルトガル系ユダヤ人の家族とならんで、四十から五十のドイツ系ユダヤ人の家族があった（「ハンブルク史のための雑誌」第三号、一四〇頁以下）。ハンブルクにおけるユダヤ人の移住と初期の歴史についてはA・ファイルヒェンフェルト「ハンブルクにおけるドイツ系ユダヤ人最古の歴史」（「ユダヤ人の歴史と学問のための月刊誌」四十三号、一八九九年）が教えてくれる。

また単行本としては、M・グルーンヴァルト『ドイツにおけるポルトガル人の墓』（一九〇二年）、および同氏の『ハンブルクにおけるドイツ系ユダヤ人』（一九〇四年）がある。

十七世紀末からハンブルクでユダヤ人の数が急増した。十八世紀の中葉、早くも「驚くべきユダヤ人口増」が確かめられたが（当然過大評価だった）、その数は二万人から三万人といわれた。クリスティアン・ルートヴィヒ・フォン・グリースハイム『ハンブルク市』（一七六〇年、四七頁以下）。

ところで奇妙なことに、公平な観察者なら十八世紀のドイツを旅行したとき、すべてのかつての（ドイツ帝国直属の）商業都市、ウルム、ニュルンベルク、アウクスブルク、マインツそれにケルンが衰え、その半面ただ二つの帝国直属都市フランクフルト・アム・マインとハンブルクのみが、かつての栄光を保持し、日に日に隆盛をきわめていると断言できた(3)。フランスでも、十七および十八世紀を通じとくに繁栄したマルセイユ、ボルドー、ルアンなどの都市は、やはり奇妙なことに、ユダヤ人難民を収容した貯水池であった(4)。

オランダの国民経済の発展が、十六世紀末期、突然の衝撃とともに（資本主義的意味において）向上したことはよく知られている。最初のポルトガル系のマラノスは一五九三年にアムステルダムに移住し、まもなく後続の移住者を迎えた。一五九八年、早くも最初のシナゴーグ〔ユダヤ教の会堂〕がアムステルダムにつくられた。十七世紀の中頃には、すでに多くのオランダの都市に、ユダヤ人集団がいた。十八世紀のはじめ、アムステルダム在住のユダヤ人「世帯」だけで二千四百と算定されている。[5] 彼らの精神的影響は、すでに十七世紀の中頃でも卓越していた。国家法の学者や国家哲学者たちは、古代ヘブライ人の国家こそオランダの憲法もそれに準拠して制定すべきほどの模範的国家であったとのべた。[6] ユダヤ人自身もその頃のアムステルダムを彼らの新しい巨大なエルサレムであるといった。[7]

オランダに向かったスペイン系のユダヤ人は、一部は直接、また一部はスペイン領として残ったネーデルランドの部分、とくにアントウェルペンを経由して移住した。彼らは十五世紀の最後の十年間に、スペインとポルトガルから追放されたあと、オランダに赴いたわけである。一五三二年および一五四九年の公示は、たしかににせキリスト教徒のアントウェルペン居住を禁じていたことを示しているが、これはなんの成果もあがらなかった。一五五〇年、禁令が更新されたものの、該当者はただ六年未満の在住者に限られた。だがこの禁令も守られなかった。「ユダヤ人は連日のように、不法にも増えていく」ネーデルランドの独立戦争にユダヤ人は経済的に関与し、この戦争の間に、彼らはしだいに北部諸州（現在のオランダ）へ移住することになった。[8] ところが全く奇妙なことに、国際貿易と国際金融の中心地としてのアントウェルペンの短期間の繁栄は、やはりマラノスの移住と退去との間の時期にみられただけであった。[9]

最後にイギリスにおいても、いわゆる経済的繁栄、すなわち資本主義体制の伸長[10]は、ユダヤ系住民、とくにスペイン、ポルトガル出身者の流入と時を同じくしているように思われる。[11]

以前には、イギリスでは、エドワード一世治下のユダヤ人の追放（一二九〇年）と（多少なりとも公式の）クロムウェル治下の彼らの再入国許可（一六五四—五六年）との間には、ユダヤ人は一人もいなかったと考えられていた。だが今日ではこの見解をとるイギリスのユダヤ人史研究家はもはやいない。ユダヤ人はどの世紀にもイギリスに在住した。しかし十六世紀に彼らの数は急増した。エリザベス一世の時代にはすでに彼らの数はたいしたものであった。エリザベス女王自身がヘブライ語研究にはげみ、ユダヤ人と交際があった。彼女の侍医ロドリゴ・ロペスはユダヤ人で、シェイクスピアは彼をモデルにしてシャイロック（『ヴェニスの商人』に出てくる貪欲なユダヤ人金貸し）を創造した。[11]

マナセー・ベン・イスラエルのとりなしによって、一六五〇年代の中頃、正式にユダヤ人のイギリスへの再移住が認められ、それ以来、新移住（十八世紀以来、ドイツからも）によってその数が急増したことが知られている。イギリスのユダヤ人をあつかった『アングリア・ユダイカ』の著者によれば、一七三八年頃、ロンドンだけでも、すでに六千人のユダヤ人が居住していたという。[12]

当然のことながら、ユダヤ人の移住と諸民族の経済的運命が、時間的に並行する動きを示したことを認めても、ユダヤ人の流出がその国の経済的衰退を、流入がその国の経済的興隆をもたらすということをけっして証明しない。これを受け入れることは悪質なこじつけとされる「これの後に、それ故に、これがために」という論法を援用することになる。

またその因果関係を証明するためには、後世の歴史家の見解も十分な立証力をもたない。たしかに、モンテスキューなどの考えは、重要だが、わたしはこうした事情からしてもこの種の証言の引用を断念する。

そうはいうものの、わたしは敬虔の念から注目すべき予言者的方式で、これまでただ一人、あまりはっきりしないユダヤ人のドイツの商業諸都市からの追放と、これらの都市の衰退との間の関係を認識した全くの無名人の言葉を忘却から守りたいと願っている。ヨーゼフ・F・リヒターは一八四〇年代に次のように記している。

「そもそもニュルンベルクの商業がちょうどユダヤ人が追放された時期に転機を迎えたことが証明されている。なぜなら、その時期から、少なくとも必要な資金の半分が同市の商業にとって不足するようになったからである。普通はポルトガル人による東インドに向かう航路の発見のためだとされている同市のこの頃のかなりの衰退を、実際にもっと正しくいえば、この頃からユダヤ人の勇敢な投機精神がなくなっていったせいにしなければなるまい(13)」

しかしなんとしても、同時代人の意見こそつねに注目に値するように思われる。そのなかからわたしはとくに雄弁な意見を読者に伝えようと思うが、それというのも、これらの意見は他の方法をとれば苦心して研究した末やっとわかってくるような、その時代の様々な動きをしばしばたった一言で一挙に解明してくれるからである。

一五五〇年、ヴェネチアの市参事会がマラノスを追放し、彼らとの取引を厳禁すると決めたとき、同市のキリスト教徒の商人たちは「それではわれわれが破滅する。われわれ自身も放浪の旅に出なくてはならない。なぜならわれわれはユダヤ人との取引によってのみ生きてゆけるからだ」と宣言した。彼らはさらにユダヤ人は次の四つの事業を手中におさめているとのべた。
一　スペインの羊毛取引
二　スペインの絹、深紅色の色素、砂糖、胡椒、西インドの植民地商品と真珠の取引
三　輸出貿易の大部分。ユダヤ人はヴェネチア人に商品を委託輸出している。「なぜなら、彼らは自分たちも儲けながら、われわれの日用品を売ったからだ」（！）
四　手形取引[14]

イギリスにおけるユダヤ人の後援者は周知のようにクロムウェルである。そして彼の同情の根拠は、われわれの知るところでは、とくに自国の国民経済への顧慮ではなかった。彼は商品と貨幣の取引をさかんにし、それとともに政府にとって能率のよい友人を獲得するためには富裕なユダヤ人の商社を必要とすると信じた[15]。

やはり多くの共感をユダヤ人に抱いたのは十七世紀のフランスの大政治家コルベールである。この二人の近代国家最大の組織者が、国の（資本主義的）国民経済を促すユダヤ人の特性を認識していたことはとくに意義深いように思われる。ある法令のなかでコルベールは、ラングドック（南仏の地名）の監督者に、どのように大きな利益をマルセイユ市が、ユダヤ人商人の巧妙さから引きだしているかを指摘した[16]。

ユダヤ人が活躍しているフランスの大商業都市の住民は、この利益をかなり以前から、身をもって感じており、そのために市の城内にユダヤ人集団を保持することを重くみていた。

しばしば、とくにボルドーの住民層から、ユダヤ人についての好意的見解が聞かれている。一六七五年、ボルドーで傭兵隊が暴威を振るったとき、多くの富裕なユダヤ人は退去の準備をした。このことは市参事会を驚愕させ、官吏は、不安げに次のように報告した。「街区全体を占有し、大がかりな商業を興したポルトガル人〔ユダヤ人〕は旅券を要求した。最大の商売を創設したポルトガル人と外国人はここを退去しようと求めている。少し以前に退去したガスパール・ゴンザレスとアルバレスは、彼らのなかでも最有力者であった。われわれは商業が停止するのに気がついた」[17]

数年後、ラングドックに対してユダヤ人のもつ意味についての判断を副監督は次のような言葉にまとめた。

「彼らなくしてはボルドーと近隣地方の商業はかならず没落するだろう」[18]

スペイン領ネーデルランドの最大の商業都市アントウェルペンに、十六世紀にとくにスペイン―ポルトガルからの難民が流入してきたことは前述したとおりだ。この世紀の中頃、神聖ローマ帝国皇帝カール五世が、彼ら難民に当初与えた旅券を（一五四九年七月十七日付命令により）撤回したとき、アントウェルペン市長、市の陪審員、執政官はアラスの司教に、この命令を実行することの困難を指摘した請願書を差しだした。まずポルトガルからの難民がすぐれた企業家であり、おのれの故郷からかなりの額の財産をもたらし、大がかりな取引を行なっていたとする請願書は、さらに次のようにのべている。

「われわれはアントウェルペンがきわめてゆっくりと発展してきたこと、商業をおのれの手中におさめるのに長期間を要したことを考慮しなければならない。この都市の荒廃は、ひきつづき国土の荒廃をもたらすであろう。これらすべてのことをポルトガル難民の追放にさいし考慮しなくてはなるまい」

ニコラス・ヴァン・デ・メーレンは、さらに一歩を進めた。ネーデルランドの摂政であるハンガリアのマリー女王が、ルペルモンデに滞在したとき、市長は、新キリスト教徒たち〔ポルトガルのユダヤ人難民〕の問題を説明すべく同地に赴いた。市長はアントウェルペン市のもっとも貴重な利益に逆行するため、皇帝の命令を公表できなかった同市参事会の態度を弁解した。(19)

だがこの努力はなんらの成果もあげられなかった。アントウェルペンのユダヤ人と新キリスト教徒は、前述したようにアムステルダムに追放された。

アントウェルペンはユダヤ人の退去によってすでにかつての栄光の多くを失った。そして十七世紀になってはじめて、市民は繁栄をもたらす者としてのユダヤ人集団が、どんな意味をもっていたかを痛感するようになった。ユダヤ人のアントウェルペンへの移住を許可すべきかどうかの問題を調査するため、一六五三年に設置された委員会はこれについて次のようにのべている。

「大衆の利益に関し恐れられ、しかも危ぶまれている他の不都合とは彼らが全商業を独占的に入手し、多くの詐欺と欺瞞に走り、しかも暴利をむさぼることによって善良な市民とカトリック教徒の財貨を侵害するということである。しかしわれわれには逆に彼らの商売が現状よりも大がかりになれば、それによって国土全体に利益がゆきわたり、国家が必要とする金、銀の量が一層豊かになるように思われる」[20]

しかし十七世紀のオランダ人は、彼らが、ユダヤ人のおかげで得たものが何かをはっきり洞察していた。マナセー・ベン・イスラエルが有名なユダヤ人使節の一員としてイギリスに赴いたとき、オランダ政府は、この使節の目的は、オランダ在住のユダヤ人をイギリスに移住させることにあるのではないかと疑った。そこでオランダ政府は、駐英公使のネウポルトにマナセーの真意を訊ねさせた。ネウポルトは、一六五五年、なんらの危惧の必要もないと次のように政府に報告した。

「マナセー・ベン・イスラエルは、わたしのもとにやってきて、彼としてはオランダ在住のユダヤ人ではなく、スペインおよびポルトガルで異端審問にかけられているユダヤ人を問題にしているのだと請け合った[21]」

ハンブルクも同じような状態であった。十七世紀には、ユダヤ人の重要性があまりにも増してきたので、ハンブルクにとって彼らは不可欠だと考えられるようになった。市参事会は、シナゴーグ設立許可に踏みきったが、それは許可しないとユダヤ人は流出してしまい、ハンブルクが昔の村落になりさがるおそれがあると考えられたからであった[22]。

これとは逆に一六九七年、ハンブルクの商人集団は市参事会に、ハンブルク商業の重大な損失を免れるために、（ユダヤ人を追放せよとの）彼らの切なる要望に前向きに取り組むよう願った[23]。

一七三三年、市参事会記録文書のなかの覚え書は次のようにのべている。「為替取引、装身具、それにある種の織物の生産においては、ユダヤ人は『まさに巨匠の域に達し』『われわれをはるかに凌駕する』」

以前には、ユダヤ人のことで思い悩む者はなかった。ところが「彼らは急増した。彼らが、強力に取り組んでいないような大がかりな商売、工場、それに日常の衣食の部門は、ほとんどない。彼らはわれわれにとってすでに必要悪となってしまった」[24]。彼らがすぐれた役割を演じている業務部門にはさらに海上保険業を加えることができよう[25]。

だが同時代者の発言と意見も、実状の正しさを完全にわれわれに確信させることはできない。もしできることなら、われわれは自分自身で判断したいと思っている。そして当然のことながら、このことは、われわれが、実際の問題をおのれ自身の探究によって解明してはじめて、できることだ。この場合、われわれが、近代国民経済の建設にユダヤ人が実際に、本当に関与していたのか――もっと正確な表現に固執するならば――近代の資本主義的組織の発展に関与していたのかを資料に基づいて認識することが先決だ。これは十五世紀末以来、それもとくに(前述したように)ユダヤ人の歴史の行方とヨーロッパの経済史の行方が、現在の発展の方向に鋭く転換していったあの時点以来のことだ。なぜならこうした確定によってはじめて、そもそもどのくらいの範囲で経済分野の変化がユダヤ人の影響に帰せられるかとの疑問に対し、最終的判断を下すことができるからだ。

前もって指摘しておこうと思うが、わたしは近代資本主義の建設および拡大にとってのユダヤ人の意味を一つは完全な外面的影響、そしてもう一つは、内面的、精神的影響に分けて見てゆこうと思う。外面的には、彼らは本質的に、国際的経済関係が今日の特質を得るようになったことに、さらには、近代国家――資本主義の外被――が独特な方式で発生したことに寄与した。その後ユダヤ人は、資本主義的組織のために一連の近代的実業活動を支配する制度をつくりあげ、また他者のつくりあげたものにも、大がかりに関与することによって一つの特別な形式を与えた。

資本主義的制度に対して内面的―精神的にユダヤ人のもつ意味は、彼らが経済生活を近代的精神によって浸透させせたために、さらに、彼らが資本主義の深奥の理念を、はじめて完全に開花させせたがために、きわめて大きいものがある。

これからは、そうした個々の点を順番に検討してゆくことが望ましいだろう。それというのも、読者諸氏に少なくとも、問題が正しく設定されているかを意識してもらうためである。ことさらに刺激的に疑問を出したり、時々断行的、試験的に回答を与えたりすることは、しばしば強調してきたように、けっして本研究の意図するところではない。そもそも、ここで主張されたもろもろの事柄がどの程度現実に即しているかどうかを組織的な資料の収集を通じて最終的に確定することは、将来の研究に待たねばなるまい。

（1）ポルトガルのユダヤ人の運命については、包括的記述が、M・カイザーリンク『ポルトガル・ユダヤ人の歴史』（一八六七）の八四と次頁以下、それに一六七と次頁以下にみられる。とくに後世における詳細は、J・H・ゴットハイル「ユダヤ人とスペインの異端糾問」(『季刊ユダヤ評論』第十五号〈一九〇三〉一八二と次頁以下)、エルアン・N・アドラー「異端者の糾問とユダヤ人」(同誌第十三、十四、十五号)。最近では(一九〇八)、これと同じタイトルで一冊の本になったが、同書には多くの興味深い記事がみられる。

(2) たとえば、ジーフェキング『ジェノヴァの財政組織』第二巻(一八九九)一六七頁。それに、シュート『ユダヤ人の特徴』(一七一四)一二八頁がある。

(3) リスベック『パリの兄にあてたあるフランス人のドイツ旅行に関する書簡集』(一七八〇) その抜粋はH・ショイベ『われらの祖父の時代から』(一八七三) 三八二と次頁以下

(4) とくに教えられるところの多いのは、前述のマルヴザンの名著(第一章の注(4))のなかのボルドーにおけるユダヤ人の歴史に関する記述だ。なんといっても教えられるところが多い豊富な事実関係の記載に価値がある(また経済的観点もすぐれている)。マルセイユのユダヤ人の運命については、ジョナス・ヴァイルの論文「中近東・北アフリカの商港におけるフランス系ユダヤ難民」(『ユダヤ研究評論』第十二号〈一八八六〉が多少参考になる。ルアンにおけるユダヤ人については、ゴスラン『十六、および十七世紀におけるノルマンジーの海軍とルアンの商業の歴史に寄与する未刊行記録』がある。この書物を引用した(『商業の歴史』第二版 一二三頁)ピジェオンノーはとりわけ「帰化スペイン人とポルトガル人」について語っている。

さらにメーニアル『フランスのユダヤ人問題——一七八九年』(パリ、一九〇三)を参照のこと。この本はユダヤ文献にとくに価値ある寄与をするものとして特記すべきだ。この本は豊富な資料の知識に準拠しており、省察と賢智を駆使して書かれた。たんに革命期のフランスのユダヤ人の状態をよく見ているだけでなく、一七八九年にいたるユダヤ人問題の動きを伝え、一般的問題の評価に大いに役立つ多くの評論がみられる。

パリでは、十九世紀までは、明らかにユダヤ人の数は、たしかに彼らが(後述するように)かなり以前から大きな役割を演じていたものの、あまり多くはなかった。十八世紀におけるパリのユダヤ人の運命についての特殊研究書としては、レオン・カーン『六世紀以後のパリのユダヤ人』（一八八九）、『ルイ十五世治下のユダヤ人』（一八九二）、それに『十八世紀のパリのユダヤ人』（一八九四）がある。ただ（こうした種類の文献ではしばしばそうだが）、知りたいと思うことが出ていないことがよくある。「ユダヤ研究評論」のなかには、フランスにおけるユダヤ人の歴史について多くの材料が見受けられる。それも一八八〇年以降のことだ。ただし包括的記述はない。

（5）オランダにおけるユダヤ人の歴史を書いた本は、H・J・ケーネン『ネーデルランドにおけるユダヤ人の歴史』（一八四三）である。全体的記録としては、この労作を凌駕するものは今でもない。多くの新しい材料はオランダのユダヤ人雑誌のなかにみられる。

単独の著作としてあげておくべきものは、M・ヘンリケス・ピメンテル『ハーグのポルトガル系ユダヤ人に関する歴史研究』（一八九六）であろう。その他、ザムエル・バック『アムステルダムのポルトガル系ユダヤ人共同体の発達史』（一八八三）、E・イターリエ『ロッテルダムのユダヤ人共同体の歴史』（一九〇七）

（6）ランケ『フランス史』第三版　三五〇頁

（7）シュート『ユダヤ人の特徴』初版（一七一四）二七一、二七七と次頁をも参照のこと

（8）本章の注（4）に引用した文献の他「オリエント評論」第一号のカルモリの論文（一八四一）の四二と次頁以下、一六八と次頁以下、とくに一七四と次頁、それに、グレーツ『ユダヤ人の歴史』第九版二九二、三五四と次頁、それに四九〇頁

（9）とくに、L・ギカルディーノ『ベルギー総論』（一六五二）、また、R・エーレンベルク『フッガー家の時代』第二版（一八九六）三〇三と次頁以下を参照のこと。

（10）マコーレーの著書、第四版　三二〇と次頁以下、それにエーレンベルク『フッガー家の時代』第二版（一八九六）三〇三と次頁以下

（11）イギリスにおけるユダヤ人の歴史に関する文献としては、すばらしい著述がたくさんある。つねに新しい資料（もちろん慎重に利用せねばならないが）となるのは『アングリア・ユダイカ』あるいは、

『イギリスにおけるユダヤ人の古代史』である。著者は、ドプロシアーズ・トーグェイ（一七三八）。ユダヤ文献の新刊では、ジェイムズ・ピキオット『イギリス・ユダヤ人史素描』が画期的な名著である。ただ残念なことに（経済的事実を含め）、豊富な材料はつねに「典拠に基づいている」わけではない。H・S・Q・ヘンリーク『ユダヤ人のイギリスへの復帰』（一九〇五）は、ユダヤ人のイギリス復帰の歴史を、とくに法制史の立場からくわしくのべている。

　最近では、アルバート・M・ヒャムソン『イギリスにおけるユダヤ人の歴史』（一九〇八）がすばらしい著述だと思う。彼は巧みにこの数十年間におけるユダヤ人についての特殊な研究を利用し、これに基づいてイギリスのユダヤ人史をすんなりと描きだした。特殊研究の様々な成果は一八八九年以来発行されている「季刊ユダヤ評論」にみられる。こうしたきわめて内容豊かな雑誌とならんで、数多くの個別文献があるが、それらはそれぞれ適当な個所で指摘することにする。特筆すべきは、「イギリス・ユダヤ人の歴史展」で出された刊行物（一八八八）の記述である。またクロムウェル以前の時代については「イギリス・ユダヤ人の歴史展」の刊行物、第一号（一八八八）の五三—七九頁にのっているL・ウォルフ「一二九〇—一六五六年にかけてのイギリス・ユダヤ人の中世」がある。イギリスのユダヤ人の地位について特記すべきなのは、すでに十五世紀の末期、ユダヤ人がなんのためらいもなく訴訟を起こし、しかも勝訴する自信をもっていたことだ。エリザベス時代にヘブライ語研究がさかんになり、またユダヤ人との交流がさかんになったことについては、前掲書、六五および次頁以下を参照してほしい。

　十六世紀末には、ユダヤ人はイギリスで早くも工業企業家として頭角を現わしていた。国家資料（一五八一—九〇）四九頁、前掲書、七一頁。エリザベス時代以後、多くのユダヤ人がイギリスにいたようだ。一九二五年に刊行されたパンフレット「放浪のユダヤ人がイギリス人に運勢を告げる」（第一章七二頁）は次のようにのべている。

「イギリスにはたくさんのユダヤ人がいる。宮廷にはわずかだが、シティーには大勢、そして田舎にはもっと大勢」

(12)『アングリア・ユダイカ』三〇二頁。「わたしが熟知しているように……」と著者は書いている。

(13) ニュルンベルクのかつてのユダヤ人共同体については、「一般ユダヤ新聞」第二十四号（一八四二）参照。さらに比較してほしいのは、「中部フランケン地方の歴史協会」第八号年鑑と、『M・ブラウン著作集』である。また「ダーフィット・カウフマン追悼論文集」参照のこと。

(14) きわめて興味深い文書が本章の注（13）のカウフマン関係の本に再録されている。また「一五五〇年のヴェネチアからのユダヤ人の追放」が「季刊ユダヤ評論」第十三号（一九〇一）の、五二〇と次頁以下にのっている。

(15) A・M・ヒャムソン『イギリスにおけるユダヤ人の歴史』（一九〇八）一七四と次頁

(16) マウアー・ブロッホ『歴史上のユダヤ人と国家の繁栄』（一八九九）、訓令は次のような注目すべき言葉を含んでいる。「諸君は、商業上の嫉妬心に駆られ、つねに商人が彼らを追いだすのがよいという意見をもつようになることによく注意すべきだ」

(17) マルヴザン『ボルドーにおけるユダヤ人の歴史』（一八七五）一三三頁

似たような意味の植民地総督への訓令も出ている。第四章の注（30）に出ているカーエンの論文参照。

(18) マルヴザン　前掲書　一七五頁

(19) ザロモン・ウルマンの文書「十八世紀までのベルギーのユダヤ人史研究」（一九〇九）三四と次頁以下

(20) エミリー・ウーベルロー「ベルギーのユダヤ人に関する記録注釈」（「ユダヤ研究評論」第七号二六二頁）

(21) 「国家文書集成」（チュルロア）第四巻　三三三頁　ヴュアレイの書簡――同　三〇八頁参照

(22) ヨハンネス・ミュラーの反ユダヤ的文書「ユダヤ主義」（一六四四）一六六〇―一六六九の市参事会の反論は、「ハンブルク市誌」のなかの「ハンブルクの昔」に関するレイルの論文にみられる。

(23) エーレンベルクによって引用されている『大財産家』第二版　一四六頁

(24) M・グルンヴァルト『三教区の解消にいたるまでのハンブルクのドイツ系ユダヤ人』一八一一（一九〇四）一二一頁

(25) アルノルト・キーセルバッハ『ハンブルクにおける海上保険の経済史的、法制史的発展』（一九〇一）二四頁

第三章　国際商品取引の活性化

ユダヤ人が、経済中心地の移動以来実行したように、彼らの商業再形成に対する関与は大きい。まずはじめに、明らかに量的にも抜群の、実際的な商品販売への関与によって、その大きさが示される。本書第一部のはじめにものべたように、実際に動いた商品量のなかで、ユダヤ人を経由したものがどのくらいにのぼるかを数字で把握することは、特別に恵まれた状況が教えてくれないかぎり不可能である。おそらく今後つっこんだ研究が一連の詳細な数字をもたらしてくれるだろう。（わたしには）そうしたいくつかの実例がわかっている。これだけでも、とにかく（いわば範例として）、きわめて教えるところが多い。

たとえば、早くも十七世紀前半、入国許可がおりる以前ですら、ユダヤ人の取引額はイギリスの全取引額の十二分の一に及んだ。(1) ただ残念なことに、この数字がどの文献からとられたのかわからない。しかし、この数字が実状からあまりかけはなれていないことは、ロンドンの商人のある覚え書のなかに見られる証言が証明している。問題になっていたのはユダヤ人が輸入商品への関税を支払ったかどうかであった。覚え書の執筆者によれば、もし関税が支払われなかったとすれば、英王室は毎年、少なくとも一万ポンド損をしていたことになろうというのだ。(2)

ライプツィヒの見本市へのユダヤ人の関与については驚くべきほどよくわかっている。[3] この見本市は、長期にわたり、ドイツ商業の中心点であり、その集約的かつ包括的な発展にとって、この見本市は一つの良い目安になっていた。しかもこの見本市は隣接諸地方、とくにポーランド、ボヘミアなどにとって重要な役割を演じていた。このライプツィヒ見本市に、十七世紀以来、見本市巡回業者としてのユダヤ人がほぼ年々増加しつつ登場してきたことがわかっている。しかもこうした数字をあつかった人々は、ライプツィヒ見本市の栄光を築いたのがユダヤ人であるということについて、意見の一致を見ている。[4]

残念なことにユダヤ商人とキリスト教商人との数の上での比較は、一七五六年の復活祭の見本市以後はじめて可能となった。それというのも、文書による資料はこの時点ではじめて、見本市を訪れたキリスト教徒についての統計的な表示を含むようになったからである。復活祭およびミカエル祭〔九月二十九日〕の見本市を訪れたユダヤ人の数は毎年平均、次のようになっている。

一六七五―一六八〇年	四一六人
一六八一―一六九〇年	四八九人
一六九一―一七〇〇年	八三四人
一七〇一―一七一〇年	八五四人
一七一一―一七二〇年	七六九人

一七二一―一七三〇年	八九九人
一七三一―一七四〇年	八七四人
一七四一―一七四八年	七〇八人
一七六七―一七六九年	九九五人
一七七〇―一七七九年	一、六五二人
一七八〇―一七八九年	一、〇七三人
一七九〇―一七九九年	一、四七三人
一八〇〇―一八〇九年	三、三七〇人
一八一〇―一八一九年	四、八九六人
一八二〇―一八二九年	三、七四七人
一八三〇―一八三九年	六、四四四人

注目すべきなのは、十七および十八世紀末、および十九世紀のはじめの急増ぶりである。一七六七―一八三九年にかけての全期間を見わたすと、この見本市を毎年平均一万三千五人のキリスト教徒に対し、三千百八十五人のユダヤ人巡回業者が訪れていることがわかる。後者の数は、したがってキリスト教の商人の二四・四九パーセント、ほとんど四分の一を占めている。個々の年、たとえば一八一〇年と一八二〇年の間の年では、キリスト教徒に対するユダヤ人の割合は、三三・三三パーセントにまでなっている（一万四千三百六十六人のキ

リスト教徒に対し、四千八百九十六人のユダヤ人！　なおこのさい、これらすべての数字は、おそらく実際よりかなり低くなっていることに留意すべきである。なぜなら、もっと新しく、一層正確な研究は、さらに多くのユダヤ人の見本市訪問を確認しているからだ。これについては本章の注（3）を参照してほしい）。

ときおり、迂路を通じ一つの国、あるいは一つの都市の全商業に対するユダヤ人の数字の裏づけのある大がかりな関与が示されることがある。たとえば十七世紀におけるハンブルクのスペインおよびポルトガル、さらに同市とオランダとの貿易は、ほとんど独占的にユダヤ人の手中におさめられていたことが知られている。[5]しかもあの時代には、ハンブルクを出帆するすべての船舶貨物の約二〇パーセントがスペインとポルトガルに、そして約三〇パーセントがオランダに向かっていたのだ。[6]

ところで、対中近東貿易が十八世紀のフランスのもっとも重要な貿易部門であることが知られている。「おそらくこれはフランス商業のもっとも輝かしい部門であろう」ともいわれた。同時にわれわれは、対中近東貿易が、まったくユダヤ人の手中におさめられていたと聞いている。「買手、売手、仲立人、手形仲買人、取次業者、すべてがユダヤ人である」[7]

しかしまったく一般的に、十六、十七世紀を通じ、そして十八世紀それもかなり後期にいたるまで、対中近東貿易とスペイン、ポルトガルを相手どる、あるいはこれら両国を経由する貿易は世界貿易のなかで格段に重要な分野であった。まず純粋に量的に見ても、この貿易の発展に対するユダヤ人の卓越した意味をおしはかることができよう。なぜなら、この貿易分野をユダヤ人がほとんど独占的に支配したからである。早くもスペインを足がかりにして、彼らは対中近東貿易の大部分をおのれの手中におさめた。すでにその頃から、彼らは中近東の海岸いたるところに事務所を設けていた。そしていよいよイベリア半島から追放されるにあたって、スペイン系ユダヤ人の大きな部分が、自らオリエントに赴き、また他の部分は北方に向かった。こうして、まったく気づかれないうちに、対オリエント貿易は北欧諸国民の手中に移動した。とりわけオランダは、こうしたもろもろの関係のめぐりあわせによって、はじめて世界的貿易国家となった。国際貿易の網はちょうどユダヤ人がその事務所を遠近を問わず各地に設けたその割合にしたがって、ますますひろがり、ますますその網の目が縮小されてきた。[8] とりわけ——またしても本質的に彼らによって——西半球が国際貿易の一環に加えられるようになると、この状況は一層はっきりした。ともあれ近代植民地経済建設へのユダヤ人の関与を確かめようと試みるときはじめて、われわれはこの発展の段階をたどることができる。

　近代国際貿易の形成に対するユダヤ人の意味を洞察するための方途は、やはり、彼らが主としてあつかった商品の種類を確定することである。彼らの貿易の種類の状態によって、いやそれ以上に、その大きさによって、彼らは人々の経済生活の全体的形成に大きな影響を与え、部分的にはそれこそ革命的に古い生活形式に作用した。

　そのさい、まずはじめにユダヤ人が贅沢品の取引を長期間ほとんど独占してきたという重要な事実が浮上してくる。しかも貴族の時代の十七、十八世紀を通じ、この取引はもっとも重要なことを意味していた。ユダヤ人がとくにあつかった贅沢品は、宝石類、そのまがいもの、真珠、絹、それに絹製品であった。[9]金と銀を使った装身具はユダヤ人が以前から貴金属市場を支配していたからであり、宝石と真珠は彼らが産地（とくにブラジル）を最初におさえたからであり、また絹と絹製品は彼らが東方の商業地域と古くから密接な関係をもっていたからである。

他方、いやしくも大量生産に取り組んでいた地方では、どこでもユダヤ人だけが独占的な、あるいは卓越した影響力を行使して、取引に関与していることがわかる。それればかりか、はじめて近代的国際貿易の大がかりな市場品目を市場にもたらしたのは、やはりユダヤ人であったことをかなり正確に主張できるとわたしは信じている。しかしこれらの品目は、いくつかの農産物、穀物、羊毛、亜麻、アルコールとならんで、十七、十八世紀を通じ、とくに急増した資本主義的繊維工業の製品、[10]それに新規に世界市場に現われた植民地の産物である砂糖とタバコであった。もし、最近の時代の商業史を執筆しようとするならば、とりわけ大量に品目が増加した歴史を書くときには、つねにユダヤ人商人にめぐりあうであろうとわたしは信じて疑わない。全く偶然にわたしが入手したいくつかの事例だけでも、すぐにわたしの主張の正しさを明らかにしてくれた。[11]

だがとくに、古い行き方をやめて新しい品目をあつかうようになったことが経済生活の動きに強力に、刺激的に、また革命的に作用した。これにもやはりユダヤ人がはっきりと強力に関与している。わたしが念頭においているのは木綿、[12]外国産の木綿製品（キャラコ）[13]、インディゴ〔インド藍《あい》から採った染料〕など[14]である。その頃の思考方式によれば、国産の「生業」を妨げると感じられたこうした品目への偏向は、ユダヤ人の商売がしばしば、「非愛国的商売」という非難を受けるきっかけをつくった。それは「ユダヤ人の商売」はわずかしかドイツ人の労働力を有効に利用せず、しかも大部分が国内の浪費に依存しているとされたからだ[15]。

その他「ユダヤ人の商売」を特徴づけ、さらに、これにより今後新しい軌道を走るようになるすべての商業にとって模範になったのは、あつかわれた商品が、多様であり、内容が豊かであったことだ。モンペリエの商人たちが、ユダヤ人商人との競争について苦情をのべたとき、監督者は次のように返答した。すなわち、もし彼らキリスト教徒の商人がユダヤ商人のように上手に仕入れた貯蔵品をもっていたならば、お客も喜んでユダヤ人の競争相手同様に、彼らのもとにも押しかけたであろうというのだ[16]。

ライプツィヒ見本市におけるユダヤ商人の活動については、リヒァルト・マルクグラーフがその著書の結末で次のように描写している[17]。

「次にユダヤ人の巡回業者は、見本市の業務を購入品を多彩にすることによって促進している。彼らはこれによって見本市の取引につねに多様性をもたせ、また、工業、それも国内工業にますます生産の多様性をもたせるよう促している。多くの見本市でも、ユダヤ人は彼らの多種多様にわたる範囲の広い購入品によって、決定的な役割を演じている」

しかしわたしがとくに「ユダヤ人の商売」が初期資本主義の時代に、大多数の国民経済のために獲得した意味は、巨額の現金が入手できるような商業分野をほとんど、独占的に支配した事情にあると思っている。その分野とは新しく開発された金銀産出地域（中南米）であって、直接交易あるいは、スペイン、ポルトガル経由の交易のどちらでもよかった。しばしばユダヤ人が現金を国内にもちこんだということがいわれている。[18] そしてこれがすべての（資本主義的）国民の福祉の源泉となっていることをその頃の理論家も実業家も十分に承知していた。アダム・スミスの教義という霧が消滅したあと、今やふたたび、物事の事情がはっきり見えるようになった。近代国民経済の建設は、大部分が貴金属もちこみのおかげであるが、これにユダヤ商人ほど関与した者はいなかった。しかしこの確定は、とりわけ近代植民地経済の発展への彼らの関与を論ずる次章につながっている。

（1）　A・M・ヒャムソン『イギリスにおけるユダヤ人の歴史』一七八頁
（2）　『アングリア・ユダイカ』二九二頁
（3）　主として、こまかい数字も文中に含めているリヒァルト・マルクグラーフの労作「一六六四―一八三九年のライプツィヒ見本市におけるユダヤ人の歴史について」（学位論文　一八九四）。一六七五―九九年という短期間については、実はマルクグラーフの論文もマックス・フロイデンタールの研究論文「ライプツィヒを訪れた見本市の客たち」「月刊誌」第四十五号（一九〇一）四六〇と次頁以下、によって凌駕された。それというのもマルクグラーフが、見本市に関する文書を孫びきした後世のライプツィヒの公文書類を利用しただけなのに反し、フロイデンタールは見本市の文書そのものを研究したからである。その結果、基になった文書によれば、後世の公文書に示されるものよりはるかに大勢のユダヤ人納品業者がいたことがわかった。フロイデンタールは、一六七一―九九年にいたる時期に、生粋のユダヤ人一万八千百八十二人が見本市を訪れたことを確かめた（すなわち彼らは自由に商品の売買にあたることのできる公式の身分証明書をもっていたことになる）。一方、マルクグラーフでは同時期における彼らの数は一万四千七百五人にすぎない。フロイデンタールの論文は、出身地別に分けられた一方、九九年のすべての見本市訪問客のくわしいリストをのせている。彼の論文は、単行本となり次のような標題で出版された。『ライプツィヒ見本市へのユダヤ人訪問客』（一九〇二）

（4）マルクグラーフ　前掲書　九三頁、フロイデンタール　前掲書　四六五頁。参照してほしいのは、R・フンケ『ライプツィヒの見本市』（一八九七）四一頁

（5）たとえば、フォン・グリースハイム『ハンブルク市　注釈と付録』（一七五九）にのせられている、一七七〇年付のユダヤ人規制法第二十一条を見てほしい。

（6）『ハンブルク市誌』第九巻（一八九四）所載の、E・バーシュ「ハンブルクの海運と商品取引」三一六、三二四頁。参考として、A・ファイルヒェンフェルト「ハンブルクにおけるポルトガル系ユダヤ人共同体の発生と繁栄」（同誌　第十巻〈一八九九〉一九九と次頁以下）

（7）「組織的エンサイクロペディア」『製造業』第一巻　四〇三、四〇四頁

（8）この関連について多くを語っているのはH・J・ケーネン『ネーデルランドにおけるユダヤ人の歴史』（一八四三）一七六と次頁以下である。参照してほしいのは、たとえばH・ゾンマーシャウゼン「オランダ本国および植民地におけるユダヤ人居住者の歴史」（新法第二巻所載）

（9）ハンブルクにおける宝石と真珠取引については、グリースハイム　前掲書　一一九頁、「北ドイツ」についてはベルリン在住のベルンフェルト博士の個人的報告「オランダ」（ダイヤモンド研磨の元祖！）。「オランダ」については『ユダヤ・エンサイクロペディア』第九巻　二三一頁、E・E・ダーネンカンプ『ユダヤ人のダイヤモンド産業』本書は、N・W・ゴールトシュタイン「アムステルダムのダイヤモンド産業におけるユダヤ人」（「ユダヤ人に関する雑誌」一七八と次頁以下所載）、「イタリア」についてはダーフィット・カウフマン「ヴェネチアからのユダヤ人追放」（「季刊ユダヤ評論」第十三号、五二〇と次頁以下）

絹糸、絹製品の取引。ユダヤ人は数千年の長きにわたって絹の取引（および養蚕）に従事していた。彼らは、絹産業をギリシアからシチリアへ、そして後にはスペインとフランスへもたらした。そのあらましは、グレーツ『ユダヤ人の歴史』第五版　二四四頁。また十六世紀には、彼らがイタリアの絹取引を牛耳っていたことが判明している。ダーフィット・カウフマンの前掲書。十八世紀においてはフランスが絹産業とともに、絹糸、絹製品取引の中心地であった。一七六〇年、リヨンの養蚕業の首脳者は「ユダヤ人はこの地方のすべての商業を牛耳っている」（とくに、絹糸、絹製品について）とのべた。ゴダール『絹糸労働者』（一八九九）二二四頁。パリでは一七五五年には十四人の、そして一七五九年には、二十二人のユダヤ人の絹製品商人がいた。カーン『ルイ十五世治下パリのユダヤ人』六三頁。ベルリンではユダヤ人はこの商業分野を独占的に支配していた。

(10)　ユダヤ人がほとんど独占的にウィーンの繊維製品の卸売取引（これは旧来の見本市取引から発生）を発展させた有様を、個人的な体験に基づき、目のあたりにするようにS・マイヤーが『ウィーンのユダヤ人の経済的活動』の八と次頁以下に描いている。一七八〇年十二月二十八日付、ニュルンベルク市参事会の指令は、「ユダヤ人の商品」として、ビロード、絹、それに羊毛を記している。H・バルベック『ニュルンベルクとフュルトのユダヤ人の歴史』（一八七八）七一頁

(11)　近東との砂糖貿易については、リップマン『砂糖の歴史』（一八九〇）二〇六頁。ダーフィット・カウフマンの前掲書。アメリカとの取引については、M・グルンヴァルト『ドイツの土地にあるポルトガル人の墓地』（一九〇二）六および次頁以下。A・ファイルヒェンフェルト「ハンブルクにおけるポルトガル系ユダヤ人共同体の発生と繁栄」（『ハンブルク市誌』第十巻〈一八九九〉二二一頁）、リスベック『書簡集』（一七八〇）なども参照のこと。

タバコ貿易については、A・ファイルヒェンフェルトの前掲論文。ユダヤ人の近代植民地経済への関与をあつかったものの一部としては、この記録が参照される。

(12)　「木綿貿易の管理」は、『ユダヤ・エンサイクロペディア』初版　四九五と次頁以下の、「アメリカ合衆国」という項目をみてほしい。

(13) たとえば、ハンブルクについてはA・ファイルヒェンフェルトの前掲論文参照。
(14) インディゴ取得の主たる促進者、モーゼス・リンドは一七五六年、サウス・カロライナに現われ、十二万ドル相当のインディゴをつくった。一七五六—七六年にかけてインディゴの生産は五倍になった。リンドはインディゴの総監督官になった。
B・A・エルガス「サウス・カロライナのユダヤ人」（『ユダヤ・エンサイクロペディア』のなかの「サウス・カロライナ」という項目参照）
(15) リスベック『書簡集』第二巻（一七八〇）　フランクフルト
(16) ブロッホ『ユダヤ人』（一八九八）　三六頁
(17) R・マルクグラーフ　前掲書　九三頁
(18) ヒャムソン『イギリスにおけるユダヤ人の歴史』一七四と次頁、一七八頁あるいは、アントウェルペン市参事会のアラス司教あての報告。これはS・ウルマンの前掲書、三五頁所載（彼らは巨大な富を故国からもたらした。とくに、銀、宝石、それに大量のドゥカーテン金貨を）。

第四章　近代植民地経済の創設

とくに植民地拡大という手段によって、近代資本主義が繁栄するようになったことが、今やはっきり認識されはじめた。しかも植民地の拡大にあたっては、ユダヤ人が決定的とはいわないまでも、卓越した役割を演じたことを、これから読者の納得のゆくように論述するつもりだ。

ユダヤ人がすべての植民地創設にあたって強力に関与したことは、当然である（それというのも、新世界は、たしかに旧世界とあまり違わない世界であっても、およそ不機嫌な古いヨーロッパよりも、はるかに多くの生活の幸福を、彼らに約束してくれたからであり、とくに、ヨーロッパでは、最後の宝の山とされた場所も、実は荒れ果てた土地にすぎないことが判明したからだ。このことは、地球上の東方、西方、そして南方の地方についてもあてはまる）。東インド諸島にも早くも中世以来、明らかに多くのユダヤ人が居住していた(1)。そして一四九八年以後、ヨーロッパの諸国民が、依然として古い文化国家維持のためにせめぎあっていた間に、ユダヤ人は東インド諸島で、ヨーロッパ人支配の歓迎すべき代表者として、とくに貿易の先駆者として奉仕することができた。ポルトガル人とオランダ人の船に乗り――正確な数の測定はまだ行なわれていないが――大勢のユダヤ人集団が東インド諸島の各地に渡っていったと思われる。ともかく、ユダヤ人が東洋のすべてのオランダの植民地獲得に、強力に加わっていたことはわかっている。さらにオランダ・東インド会社の株式資本のかなりの部分がユダヤ人の手中におさめられていたことも判明している。(2) さらにわれわれは「たとえジャワにおけるオランダ権力の創設者とはいえないまでも、かならずやその権力の確立にもっとも貢献したはず(3)」のオランダ・東インド会社の総督が、ユダヤ人名であるクーンという名であったことを知っている。さらにもしわれわれがこの役職についた人々の経歴を十分に吟味するならば、クーンがオランダ領東インドにおける唯一のユダヤ人総督ではないことを容易に確信できるであろう。(4) ユダヤ人は東インド会社の支配人(5)であったばかりか、いたるところの植民地の業務にたずさわっていたことがわかる。(6)

だがその後、イギリス人が支配者となったとき、インドの植民地経済にユダヤ人がどの程度加わっていたかはさだかでない。これに対し、南アフリカおよびオーストラリアにおけるイギリス植民地の創設へのユダヤ人の関与は、比較的はっきりとわかっているし、またこうした土地（とくにケープ植民地）では、ほとんどすべての経済的発展がユダヤ人に帰せられることも判明している。一八二〇年代と一八三〇年代にベンヤミン・ノルデンとジメオン・マルクスは南アフリカに赴いた。ケープ植民地におけるほとんどすべての内陸地域の産業の育成は、彼らのおかげである、といわれている。ユリウス・アドルフとジェイムズ・モーゲンソーは羊毛――皮革取引とモヘア〔アンゴラ山羊の毛の織物〕――工業を設立した。アーロンとダニエル・ドゥ・パスは捕鯨業を独占した。ヨエル・マイアーズはダチョウの飼育をはじめ、ホープタウンのリリエンフェルトは最初のダイヤモンドを購入した[7]。ユダヤ人は他の南アフリカの諸国、とくに今日、二万五千から三万人の南アフリカ系ユダヤ人が居住しているといわれる[8]トランスヴァールで、似たような指導的役割を演じた。オーストラリアでは、最初の卸売商人の一人として、モンテフィオーレが登場する。「イギリスの植民地海運業の大きな部分が、しばらくの間、ユダヤ人の手中におさめられていた[9]」という見解もあながち誇張ではなさそうだ。

そうはいっても、植民地におけるユダヤ人の活動の主な舞台は、とくに初期資本主義の諸世紀にはことごとくヨーロッパ人によって形成された西半球の土地であった。アメリカではどの部分をとってもユダヤ人の土地がある。これが資料研究を行なった結果、否応なく到達する結論である。そして、アメリカが発見された当時、ヨーロッパの経済生活とすべてのヨーロッパの文化に与えた影響を通じ、当然のことながらアメリカ社会建設のためのユダヤ人の強力な関与は、西欧の歴史の経過にとって全く特別の意味をもつようになった。わたしはそのため、細かい記述によって読者を疲れさせるという危険を冒すことになるかもしれないが、しばらくの間この対象に取り組んでいこうと思う。だが問題が大きいところから、その取り組み方がいくらか小事に拘泥することになってもきっと正当とされるであろう[10]。

全く奇妙な方式で、ユダヤ人は発見と同時に、もっとも密接にアメリカのなかに組み込まれていった。まるで新世界は彼らだけのために、彼らの援助によってのみ、発見されたかのようであった。またコロンブスらの発見者は、あたかもユダヤ人の業務執行社員〔マネージャー」のようであった。最近の文書による研究が明らかにしたように、[11] 今でもユダヤ人自身が歴史的現実をこのように見ている。それによれば、まず（この件についてはここでは、ざっとのべておくだけにする）、ユダヤの学問が航海の技術をきわめて高い段階にまで発展させたために、大洋を横断する船の旅が、そもそも企てられるようになった。サマランカ大学の数学および天文学の教授、アブラハム・ツァクートは、一四七三年、天文学の図表と一覧表（万年暦）を刊行した。ポルトガルのジョアン二世の侍医で天文学者のホセ・ヴェクオと、数学者のモーゼスは一四八四年、ツァクートの図表に基づき、二人のキリスト教徒の仲間と組んで航海用の観測儀（太陽の位置から船と赤道との距離を算定する器具）を発明した。ホセはおのれの師匠ツァクートの万年暦をラテン語とスペイン語に翻訳した。

さらにコロンブス遠征の物質的基礎はユダヤ人が提供した。ユダヤ人の金が、コロンブスの二つの最初の旅を可能にした。最初の旅を彼は王室顧問官ルイス・デ・サンタンゲルが貸与してくれた資金をもとに実行した。コロンブスの遠征の本来の保護者であるサンタンゲルに、コロンブスの第一および第二の書簡がよせられている。またこれらの書簡はサンタンゲルとともにキリスト教に改宗させられたユダヤ人であるアラゴンの蔵相、ガブリエル・サニエグにあてたものでもあった。

コロンブスの第二の遠征もまたユダヤ人の資金によって準備されたが、今回はもちろん自発的に寄付されたものではなかった。今回の遠征は、追放されたユダヤ人の残留資金を一四九三年、アラゴンのフェルディナンド王が国庫に没収させた資金によってまかなわれたのだ。

しかしそればかりではない。コロンブスの船には大勢のユダヤ人が乗りこみ、アメリカの土地を最初に踏んだヨーロッパ人はユダヤ人のルイス・デ・トロレであった。最近の「文書による」研究はそのように記している[12]。

しかも、もっとすばらしいことがある。最近コロンブス自身がユダヤ人だと宣伝されたのだ！　わたしはそれが正しいかどうか確かめることもできないままに、この最近の発見を伝えることにする。マドリッドで開催された地理学会の席上、ドン・セルソ・ガルシア・デ・ラ・リエガという学者は、おのれのコロンブス研究について報告したが、それによると、クリストバル・コロン（コロンボではない）はスペイン人であり、母方がユダヤ系であることが明らかにされた。ドン・セルソ・ガルシア・デ・ラ・リエガはガリシア〔イベリア半島の最北西部にあるスペインの一地方〕のポンテベドラ市の司教、ならびに公証人の文書から、その土地に一四二八年と一五二八年の間、コロン家が居住したこと、さらに、この家族には提督の親類に見出されるのと同じ呼び名〔洗礼名〕が通例となっていることを明らかにした。コロン家とフォンテロサ家の間で結婚が行なわれた。フォンテロサ家は疑いもなくユダヤ人であるが、ごく近い過去にキリスト教に改宗したようだ。クリストバル・コロンの母はスザンナ・フォンテロサという名であった。ガリシア地方に暴動が起こったとき、発見家の両親はスペインを退去して、イタリアに移住した。この見解は、そのスペインの学者により、さらに他の様々な観察に基づいて支持された。彼はコロンブスの著作のなかにヘブライ文学に関連がある多くのものを発見した。それにアメリカの発見者のもっとも古い肖像画は、ユダヤ人の顔付きをしているというのだ。

さらに新世界の門戸がヨーロッパ人に開かれるや否や、ユダヤ人は大挙して移住した。それればかりではない。アメリカの発見が、実はユダヤ人がスペインの故郷から追放されたのとちょうど同じ年であることがわかっている。さらに十五世紀の最後の数年と十六世紀の最初の十年は、何万というユダヤ人が放浪を余儀なくされ、ヨーロッパのユダヤ人が、まるで杖でたたかれ巣をおしだされたアリの群のように大挙して動きだした時期であることが判明している。ユダヤ人集団の大きな部分が希望に満たされた新大陸の各地に赴いたのもけっして不思議ではない。かの地の最初の商人はユダヤ人であった。アメリカ植民地の最初の工業施設はユダヤ人に由来する。一四九二年、早くもポルトガル系のユダヤ人がセント・トーマスに居住し、ここで大がかりな農園経営をはじめた。彼らは数多くの砂糖工場を設立し、まもなく三千人の黒人労働者を働かせた[13]。南アメリカ発見後、同地へのユダヤ人の流入があまりにも多量であったため、一五一一年、ジョアンナ女王は、これを制止することが必要だと考えるようになった[14]。しかし明らかにこの命令は効果がなかった。ユダヤ人が南米にますます多く住みつくようになったからである。その後一五七七年五月二十一日、ついにスペイン領植民地への移住禁止令が解かれるにいたった。

南米各地における植民地商工業の創設者としてのユダヤ人がくりひろげた活発な活動を、十分に評価するためには、いくつかの植民地の運命を個別的に追究するのが至当であろう。

アメリカの植民地におけるユダヤ人の歴史、とりもなおさず、この植民地自体の歴史は、ユダヤ人のブラジルからの追放（一六五四年）を境とする二つの大きな時期に分けられる。

ユダヤ人が一四九二年のアメリカの発見と同時に、セント・トーマス（サン・トメ）において、砂糖工業を創設したことは、すでにのべておいたとおりだ。一五五〇年頃、この島の砂糖工業は、早くも大いに発展し、製糖所と煮沸がまを備えた六十の農場は、国王に差しだされた十分の一税の額から逆算して、年内に、十五万アローブの砂糖（一アローブは二十五ポンド）を生産していた。[15]

ユダヤ人がやはり砂糖工業を興したマデイラ、あるいはセント・トーマスからはじまって、[16]彼らは、この工業分野を、アメリカ植民地のなかでも最大のブラジルに移した。ブラジルはこうして——砂糖工業の全盛がもたらした——最初の繁栄期に入った。新植民地の人的資源は、最初の頃は、いずれも年二回、ポルトガルから移送された、[17]ユダヤ人と犯罪者によってほとんど独占されていた。ユダヤ人はすぐに支配階級になった。「ブラジルの富裕な商人連中の少なからざる部分は、新キリスト教徒からなっている[18]」

彼らの民族の一人はまた、植民地行政を整備した最初の総督であった。実際に新領土がやっと繁栄するようになったのは、一五四九年、すぐれた技量の持ち主、トメ・デ・ソウサが派遣されてからであった。[19]しかし植民地はオランダ領に移り（一六二四年）、富裕なオランダ系のユダヤ人が大挙移住するようになってはじめて、本格的に発展しはじめた。一六二四年、数多くのアメリカへ移住したユダヤ人が集合し、ブラジルに植民地を建設したが、ここにはオランダから六百人のすぐれたユダヤ人が流入した。[20]十七世紀前半でも、すべての大砂糖農園はユダヤ人の手中におさめられていた。[21] 彼らの大がかりな活動と富を、旅行者が伝えている。たとえば一六四〇年から四九年までブラジルに滞在したニエンホフは、次のようにのべている。[22]

「(オランダ・西インド)会社に勤務していないブラジルの自由移住民のなかでは、オランダから移住したユダヤ人が、かなりの数にのぼっている。彼らは他のすべての住民をしのぐ派手な交易を行なっており、砂糖工場を購入し、レシフェに堂々たる建物をもっている。彼らは全員商人である。もし適宜交易できる範囲にまとまって居住するならば、オランダ領ブラジルに多大の貢献をするだろう」

さらにF・パイラーズの旅行記には次のように記されている。[22]

「彼らがこれらの土地に九年から十年居住していた間に得た利益は莫大である。なぜなら彼らは全員、金持ちになって帰ってきたからだ」

大農場経営において、ユダヤ人が卓越したところを見せた状態は、オランダがブラジルを一時支配したエピソードともいうべき時期が終わってもつづき——一六五四年のユダヤ人追放[23]にもかかわらず——なんと十八世紀まで継続された。とにかく、十八世紀の前半でもなお次のように記録されている。[24]

「リオ・デ・ジャネイロの多くのもっともすぐれた商人たちが、異端糾問に引きずりこまれたとき、多くの農園経営が行きづまり、バイア州の生産と商業は長い間その打撃から回復できなかった」

一七六八年三月二日の命令で、新キリスト教徒のすべての記録は廃棄された。一七七三年三月二十五日付の法律により「新キリスト教徒」は市民権の上で、旧来のキリスト教徒と完全に同等とされた。したがって一六五四年のポルトガルによるブラジル領有の後でも、明らかに、多くのかくれユダヤ教徒が、やはり同地で卓越した地位を占め、同地の砂糖栽培をすすめ、貴金属の産出を促した。それというのも、彼らは貴金属の取引にもまもなく手を出したからである。

一六五四年という年は、ユダヤ―アメリカ史の上でも、画期的意味をもっている。なぜなら、ブラジルのユダヤ人の大部分が、この頃、アメリカの他の地域に向かい、これによって、経済の中心を、それらの地域に移したからである。

とりわけ、西インド諸島のいくつかの重要な部分と、隣接の大陸の沿岸地帯がそれにあたり、これらの地方はユダヤ人の移住により、十七世紀以来、はじめて真に繁栄するようになった。たとえば、ほとんどユダヤ人のみが居住したバルバドスがある。[25] この土地は一六二七年、イギリス領になり、一六四一年、サトウキビが栽培され、一六四八年、砂糖輸出がはじまった。だが製糖業は維持できなかった。それというのも、ここの砂糖は品質が悪く、イギリスへの運送費すらまかなえなかったからだ。ブラジルを追放された「オランダ人」〔かくれユダヤ人〕が、はじめて、バルバドスで能率のよい製法を実施した。同地の住民に乾燥した保存のきく砂糖の製法を教えたわけで、まもなく砂糖輸出も速いテンポで進められた。一六六一年、早くも、チャールズ二世は、バルバドスから一万ポンドの収入を得ている十三人の地主を男爵に任命した。そして一六七六年頃、同島はすでに年間七百隻の船に、それぞれ百八十トンの粗糖をのせて輸出することができた。

一六六四年、トーマス・モディフォードが製糖業を、バルバドスからジャマイカに移したところ[26]、同島は急速に富裕になった。それに先立つ一六五六年、イギリスは同島を、最終的にスペインから奪取した。ジャマイカにはその頃、わずか三つの小さな移住地があっただけだが、一六七〇年には、早くも七十五の製糖工場が操業し、その多くが二千ツェントナー〔一ツェントナーは五十キログラム〕の砂糖を生産した。一七〇〇年には、砂糖はジャマイカの主要産品となり、同地の繁栄の基を築いた。ユダヤ人がこの発展にいかに強力に関与していたかは、早くも一六七一年、キリスト教徒の商人が政府に、ユダヤ人追放を申請したところ、逆にユダヤ人居住が政府によってますます促進されるという結果しか生まなかったという事実から推測できる。ジャマイカ総督は次のような含蓄ある言葉で申請を退けた[27]。「総督としては、イギリス皇帝陛下は、ユダヤ人とオランダ人ほど利益をもたらす臣下をおもちになっていないという意見である。彼らは大資本と大きな人脈をもっている」

そういうわけで、ユダヤ人は、ジャマイカから追放されなかった。むしろ「彼らはこのイギリスの植民地の最初の、貿易業者、卸売商人となった[28]」

十八世紀には、彼らはすべての税金を負担し、商工業の大部分をその手中におさめた。

他のイギリスの植民地では、彼らはとくにスリナムを好んだ[29]。ここには一六四四年以後、ユダヤ人が居住し、まもなく特権が与えられた。「そのさいわれわれはユダヤ人が植民地にとって有益であり、便利になることを見出した」。この優遇された状態は、当然スリナムがイギリス領からオランダ領へ移った（一六六七年）あともつづいた。十七世紀末、彼らの全住民に対する割合は一対三であった。一七三〇年には、彼らはスリナムに三百四十四の農園をもち、そのうち百十五の農園はほとんどサトウキビ栽培に専念した。

英領、蘭領の植民地と同じ光景を、重要なフランス領植民地、マルティニーク、グァドループ、それに、サン・ドミンゴが示してくれる。[30] ここでも砂糖産業が「繁栄」の源泉であり、そしてユダヤ人がこの産業と砂糖貿易の支配者である。

マルティニークでは、九百人のユダヤ教信者と千百人の奴隷を連れブラジルから逃亡してきたベンヤミン・ダコスタによって、一六五五年、最初の大がかりな農園と居住地が造られた。

サン・ドミンゴにおいては、製糖業はすでに一五八七年にはじめられたが、ブラジルからの「オランダ系」避難民が、はじめてそれを繁栄させた。

アメリカの植民地経済の基礎ができた、あの激動の数世紀には（そしてこれによって近代資本主義も生まれた）、砂糖の製造が（もちろんブラジルにおける銀の生産と金と宝石の産出を除く）、全植民地の国民経済の背骨であり、これによって間接的に母国の国民経済を育成した。だが、あの数世紀の間、砂糖産業と砂糖貿易がもった卓越した意味について正しい観念を得ることはほとんどできないであろう。パリの商業会議所が一七〇一年の決議のなかで次のようにのべたのも、けっして誇張ではなさそうだ。

「フランスの海運はその栄光を砂糖産出の島々の貿易に負うており、そしてこれらの貿易によって維持、拡大されているのだ」

しかも、この貿易をユダヤ人がほとんど独占していた（フランス系ではとくに富裕なボルドーのグラディス家）[31]。

ユダヤ人が中南米で獲得したこの堂々たる地位は、なかんずく、十七世紀末から北アメリカの英領植民地と、西インド諸島との間に出現した密接な結びつきによって、重要性を増した。この結びつきは、後述するように、ヨーロッパ人支配の北アメリカを維持発展させたものであり、本質的にはやはりユダヤ商人によってつくられた。これから、いよいよユダヤ人が北アメリカの国民経済の発達に果たした役割を論ずることにする。そしてそのことは、ただちに、はっきりいえば、アメリカ合衆国の成立に果たした役割ということになる。ここも経済的関係においては全く本質的に、ユダヤ人の影響によって最終的形態をとるようになった。そのことについてはやはり、きめ細かい説明が必要であろう。それというのも、この見解は（少なくともヨーロッパでは）、通説となっている事物の把握に真っ向から対立しているからである。

ちょっと見たところでは、北アメリカの経済生活は、本質的にはユダヤ人の影響など全くないまま形づくられていったように思える。そして、これまで、いやというほどアメリカ合衆国の発展の実例が、わたしの見解と逆のことが実は正しいとの証明としてもちだされた。わたしの見解とは、すなわち、近代資本主義は根本においては、ユダヤ的性格の流出に他ならないということだ。アメリカ人自身が、彼らはユダヤ人の助力なしにやってきたと、わたしの見解には不満を示してきた。もしまちがっていなければ、アメリカの作家マーク・トウェインは、かつて長々と、なぜユダヤ人はアメリカ人たちの間で、なんらの役割も演じなかったかを力説した。それはアメリカ人がユダヤ人より機敏ということではないにしても、ユダヤ人と同じくらいは機敏であり（なお同じことをスコットランド人も、自分たちについて主張している）、そして実際に、アメリカ合衆国のすべての大物実業家、投機屋や「トラスト支配人」のなかで、今日では、多くのユダヤ人の名前にお目にかかることはないからだというのだ。

そのことはすべて認めてもよいだろう。それでもなおかつわたしは、アメリカ合衆国は、おそらく他のどの国よりも強烈に、徹頭徹尾、ユダヤ的性格によって満たされているとの自説を曲げるつもりはない。その事実はさらに、多くの判断力のたしかなアメリカ人たちの間ではよく知られている。〔一九〇四年に〕ユダヤ人のアメリカ合衆国への流入二百五十年〔ユダヤ人は一六五四年にはじめてアメリカに来た〕の記念式典が盛大に行なわれたとき、セオドール・ルーズベルト大統領は式典委員会に、特別に丁重な形式をとった祝辞を送った。彼は次のようにいった。

「わたしがそもそも式典にさいし祝辞を送るのは、大統領就任以来、これがはじめてである。しかしこの例外を、わたしは行なわなければならなかった。それは、このきっかけが、とてつもなく重大だからだ。あの時代にユダヤ人がさらされてきた迫害が、わたしに次のことを強調する義務があることを痛感させた。すなわち、ユダヤ人がこの国土に到着して以来、いかにすばらしい市民としての特性を、ユダヤ教を信ずる人々、ユダヤ人に属する人々が発展させてきたかということである」

アメリカ合衆国にとってのユダヤ人の功績を語るにあたって彼は、事物の核心にふれるような言いまわしをした。「ユダヤ人はこの国の建設に関与したのだ」[32]と。

さらに元大統領のグローヴァー・クリーヴランドは、同じ機会に次のようにのべた。「たとえそのような民族があったとしても、ごく少数の民族だけがユダヤ人以上にアメリカニズムの発展の形式と方向に直接、間接の影響を与えたとわたしは信じている」[33]

ところで、アメリカ合衆国にとって、いったいどのような点でユダヤ人は大きな意味があるのか？　まずすぐに念頭に浮かぶように、ユダヤ人のアメリカの経済生活への関与は、数的にそんなに小さくはないという点である。なぜなら、それこそ鳴り物入りで騒ぎ立てられている六人ほどの、有名な億万長者のなかにユダヤ人は入っていないけれども、アメリカの資本主義にはユダヤ的要素がけっして乏しくないからである。巨大トラストのなかでも、肝心なところがユダヤ人の手中におさめられているものが、はじめて数社におよんだ。

たとえば、傘下のすべての事業とともに（一九〇四年）、名目で二億百万ドルの資本金をもつスメルターズ・トラストは、ユダヤ人たち（グッゲンハイム家）が創立した。それと同様に、タバコ・トラスト（資本金五億ドル）[34]、アスファルト・トラスト、電信トラストなどのなかでユダヤ人は指導的地位についている。それと同様に、当然のことながら、やはりアメリカの経済生活のきわめて大きな部分を支配している一連の大銀行を、ユダヤ人が所有している。

たとえば、アメリカ全土の鉄道網を一手におさめることを目標にしている「ハリマン組織」は、本質的には、ニューヨークの銀行、クーン・レーブ・アンド・カンパニーによって支援され、促進されている。西部ではユダヤ人が支配的地位で幅をきかしている。もともとカリフォルニアは、彼らがつくりあげたものだ。この州の創設にあたってユダヤ人は、裁判官、議員、知事、市長などとして、そしてとくに実業家としてすぐれた才能を発揮した。サンフランシスコの、ウィリアム、ヘンリー、次にジェス、次にジェイムズをそれぞれ名乗るセリグマン兄弟、サクラメントのルイス・ストッス、ルイス・ガーストル（彼らはここにアラスカ商業会社を設立した）、ロサンゼルスのヘルマンとニューマークなどは、いずれもカリフォルニア州で活躍している有名企業の持ち主だ。

アメリカ東部とヨーロッパとの関係を、ゴールドラッシュ時代に強化したのはユダヤ人である。あの頃、もっとも重要な取引はロスチャイルド家の代理人ベンジャミン・デヴィッドソーン、ロードアイランドのアルブレヒト・プリースト、ボルチモアのアルブレヒト・ダイヤーら、それに（パリ、ロンドンおよびサンフランシスコに）国際銀行組織をつくった三人のラザード兄弟、およびセリグマン、グレージアー、ウォームサーらによって行なわれた。モーリッツ・フリートレンダーは、小麦王の一人であった。アドルフ・ストトロは「コムストック・ローズ社」を十分に利用した。そして今日でもなお、カリフォルニアの銀行組織の圧倒的多数とともに工業経営もユダヤ人の手中におさめられている。思い出すままにのべると、ロンドン・パリ・アメリカン銀行（S・グリーンボーム、リチャード・アルトシュルツ）、アンジェルス・カリフォルニア銀行（フィリップ・N・リリエンソー、イグナッ・ステインハート）、ネバダ銀行、ユニオン・トラスト・カンパニー、ロサンゼルスの農商銀行などである。さらに思い起こされるのは、ジョン・ローゼンフェルドによる炭田の開発、ハドソン湾会社の後継者のアラスカ商業会社、それに北米商業会社などだ(35)。

最近の数十年間の多数のユダヤ人のアメリカ流入によって、アメリカの経済生活に対するユダヤ人の量的な意義が大いに痛感されるようになったことは、ほとんど疑う余地がないであろう。現在、すでに百万人以上のユダヤ人がニューヨークに居住しており、移住してきたユダヤ人のうちの大部分がまだ一般的に資本主義的な人生航路に入っていないと考えられている。アメリカにおけるこの状態が、ここ三十年ほどの間に見られたように急速に進展するならば、そしてその半面、他の多くの民族のアメリカへの流入の割合が、同一のままにとどまるならば、五十年あるいは百年後のアメリカ合衆国が、スラブ民族、黒人、それにユダヤ人のみが居住し、とりわけ、ユダヤ人が、当然のことながら経済的ヘゲモニー〔指導権〕を握ってしまう国になると想像する向きもあろう。

しかし、過去と現在の事柄を認識すべき本書の使命からすれば、これは論ずべき筋合ではない未来予測である。だが過去と現在については、ユダヤ人のアメリカの経済生活への量的な関与は、たしかに、依然としてかなり大きく、けっして表面的観察によって考えられているような小さなものではない。たんなる量的な関与からは、わたしが（他の多くの判断力のたしかな人々とともに）、ユダヤ人に由来すると考えられているような、あの卓越した意義を導きだせないことが、認められるであろう。むしろこの意義は、かなり複雑な関係性に基づき、彼らが全く傑出した存在だという意味合いで、質的に認識されねばなるまい。

そのために、わたしは、くりかえし、けっして重要でないとはいえない次のような事実を強調したいと思っている。それはアメリカのユダヤ人が、一連の重要な商業分野で、まさに独占的地位を確立するほど支配しているか、あるいは少なくとも、長期間にわたって支配してきたということだ。わたしはそのさい、とくに西部における穀物取引、タバコ取引、それに木綿取引を念頭においている。一瞥すれば、この三種の取引が、アメリカの国民経済の三大分野であり、この三つの強大な経済分野を手中におさめている者は、すでにそれだけでただちに経済の全体的過程に、大がかりに取り組んでいるに違いないことがわかるだろう。しかし前述したように、わたしはこの状況を、それほど力説しようとは思わない。それというのも、わたしはアメリカ合衆国の国民経済に対する意味を、もっと深いところから解釈しようと願っているからである。

ユダヤ人は、全く特別な糸、いうなれば金糸として、最初から最後までアメリカの国民経済という織物のなかに、深く織りこまれており、したがってこの織物の特有な模様は、この金糸によってはじめから特徴づけられている。

なぜなら、資本主義の精神が大西洋岸で、はたまた新大陸の森林や草原ではじめて生まれたときから、ユダヤ人がその場にいたからだ。彼らの到着の年は、一六五四年とみられている。[36]ほとんど全部がポルトガル領になったブラジルから、ユダヤ人を乗せた船がハドソン河畔に着いたとき、ユダヤ人たちはオランダ・西インド会社によって設立されたこの植民地へ居住することを求めた。それももはや、懇願する者としてでなく、新植民地建設に強力に関与した民族の一員としてであった。この強硬な態度にオランダの植民地総督も譲歩せざるをえなかった。ユダヤ人移住民を乗せた船が着いたとき、ニュー・アムステルダムで政権を握っていたのはステーフサントであった。彼はユダヤ人の友ではなく、なんとしても居住を求める彼らに門戸を閉ざそうとした。ところがそのとき(一六五五年四月二十六日)、アムステルダムの会社の支配人は彼への手紙のなかで、西インド会社の領域内でのユダヤ人の商業と居住を認めよとの指令を出した。「なぜなら彼らがわが社に投資した莫大な資本のためである[37]」

彼らはまもなく、ニュー・アムステルダムからロング・アイランド、オルバニー、ロード・アイランド、そしてフィラデルフィアに向かった。

このときから、彼らの活動がはじまった。だがはじめのうちは、そもそも新植民地が経済的に成り立ってゆくのかという不安があった。アメリカ合衆国は今日現存しているが、これはもっぱら北米のイギリス植民地が、様々な好都合な条件に恵まれ、ついには独立国となる能力をもつ威風堂々とした地位にまで発展できたからである。そしてまさに強大な植民地建設にあたって、ユダヤ人は最初の、しかももっとも熱心な促進者として活躍していたことがわかっている。

わたしはこのさい、数個の強大なユダヤ人家族の支持によってのみ、この植民地が国家組織として自立することに成功したこと、それもこの数家族が独立のための基礎をこの植民地に与えたという当然の事柄を考えているわけではない。たしかに戦時の調達、とくに必要資金の貸与なくしては、「合衆国」の独立はけっして実現できなかったであろう。だがこのユダヤ人の業績は、何もアメリカに特有なものではない。われわれはこの事実に、ごく一般的な現象として遭遇するであろう。この現象は資本主義の基盤に依存する近代国家の歴史のなかではいたるところで、一様に現われる。したがってわれわれとしても、もっと大規模な関連のなかで、公正にあつかわなければならないだろう。

これに反し、わたしは北米植民地におけるユダヤ人の他の活動のなかに、とくにアメリカという世界を示すと全く同様に、アメリカをつくりあげた行動を看取する。わたしが考えているのは、十七、十八世紀を通じ、ユダヤ商法こそ、アメリカの植民地の国民経済を活性化した源泉であったという単純な事実である。なぜなら、ひたすらユダヤ人が維持した貿易関係のみがアメリカの植民地に、母国との持続的な経済的結びつきを保たせ、しかもなお独自の経済的繁栄に到達させる可能性を与えたからである。平易にいえば、イギリスが、すべての事業によって得られた製品は母国に売却せよと植民地アメリカに課した強制措置によって、当然貿易（およびこれによってもちろん支払いの面でも）における植民地の収支決算はつねに赤字となった。もし外国から貴金属の形でたえず血液が送りこまれてこなかったならば、植民地経済という肉体は失血して死んでしまったであろう。しかし、この血の流れを「ユダヤ商法」が、中南米の諸地域から英領の北米植民地に向けさせてくれた。北アメリカに移住したユダヤ人が、西インド諸島やブラジルとの間に保ってきた密接な関係のおかげで、彼らはこれらの地域との活発な貿易を行なうことができた。そして、一般的に北アメリカの植民地側が黒字の成績をあげ、そのために、これら中南米地域自体で産出された、あるいは隣接地域から直接豊富に流入してきた貴金属（十八世紀のはじめ以後はとくにブラジル産の黄金）が、北アメリカの国民経済の血管のなかに導入されるようになった(38)。

これまでふれてきた事実に着目し、いくらかの権利をもって、そもそもアメリカ合衆国が存在しているのはユダヤ人のおかげだと主張できるとすれば、同等の権利をもってアメリカ合衆国が、現在のような姿になったのは、つまりアメリカ的なるものができたのは、もっぱらユダヤ気質のおかげであると主張できるであろう。なぜなら、われわれがアメリカニズムと呼んでいるものは、それこそ大部分が流入してきたユダヤ精神に他ならないからである。

だが、アメリカ文化のなかに特殊なユダヤ精神が強力に浸透した発端は何か？

それは植民地居住者が、以前から全く一般的にユダヤ人集団と混在していたからだと思われる。

わたしの知るかぎりでは、北アメリカへの入植はほとんどの場合次のようにして行なわれた。まず中核となる男女の一群——二十家族くらいといってもよいだろう——が、自分たちの生活を新しくつくりあげるために、荒地に入った。この二十家族のうち、十九家族は鋤《すき》と大鎌を手にし、森林を開墾し、草原の雑草を焼き払い、自分たちの労働で土地を耕作することで生活を維持しようとした。だが二十番目の家族は、すみやかに仲間たちに、交易の道を通じて――おそらく、行商に出ることもあったろう――その土地が産出しない様々な生活必需品を供給するために商店を開いた。この二十番目の家族は、その後じきに、他の十九の家族が大地から獲得した産物を売りさばくべく配慮した。彼らはもっとも早く現金を手に入れた人々であり、したがって、いざという場合には、これを仲間に融資することに役立てた。こうして彼らが開いた「商店」に、一種の農村貸付銀行が付属するようになった。おそらく不動産売買の代理人もどきの仕事もしたのであろう。

こういうわけで、北アメリカの農民は、早くから旧世界の貨幣ならびに信用経済と接触することになった。すべての生産関係は前もって近代的基礎の上に築かれた。都市の性格がただちに遠隔地の村落にまで堂々と進出した。アメリカの国民経済に、資本主義の組織、資本主義の精神が浸透したのは、移民入植最初の日以来のことといってもよいだろう。なぜなら、最初の商業主義的細胞は、まもなくすべてを包含する組織にまで成長したからである。そもそもなんぴとが個人的な要素としてここで決定を下したのだ。人ではなく、たんなる事物の状況が新しい発展の系列を生むわけはない。だれによってこの資本主義の特徴を備えた「新世界」がつくられたのか？　それはあらゆる村に住む二十番目の家族によってである。

この二十番目の家族が、早くも、移住民集団に同行したか、あるいは彼らの入植後すぐにやってきたユダヤ人家族であったことは、今さらのべる必要もないだろう。

こうした関連を立証するため、いずれ様々な事例を一つの全体像にまとめあげるつもりだが、さしあたりは、わたしの主観的な形象であると思ってほしい。わたしの後に続く研究者は、ここで取り上げられた観点の下に、アメリカ合衆国の経済史を執筆せねばならないであろう。わたしが例証として示したものは、さしあたり、のちのくわしい論述の最初のきっかけと見なすことができよう。とにかく物事の動きの一様性と単純さに基づき、このさい問題になるのは個々の事例ではなく典型的現象なのだとはっきりいうことができる。

わたしがアメリカの経済生活の動きに対するユダヤ人の影響について主張したことを、ある人が、かつて次のように表現した。

「ユダヤ人は何千もの繁栄した共同体の指導的金融業者であった。彼らは企業精神旺盛で積極的であった(39)」

任意の順番に並べたが、次の事実を、サンプルとしてあげさせてもらおう。

アラバマに一七八五年、アブラハム・モルデカイが住みついた。「彼はインディアンと大がかりな交易を行ない、彼の商品をピンクルート（植物の一種）、ヒッコリー〔くるみの一種〕、くるみ油、それにあらゆる種類の毛皮と交換するべく、ライン・クリーク〔小川の名前〕の西二マイルの所に交易所をつくった(40)」

オルバニーでは「この町がまだ小さな商業地だった一六六一年に、早くも、アセル・レビ（あるいはリービ）というユダヤ人の商人は同地の不動産の所有者となった(41)」

シカゴは、鉄道と商業の中心地になって以来、好目標となった。最初の石造建築が、シカゴで仕立屋の仕事をしていたユダヤ人、ベンヤミン・シューベルトにより建てられた。フィリップ・ノイブルグが、はじめてシカゴにタバコ取引を導入した。[42]

ケンタッキーでは、早くも十九世紀初頭、ユダヤ人の居住者が現われた。ユナイテッド・ステート銀行が、レーシントンに支店を開いた一八一六年、すでに一八〇八年に同地に移住してきたソロモン氏が、同行の会計係となった。[43]

メリーランド[44]、ミシガン[45]、オハイオ[46]、ペンシルヴェニア[47]の最初の移住者のなかにも、その活動の詳細は判明していないが、ユダヤ人の商人がいた。

ユダヤ人が資本主義組織の先駆者としてテキサスで活躍した様子を、はっきり追究することができる。この土地では、ジャック・ド・コルドバ、モリス・コッペレ、ヘンリー・カストロといった人々が、実り多い活躍をした。「なかんずくコルドバは、一八五六年まで、この州のもっとも大がかりな土地開発者であった。コルドバの土地開発事務所は、テキサス州の広い地域の地主が居住したニューヨーク、フィラデルフィア、そしてボルチモアの各地で、まもなく有名になった」。モリス・コッペレは（一八六三年）、テキサス・ナショナル銀行の頭取になった。ヘンリー・カストロは、移住斡旋の業務に取り組んだ。「一八四三―四六年の間に、五千人の移住民を、主として、レニッシュ地方から二十七隻の船に乗せ、テキサス州に連れてきた」。彼らの到着以後、カストロは入植者に、必要な農機具や穀物の種子などの面倒をみた。「彼は一年間、入植者に雌牛、農機具、種子、薬品、それに彼らが必要とするものを実際に供給した」[48]

各州に、他のユダヤ人家族が拡散したが、彼らはそれぞれ団結することによって、より効果的に働くことができた。ユダヤ人の活動の発展にとってなかんずく特徴的なのはセリグマン家の歴史である(バイヤースドルフのダフィート・ゼーリヒマンの息子たちである)。この家族の八人の兄弟は、結局はアメリカ合衆国の主要都市にひろがる業務をはじめた。その状況をまとめると、次のような具合になる。一八三七年、ジョセフ・セリグマンはアメリカに移住した。一八三九年、二人の兄弟が彼の後を追った。一八四一年、三番目の兄弟がつづいた。彼らはランカスターに小さな衣料品店を開いた。そこから彼らはセルマ・アラに向かい、その後三つのアメリカの都市に支店をつくった。一八四八年、彼らはまた別の二人の兄弟とともに北方に向かった。一八五〇年、ジェスはサンフランシスコに、商店を開いた。これは同市ではまだ唯一のレンガづくりの建物であった。一八五七年、衣料品店から分かれて銀行が設立された。一八六二年、セリグマン家は商会を、ニューヨーク、サンフランシスコ、ロンドン、パリ、それにフランクフルト・アム・マインに設けた(彼らはその後とくに南北戦争の時代に資金の調達で活躍した)[49]。

アメリカの南部諸州でもユダヤ人は部分的には、他の州と似たような役割を演じた。すなわち入植農民の間に居住する商人という役割だ[50]。その他にも南部では、早くから(中南米同様)、富裕な大農園所有者として、彼らは登場した。たとえば、サウス・カロライナ州では、「ユダヤ人の土地」は大農園と同義語であった[51]。ここでも、とくにモーゼス・リンドが、インディゴ生産（これについては前述した）の主な促進者として活発に働いた。

この場合にも、アメリカ合衆国の発生期全体を通じてユダヤ人が、強力、持続的に流入したという観察のおかげで、発生史的方法はふたたび、意義深い支持を受けたことになる。もちろんこのことを証明するために、初期において、直接ユダヤ人が、住民全体、あるいは移住者全体で、いったい、どのような割合を占めていたかということを示す数字は、用意されていない。しかし、様々な兆候からして、つねに大勢のユダヤ人がアメリカに移住したことを確実に推量できる。

彼らの（量的な）意味を測定するためには、初期にはアメリカにきわめてわずかの住民しかいなかったことを顧慮しなければならない。たとえば、十七世紀中葉には、ニュー・アムステルダムには千人以下の住民しかいなかったことがわかれば、その頃ブラジルから同時に船で移住してきた少数のユダヤ人は、それだけでもすでに、この地方の経済生活にきわめて大きな影響を与えたことがわかるであろう。[52] またそれと同様に、ジョージア州にはじめて入植が行なわれた時代、四十人のユダヤ人を乗せた船[53]が同地に入ってきたとき、また一七三三年、小さな商業中心地サヴァンナへオーストリアのザルツブルクからの居住者が到着し、そのさい十二のユダヤ人家族が入植したとき、それらはユダヤ人集団の強力な浸透と見なされることになろう。[54]

アメリカ合衆国を、ドイツ系（そしてポーランド系の）ユダヤ人が早くから、好んで移住目標としていたことは、一般に知られており、移住地からの報告によっても確かめられている。「ポズナニの貧しいユダヤ人家族のなかでは、十九世紀、第二四半期の二十五年間に、自分たちの息子、それもふつうはもっとも活気があって利口な息子が、故郷の狭さや重苦しさから脱却すべく大洋を越えなかったような家族はめったにない[55]」

南北戦争に従軍したユダヤ人兵士の数が七千二百四十三人[56]の多くにのぼったことは驚くにあたらない。そして、十九世紀中頃にアメリカ合衆国に居住したユダヤ人が二十万人（三万人がニューヨーク）だときかされても[57]、われわれは、むしろこの数字は低すぎるのではないかと考える。

（1） D・イサク・アブラヴァネルはエレミヤ書の注釈を書いたとき（一五〇三）、インドから香料を運んだポルトガル人がたずさえてきた書簡を見ることができた。そのなかで彼は、ポルトガル人が、多くのユダヤ人とインドでめぐりあったことを伝えた（第三章）。これはM・カイザーリンク『クリストファー・コロンブスとユダヤ人の関与』（一八九四）の一〇五頁に引用されている。ブロッホ　前掲書　一五頁参照

（2） マナセー・ベン・イスラエルは、彼のクロムウェル覚え書のなかで、このことを強調している。この覚え書は何度も印刷された。『ユダヤ年代記』一八五九年の十一月と十二月の個所を参照。カイザーリンクのドイツ語訳がある（『文献年鑑』一八六一）。また、デ・バリオス『ユダヤ一般史』を参照。

（3） G・C・クレルク・デ・レウス『オランダ・東インド会社の歴史的概観』（一八九四）第十九章。ヤン・ピーテルスゾーン・クーンの英雄的行動については、同書　第十四章以下。

（4） J・P・J・デュ・ボア『総督たちの生涯』（一七六三。表紙は彼らのありのままの肖像画によって

飾られている）

（5）たとえば、F・サルヴァドール、また『ユダヤ・エンサイクロペディア』の項目「サルヴァドール」を見よ。またヒャムソン　前掲書　二六四頁

（6）一五六九年、富裕なアムステルダムのユダヤ人は、カラ湖をめざすバレンツの遠征を準備した。M・グルンヴァルト『ハンブルクのドイツ系ユダヤ人』（一九〇四）　二二五頁

（7）『ユダヤ・エンサイクロペディア』の「南アフリカ」の項目と、そこに記されている豊富な文献を見よ。

（8）ラビのJ・H・ヘルツ博士『南アフリカのユダヤ人』（一九〇五）ヨハネスバーグ

（9）『ユダヤ・エンサイクロペディア』の第四巻　四九一頁にある項目「商業」

（10）ユダヤ人のアメリカとの関係についての文献はきわめて豊富である。ここでは概観をのべることをやめ、むしろ、そのつど、個々のすぐれた著作を指摘したいと思う。そうはいうものの、少なくとも、いくつかの重要な著作、とくに叢書類についてはその名をあげておきたい。

当然のことながら、筆頭にあげられるのは『ユダヤ・エンサイクロペディア』である。それというのも、これはアメリカで出版されており、アメリカの様々な状況について、すばらしい項目がたくさん用意されているからである。次には、ユダヤ・アメリカ経済史についての一連の報告がある。とくに多いのは十七、十八世紀の北米、南米の植民地における彼らの活動である（「アメリカのユダヤ人歴史学会会報」）。また一八九五年以降については、演説や論文のなかに多くの興味深い指摘がみられる「アメリカ合衆国におけるユダヤ人居住二百五十周年記念号」（一九〇五）。

ユダヤ・アメリカ史の総括的記述については、マーケウス『アメリカのユダヤ人』、C・P・ダリ『北米におけるユダヤ人居住史』（一八九三）、M・C・ピーターズ『アメリカのユダヤ人』（一九〇六）。

このうち最初の二冊はわたしは読む折がなかった。これらは書店で売られていないし、ドイツの公共図書館やユダヤ関係の特別図書館もこれを所蔵していない。その内容についてわかったところによれば、これらの書物は、新研究、とくに「会報」が出たことによって「時代おくれ」になったようだ。

（11）ある文献は（コロンブスのアメリカ発見四百年を機会に）、ユダヤ人がこの発見自体に関与した状況

を確定すべく努めている。基本的にしっかりとしており第一級の史料に準拠したその研究は、M・カイザーリンク『クリストファー・コロンブスとユダヤ人の関与』(一八九四)である。その他にあげられるべき著作(間接的に聞いて知っているだけなのだが)としては、F・R・ピクセルベル『新世界におけるユダヤ人』(一八九二)、L・モドナ『ユダヤ人とアメリカの発見』(一八九三)がある。参照してほしいのは、『ユダヤ・エンサイクロペディア』のなかの項目「アメリカの発見」と、アメリカにおけるユダヤ人居住二百五十周年に関する、オスカー・S・ストロースの演説である。

(12) M・カイザーリンク　前掲書　一一二頁。サラゴッサ『ファン・サンチェス　最初の商人』、同じ著者による「ユダヤ人によるアメリカ植民」(『アメリカのユダヤ人歴史学会会報』第二号　七三と次頁以下)を参照のこと。ここでは、アメリカの植民とユダヤ人のスペインとポルトガルでの苦労と、これらの土地からの追放との間の関係が目のあたりにするようにはっきりと描かれている。

(13) G・F・クナップ『植民地における奴隷の起源』(『社会政治』文庫第二巻　一二九と次頁以下)

(14) オスカー・ストロース　前掲書　七一頁

(15) リッター「サトウキビの地理的普及」(ベルリン・アカデミーへの報告〈一八三九年〉、三九七頁あたり)、これはリップマン『砂糖の歴史』(一八九〇)二四九頁に紹介されている。

(16) マックス・コーラー「一八〇〇年以前のニューヨークのユダヤ人の生活実態」(『アメリカのユダヤ人歴史学会会報』第二号　九四頁)

(17) 『ユダヤ・エンサイクロペディア』のなかの項目「アメリカ」。参照すべきはコフート「オランダ植民地におけるユダヤ人」(『ユダヤ研究評論』第三十一号〈一八九五〉二九三頁)

(18) H・ハンデルスマン『ブラジル』(一八六〇)　四一二頁

(19) P・M・ネッチャー『ブラジルのオランダ人』初版(一八五三)、ユダヤ人富豪「ソウサ家」についての記述あり。M・カイザーリンク『ポルトガル・ユダヤ人の歴史』(一八六七)　三〇七頁、M・グルンヴァルト『ドイツの土地にあるポルトガル人の墓地』(一九〇二)　一一三頁

(20) マックス・J・コーラー、前述の「会報」第二号　九四頁

(21)『ユダヤ・エンサイクロペディア』のなかの項目「アメリカ」
(22)「会報」第二号　九五頁、ネッチャー前掲書　一〇三頁
(23)本格的追放は行なわれなかった。それどころか、ユダヤ人には一六五四年の平和条約で大赦が与えられた。だがその後は「ユダヤ人と他の非カトリック教徒は、ポルトガル人なみにあつかわれる」という指摘がつけ加えられた。これで十分であろう！　平和条約の条文はそのまま、アイツマ『歴史』一六二六と次頁以下にのっているが、ネッチャーの前掲書　一六三頁に引用されている。
(24)H・ハンデルマン『ブラジル史』四一二と次頁
(25)バルバドスのユダヤ人については、ジョン・ハムデン・ハッテン『元のリスト』(一八七四) 四四九頁、リジョン『バルバドス史』(これはリップマン『砂糖の歴史』〈一八九〇〉三〇一と次頁以下に引用されている)、リード『砂糖と砂糖栽培農場の歴史』七頁。同種のものとしては、モアリー「砂糖論」で、これはネルトヒェンにより独訳された (一八〇〇)。さらにマカロック『商業辞典』第二版一〇八七頁がある。参照すべきなのはもちろん一般的な植民地史関係の著作、とりわけ、たとえばC・P・ルーカス『イギリス植民地の歴史的地理学』第二版 (一九〇五) のとくに二一一と次頁、二七四、二七七頁。
(26)ジャマイカのユダヤ人については、M・カイザーリンク「ジャマイカのユダヤ人」(「季刊ユダヤ評論」第十二号〈一九〇〇〉七〇八と次頁以下)、A・M・ヒャムソン『イギリスにおけるユダヤ人の歴史』(一九〇三) 十六章。同時代の資料に基づく証拠文献は、マックス・コーラー「アメリカ植民地におけるユダヤ人の活動」刊行物の第十巻、五九と次頁以下。それは「アメリカのユダヤ人歴史学会会報」第二号　九八頁所載の「ユダヤ人の生活」にみられる。
(27)一六七一年十二月十七日の総督のロードアーリントン局長にあてた手紙。これはM・カイザーリンクが、その著書の注(76)で引用した論文七一〇頁にある。
(28)キャプテン・J・H・ローレンス・アーチャーが収集した「英領西インド諸島の記念碑的記述」四頁にあるその序文がコーラーのユダヤ人の生活に関する前掲論文の九八頁にのっている。
(29)スリナムにおけるユダヤ人についてのもっとも重要な資料は『スリナムの植民地と同地に定住したポ

ルトガル系ユダヤ人の歴史』第二版（一七八八）パラムビロにて発行。『ネーデルランドにおけるユダヤ人の歴史』（一八四三）三一三と次頁でその一部を伝えたケーネンは、この本を「西インド諸島におけるユダヤ人の歴史のための源泉」と名づけている。残念ながらわたしは原典を見ていない。次に新しい文献は、多くの新しい資料を提供するようになった。リチャード・ゴットヘイル「スリナムにおけるユダヤ人史への寄与」（刊行物の第九巻　一二九および次頁以下）は土地台帳図（五千分の一の地図で、地租の原本となる）の一部を含んでいる。

J・S・ロース「スリナムのユダヤ人史についての補足的覚え書」（刊行物の第十三巻　一二七と次頁以下）、P・A・ヒルフマン「スリナムのユダヤ人史について再び補足する」（刊行物の第十六巻　七と次頁以下）

スリナムとガイアナの関係については、S・オッペンハイマー「西部ガイアナにおける初期のユダヤ人居住地（一六五八―六六年）と、スリナム、カエンヌ、それにトバゴにおけるユダヤ人との関係」（刊行物の第十六巻　九五―一八六頁）、ヒャムソンの前掲書　第十六巻と、C・P・ルーカスの前掲書参照。

(30) マルティニーク、グァドループ、それにドミニカのユダヤ人については、リップマン『砂糖の歴史』（一八九〇）三〇一と次頁以下。本書には資料と初期の文献が示されている。A・カーエン「十七世紀のマルティニークのユダヤ人」（「ユダヤ研究評論」第二号）、同じく「十八世紀フランス植民地におけるユダヤ人」（「ユダヤ研究評論」第四号、第五号）、ハンデルスマン『ハイチ島史』（一八五六）。

(31) L・ウォルフ『ユダヤ年代記』第三巻（一八九四）一一頁。これはコーラーの会報に引用されている（第十号　六〇頁）。

(32) 「アメリカ合衆国におけるユダヤ人居住二百五十周年記念号」（一九〇五）一八頁

(33) 右に同じ

(34) ジョン・ムーディ『トラストに関する真実』（一九〇五）四五と次頁以下、九六頁

(35) 『ユダヤ・エンサイクロペディア』のなかの「カリフォルニア」の項目。事実関係がくわしく記され

ている。

(36)　別の見解によれば、ブラジルからの難民以前に、アムステルダム出身の富裕なユダヤ商人がハドソン川沿いの植民地に移住していた。アルビョン・モリス・ダイヤー「ニューヨーク・ユダヤ人史」第一章(「アメリカのユダヤ人歴史学会会報」第八号　四一と次頁以下)

(37)　手紙の文言は、「ニューヨーク植民史に関連する記録文書集」第十四巻　三一五頁——これはマックス・コーラー「ニューヨークのユダヤ人の起源」(「アメリカのユダヤ人歴史学会会報」第一号　四三頁)にのせられている。

(38)　本章の注(37)と同じ会報の、第一号　四一と次頁以下、第二号　七八頁、第十号　六三頁、マックス・コーラー「ニューポートのユダヤ人」(刊行物の第六巻　六九と次頁以下)。コーラーはしばしば、ジャッジ・ダリー『北アメリカにおけるユダヤ人居住地』(一八九三)から引用している。

(39)　「アメリカ合衆国におけるユダヤ人居住二百五十周年記念号」におけるカリフォルニア州パーデル知事の演説(一九〇五)　一七三頁

(40)　『ユダヤ・エンサイクロペディア』第一巻の項目「アラバマ」

(41)　『ユダヤ・エンサイクロペディア』第一巻の項目「オルバニー」

(42)　H・フェルゼンタール「シカゴのユダヤ人の歴史」(刊行物の第二巻　二一と次頁以下)、H・エリアーソフ「シカゴのユダヤ人」(刊行物の第十一巻　一一七と次頁以下)

(43)　ルイス・N・デムビッツ「ケンタッキー最初のユダヤ移民」(刊行物の第一巻　九九頁)

(44)　J・H・ホレンダー「ジェイコブ・ランブローゾ博士に関連する未刊行の資料」(刊行物の第一巻四三と次頁以下)

(45)　デイヴィッド・E・ハイネマン「一八五〇年以前のミシガン州ユダヤ人の発端」(刊行物の第八巻四三と次頁以下)

(46)　デイヴィッド・フィリップソン「オハイオ川流域におけるユダヤ人パイオニア」(刊行物の第八巻

(47)　ヘンリー・ネッカーサルマー「ランカスターにおける初期ユダヤ移民」(刊行物の第三巻　二七と次

頁以下）

(48) ヘンリー・コーエン「テキサスにおけるユダヤ人」（刊行物の第四巻、九九と次頁以下）、ヘンリー・カストロ「パイオニアと植民者」（刊行物の第五巻　三九と次頁以下）。他のユダヤ人の不動産業者については、H・フリーデンヴァルト「十八世紀の新聞広告」（刊行物の第六巻）に様々な報告がみられる。

(49) バイエルンの、バイヤースドルフ出身のアメリカ系ユダヤ人の家族、ゼーリヒマンの生活を描いたものは、ブリュッツル編「月刊報告」第二十六号（一九〇六年版）一四一と次頁以下に見出される。

(50) レオン・ヒューナー「植民地時代のジョージア州のユダヤ人」（刊行物の第十巻　六五と次頁以下）および「最初の移民からアメリカ革命の終局にいたるサウス・カロライナ州のユダヤ人」（刊行物の第十二巻　三九と次頁以下）、C・C・ジョーンズ「ジョージア州におけるユダヤ人居住地」（刊行物の第一巻　一二頁）

(51) B・A・エルザス『サウス・カロライナのユダヤ人』（一九〇三）、これは『ユダヤ・エンサイクロペディア』の項目「サウス・カロライナ」に引用されている。

(52) レオン・ヒューナー「A・レビ　有名なニュー・アムステルダムのユダヤ人公民」（刊行物の第八巻一三頁）、さらに同著者の「いつ最初のユダヤ人移民がニューヨークに来たか」（刊行物の第九巻七五と次頁以下）参照。マックス・J・コーラー「ニューヨーク植民地におけるユダヤ人の民法上の地位」（刊行物の第六巻　八一と次頁以下）

(53) 十八世紀のニューヨークで、ヘブライ語を用いて取引をするユダヤ人については、J・A・ドイル「ハノーファー王朝時代の植民地」（一九〇七）三二頁

(54) C・C・ジョーンズ「ジョージア州におけるユダヤ人居住地」（刊行物の第一巻　六、九頁）

(55) M・ヤッフェ「ポーゼン（ポズナニ）市」（ポズナニ市協会の文献　一一九頁、第二巻、一五一頁）

(56) H・S・ヴォルフ「兵士および愛国者としてのユダヤ人」（刊行物の第三巻　三九頁）

(57) フィッシャル博士「アメリカにおけるユダヤ人の歴史の年代別記録」による。

第五章　近代国家の建設

近代植民地経済の形成と、近代国家の発生は二つの互いに制約しあう現象である。両者は、それぞれもう一方なしでは考えることができない。それに近代資本主義の発生は、両者によって同等に影響を受けている。したがって、この生成の動きについて、なんらかの歴史的要素の意味を評価しようとするならば、われわれは、そうした要素が、前述の二つの現象に、場合によって、どのくらいの影響を及ぼしたのかということを吟味しなければならない。そのため、わたしはこの章では、近代国家の形成へのユダヤ人の関与をたどりたいと思う。

一瞥したところでは、ユダヤ人は他のことすべてについてはともかく、いやしくも国家の発生には、なんの関与もしていないかのように思われている。ユダヤ人は、そのもっとも本質的な性格において、「非国家的」民族だというわけだ。近代国家の形成には、重要人物にこそ要因があると考えた場合、最初にその名がわれわれの脳裏に浮かんでくる大政治家が、いずれもユダヤ人ではないからだ。カール五世、ルイ十一世、リシュリュー、マザラン、コルベール、クロムウェル、プロイセンのフリードリッヒ・ヴィルヘルム一世、あるいは、フリードリッヒ二世の名をあげるだけで十分だろう。

だが近代国家の基本的性格は早くも「中世」末期の数世紀の間に、イタリア、そしてとくにスペインで形成された。そしてこれらの土地で多くのユダヤ人政治家が指導的地位についていたことが証明されるならば、われわれの判断は、もちろん、まったく変わってくるであろう。（わたしが知っているかぎりにおいて）近代国家の歴史が、いまだにけっしてこの観点から書かれたことがないのは残念であるが、多くの資料に基づき、完全に新しい見方が成り立つものとわたしは信じている。しかし、たとえばリンド、デ・ロス・リオス、カイザーリンク、メンデス・ドス・レメディオスらによるスペインおよびポルトガルにおけるユダヤ人の歴史をあつかった著作と、ランケあるいはバウムガルテンのように、スペインおよびポルトガルの近代国家の起源を追究した著作との間には、ごくわずかの関連すら見出されない。

だが、近代国家の支配者のなかにユダヤ人を見出すことができないとしても、こうした支配者、それに近代の君主をユダヤ人を抜きにしては、とうてい考えることができない（それはちょうど、メフィストフェレス抜きで、ファウストが考えられないのと同様である）。両者は、連繋しつつ、われわれが近代と呼んでいる数世紀間に躍進したのだ。わたしはまさにこの王侯とユダヤ人との結合のなかに、興隆する資本主義と、それと結びついた近代国家を象徴するものが見られると思っている。まったく表面的ながら、多くの国家において、政治的な諸階級やツンフトなど、前資本主義的諸力に対抗し、被迫害者のユダヤ人の保護者として、王侯が登場する有様が見受けられる。そして内面的には、王侯、ユダヤ人両者の利益、志向が、かなり一致しかつ入りみだれている。

ユダヤ人は近代資本主義を具現し、そして王侯は、おのれの地位を獲得し、維持するために、ユダヤ人という力と連繋していた。さらにいえば、近代国家建設へのユダヤ人の関与について語るとき、わたしは、政治的組織者としての彼らの直接の活動ではなく、むしろ最近数世紀の大がかりな国家形成過程への彼らの一層間接的な協力を考えている。わたしはとくに、成長しつつある国家に彼らが物質的手段を提供したこと、その助けを借りて、こうした国家が維持、発展できたこと、それに彼らが、すべての近代国家が依存している基盤ともいうべき軍隊に二つの方式で寄与してきたことを考えている。そのうちの一つは戦時における武器、装備それに食糧を調達することであり、もう一つは必要な金銭を取りそろえることである。そのうち必要な金銭というのは、当然のことながら（初期資本主義の時代には圧倒的にそうであったが）、たんに軍隊のためばかりでなく、他の宮廷―国家の必要をまかなうために用いられる金銭だ。換言すれば、わたしはとりわけ十六、十七、十八の三世紀に、ユダヤ人がもっとも影響力の大きい軍隊の御用商人であり、またもっとも能力のある王侯への資金供給者であり、さらに、この状況は近代国家発達の動きにとって重大な意味があると見なすべきだと信じている。これについてはなんらの特別の論拠を必要としないであろう。

ふたたび問題は、このようにわたしが主張した事実の正しさを資料に基づいて証明することだ。それには、まずわたしが前の各章で行なった留保をふたたびもちだすことだ。またとくに、わたしは、今問題になっていることのためにもちだされた証拠は、当然のことながら、問題を根本的かつ徹底的にあつかうための嚆矢《こうし》にすぎず、けっして完全さなど要求していないことをはっきり指摘しておきたい。また本書のこの部分は、それを出発点として、将来くりかえし特別の研究がなされるべき個所でもあろう。

I　御用商人としてのユダヤ人

わたしは一四九二年以前の時代に戻ろうとは思わない。そうした時代が、この考察の圏内にはもともと入ってこないからである（ただし後の動きの原因となるという意味での、前史として考察される）。その他の点では、スペインおよび他の地域における、軍の調達者としてのユダヤ人の活動については、数多くの証拠をもちだすことができる。

だが、われわれは彼らをその新しい活動分野のなかで追究し、十七、十八世紀の間に、まずイギリスで、前述の特性を生かしていることを見出す。共和政治の時代〔一六四九年のチャールズ一世の死刑執行から一六六〇年の王政復古まで〕には、一番重要な軍の調達者は、一六三〇年と一六三五年の間にロンドンに流入し、まもなくイギリスの指導的商人に成り上がった「大ユダヤ人」A・F・カーヴァジャルであった。一六四九年、彼は、枢密院が、軍隊用の穀物調達を依頼した五人のロンドンの商人のなかの一人となった[(1)]。彼は毎年、イギリスに銀貨十万ポンドに相当する穀物を輸入したといわれる。その後の時代、とくにウィリアム三世の戦争期間中「大契約者」として、「ユダヤ人メディナ」と呼ばれたサー・ソロモン・メディナが登場したが、彼はその後貴族に列せられた。彼はイギリスで最初の（洗礼を受けていない）ユダヤ人貴族であった。[2]

スペイン継承戦争で、敵側の軍隊に必需品の供給をしたのもユダヤ人である。「フランスは戦時中に騎兵を出動させるため、いつもユダヤ人の援助を利用した」[3]一七一六年、ストラスブールのユダヤ人は、ルイ十四世の軍隊に情報と食糧を提供する仕事にたずさわった。[4]ルイ十四世の主要戦時調達者はヤーコプ・ヴォルムスという名前であった。[5]その後十八世紀には、ユダヤ人はこうした役目を果たし、フランスで一層重要性を増した。一七二七年、メスのユダヤ人は六週間以内に、食糧としてつぶす二千頭の馬、それに五千頭の新馬を同市に運び入れさせた。[6]フォントノアの勝者ザクセンのモーリッツ元帥は、自分の軍隊はユダヤ人に依頼したとき以上に、すぐれた調達を受けたことがけっしてなかったとのべた。[7]ルイ十五世、および十六世の時代に御用商人としてすぐれたところを見せたのは、ツェルフ・ベーアで、彼の帰化証明書には次のように記されている。

「一七七〇年と一七七一年、アルザスで猛威をふるった最近の戦争と欠乏は、彼がわれわれへの奉仕と、国家への奉仕につくした熱意を証明する機会となった」[8]

十八世紀における一流の国際的商家は、ボルドーのグラディス家である。アブラハム・グラディスはアメリカで戦闘中のフランス軍の面倒を見るためにケベックに大倉庫を建てた。[9]革命期、そして五執政内閣とナポレオン戦争の時代にユダヤ人は御用商人として、フランスで傑出した役割を演じた。[10]彼らの卓越した役割についての重要な証拠は、パリが飢餓におびやかされた一七九六年、同市の街頭に掲示されたポスターである。そのなかでユダヤ人は、革命のおかげで彼らに与えられた権利を、穀物をパリに輸送する世話をすることによってはっきり示すよう要求された。

「彼らのみが」とこのポスターはのべている。「多くのコネクションをもっているため、この計画をうまくなしとげることができる。彼らは、自分たちの仲間である市民に利益をもたらすはずだ[11]」

似たような光景もあった。一七二〇年、宮廷ユダヤ人ヨーナス・マイヤーは、大量の穀物（年代記作者は四万シェッフェル〔一シェッフェルは地方により異なるが、五十から百八十リットル〕とのべている）をドレスデンに導入することによって、同市を飢餓から救ったという[12]。

ドイツにおいても、ユダヤ人は早くから、しばしば、もっぱら御用商人の地位を占めていたことがわかっている。十六世紀にはイザーク・マイヤーがいた。枢機卿アルブレヒトは一五三七年、ハルバーシュタットで、マイヤーに調達するさい非常事態でおびやかされていることを顧慮し、次のような条件をつけた。

「われわれの寺院本山に、すぐれた大砲、甲冑、武具を用意するのだ」

さらにユダヤ人ヨーゼフ・フォン・ロスハイムは一五四八年、皇帝から旅券を受けとったが、それというのも、彼がフランス国王に資金と軍隊用の糧食を世話したからである[13]。一五四六年、軍隊に毛布とマントを提供していたボヘミアのユダヤ人がいた。十七世紀（一六三三年)、ボヘミアのユダヤ人ラザルスが皇帝麾下の無敵艦隊が切に求めていた情報や知識を、自ら集め、また身銭をきってこの無敵艦隊にありとあらゆる種類の必要軍需品や衣料を提供しようとつねに努力していることが確認された。[14]大選帝公は、ライマン・ゴンペルツとザロモン・エリアスを使ったが、「彼らは軍の必要に応じ、多くの大砲、小銃、弾薬等を提供したので、大選帝公の軍事作戦には大いに役立った」[15]。

次にザムエル・ユリウスは、ザクセンの選帝侯フリードリッヒ・アウグストにつかえた皇帝—国王のために(新)馬を調達する御用商人であった。また、モーデル家は(十七、十八世紀の)アンスバッハ大公領における宮廷ならびに軍事関係の御用商人であった。[16]「そんなわけで、すべての兵站官《へいたんかん》はユダヤ人であり、またすべてのユダヤ人は兵站官であった」と、モセローシュは、ジッテンヴァルトのフィランダーという人の素描のなかで、はっきりとのべている。[17]

皇帝レオポルトの下で、追放(一六七〇年)後、ふたたびウィーンに居住が許された最初の富裕なユダヤ人、オッペンハイマー、ヴェルトハイマー、マイヤー、ハーシェルらはやはりすべて、軍隊の御用商人である。[18]十八世紀にも続行された軍隊の御用商人の活動に関する数多くの証拠は、オーストリアの各州に見受けられる。[19]

最後に、独立戦争のとき(また後の南北戦争の間)、アメリカの軍隊の補給を担当したユダヤ人の御用商人がいたことについても言及しておこう。[20]

II 財政家としてのユダヤ人

ユダヤ人のこの面での活動には歴史家がすでに早くから注目しているので、われわれはユダヤ人がヨーロッパ史のあらゆる時代に、王侯の財政の管理者、あるいは資金供給者として果たしてきた役割については、比較的くわしく知っている。そこでわたしはここでは簡潔を旨とし、既知の事実のいくつかを指摘するにとどめよう。

すでに中世の頃、ユダヤ人はいたるところで、徴税の請負人、製塩所と王(騎士)領の借地人として、出納係、資金供給者をしていた。当然のことながら、こうした役割のユダヤ人は、もっとも頻繁にイベリア半島に登場した。ここでは、出納係として好んで一連の富裕なユダヤ人が採用された。だがこの時代のことをとくにくわしく論ずるつもりはないので、わたしは個々の名前をあげることを断念し、そのほかの点については包括的に、一般的および特殊な文献の提示にとどめることにする。(21)

だが、近代国家が形成されるようになった近代になってはじめて、王侯の財政顧問官としての、ユダヤ人の活動がとてつもない力をもつに至った。

オランダでは彼らは迅速に指導的地位についた(もっともこの国では公式には官僚として出世する道は閉ざされていた)。ここで思い起こされるのは、ウィリアム(ウィレム)三世のお気に入りのモーゼス・マハド、ベルモンテの公使一家(ヴァン・ショーネンベルク

氏)、国王ウィレムに一六八八年、二百万グルデンを貸した富裕なスアッソらである。(22)

オランダのユダヤ人の金融資本家の役割はオランダ国境を越えて伸張した。なぜなら十七、十八世紀のオランダは、資金のほしいヨーロッパのすべての王侯が資金あさりをした金庫であったからだ。

ピントス、デルモンテス、ブエノ・デ・メスキータ、フランシス・メルスらの人物はまさに当時の北ヨーロッパの指導的財政家と見なすことができよう。(23)

しかし、その後、とくにイギリスでは、(24)イギリスの財政は十七、十八世紀の間、きわめて強力にユダヤ人によって支配された。イギリスでは、長期議会の資金欠乏が、富裕なユダヤ人をイギリスへ流入させる最初のきっかけを与えた。彼らの流入がクロムウェルによって認可されるはるか以前に、富裕なかくれユダヤ教徒が、とくにスペインとポルトガルから、ほとんどの場合、アムステルダムを経由して流入してきた——一六四三年にはとくに大勢のユダヤ人がやってきた——そして彼らの中心は、本人自身がマラノスであるロンドン駐在のポルトガル公使、アントニオ・デ・ソウザ家であった。彼らのなかでも傑出した人物、資金供給者として、はたまた御用商人として活躍したのは、すでにおなじみのアントニオ・フェルナンデス・カルバハルである。彼はまさに、イギリスの共和政治時代〔一六四九—六〇年〕の花形財政家であった。富裕なイギリスのユダヤ人集団は、スチュアート家の治下、とくにチャールズ二世の治政下に、新しい活力を得た。周知のようにチャールズ二世は、ブラガンサのカタリーナ姫をポルトガルから王妃として迎えたが、王妃のお供のなかに一連のユダヤ人金融家が加わっていた。そのなかにはとくに、カタリーナの持参金の管理と輸送を委ねられたアムステルダム出身のポルトガル系ユダヤ人銀行家、ダ・シルバ兄弟の姿も見られた。この頃、スペインとポルトガルからは、その他、メンデス家、ダ・コスタ家の人々がイギリスに移住した。後に彼らはその家を、メンデス・ダ・コスタとして合体させた。

新しく移住した人々のなかで主だった者は富裕なポルトガル系のマラノスであった。彼らのうちの何人かは、王妃の持参金の管理に関し、ドウァルテ・ダ・シルバを援助した。これはきわめて利益のあがる仕事であったに違いない。そこでマラノスたちは、こうした利益を自分たちのものとして維持するためのシンジケートをつくった。国王の為替手形と保証書は、つねに王妃の持参金を見返りに発行された。そしてこれを割引くために莫大な資金が要求された。この資金の用意はユダヤ人に限定された。[25]

しかしこれと同時に、たしかに全体としてはセファルディム〔元々はスペインにいたが、のちに北方・北欧に移住した〕のユダヤ人ほどの富の水準には達していないものの、なかにはベンヤミン・レビのような大資本家もいたアシュケナジム〔東方、東欧系のユダヤ人〕の流入がはじまった。

ウィリアム三世の政治とともに新移住者が流入し、宮廷（政府）と富裕なユダヤ人との結束は一層緊密になった。前述のサー・ソロモン・メディナは、資金調達の助力者としてオラニエン（オレンジ公ウィリアム二世）にしたがってイギリスに渡った。そして彼とともに、金融資本家の別の一家であるスアッソ家の人々がやってきた。アン女王の時代には、指導的な金融資本家メナセー・ロペスがイギリスに移住した。

南海泡沫《ほうまつ》会社のペテン騒ぎがイギリスに出現した頃、ユダヤ人集団がすでに同国最大の金融資本家として、居座っていたことがわかっている。彼らは荒っぽい投機からすっかり身をひき、彼らの巨額の財産を守った。こうして彼らは、政府が地租を担保に募集した公債の四分の一を引き受けることができた。この危機の時代に指導性を発揮した一族はサンプソン・ギデオン（一六九九―一七六二年）によって代表されるギデオン家であった。彼は「政府の信頼される顧問」であり、ウォルポール首相の友であり、また国家信用の支柱であった。さらに彼は一七四五年の非常時に、百七十万ポンドの公債を、引き受けた人物でもあった。サンプソン・ギデオンの死後、フランシス・アンド・ジョセフ・サルバドール商会は、十九世紀のはじめ、ロスチャイルド家がイギリスでも采配をふるうようになるまで、同国の指導的金融資本家であった。

フランスにおける金融資本家としてのユダヤ人の意義を証明するためには、サミュエル・ベルナールがルイ十四世時代の末期、それにルイ十五世が政権をにぎっていた時代に占めたきわめて影響力の大きい地位を想起するだけで十分であろう。ルイ十四世が、この金融業者と庭を散歩したときのことについて、ある怒りっぽい批評家は次のようにのべている。「この男のすべての価値は、縊死者をつり下げた綱のように国家を支えていたことだ[26]」

彼はさらにスペイン継承戦争時の軍資金供給者として、ポーランドにおけるフランスの王位請求者の支持者として、さらには君主の財政顧問として登場した。ダンジョー侯爵がある手紙のなかで、彼を「現代ヨーロッパ最大の銀行家」と名づけたとしても、けっして誇張ではなかったであろう。[27] さらにフランスにおいてもユダヤ人は、南海会社のいかさま騒ぎのあとも、フランスの西インド会社の再建に強力に関与した。[28] だが彼らの金融市場における指導的役割と、彼らの大財政家としての活動は、ロスチャイルド、ヘルフ、フール、セルベール、デュポン、グーショー、ダルムベール、プレイルらが仕事に取り組んだ十九世紀になってはじめて見受けられるようになった。もちろん（上述の名前の他に）十七、十八世紀に、もっと多くのユダヤ人の財界人がフランスでさかんに活動することは、容易にできたろう。ところが、表向きはユダヤ人が厳しく排斥されていたため、かくれユダヤ人としての彼らの活動は、探究されないままになっている。

ドイツとオーストリアでは、彼らの活動の足跡をたどることはふたたびより容易となる。なぜなら――これらの地域でも、ユダヤ人がたとえ、法的に特定の国に滞在することが許されなかったとしても――意義深い「宮廷ユダヤ人」の制度によって、何人かの特権をもつユダヤ人が王侯によって利用されていたからである。

グレーツによれば、こうした「宮廷ユダヤ人」は、三十年戦争中のドイツ皇帝の「発明」であった。

「ウィーンの宮廷は」とグレーツはのべている。「ユダヤ人の財源を戦争のためにより豊かにする別の手段を考えた。この宮廷は、ユダヤ人の資本家を宮廷ユダヤ人に任命し、彼らにきわめて幅の広い商業活動の自由を認め、他のユダヤ人が隷属させられているもろもろの制限から解放した(29)」

それはともかくとして、十七、十八世紀を通じ、一人あるいは複数の宮廷ユダヤ人を抱えていなかったようなドイツ内諸邦の名をあげることはほとんどできない。本質的に国家財政は、彼らの支援に依存していたのだ。

そういうわけで、十七世紀には、ドイツ皇帝の宮廷には、ゲルツのヨーゼフ・ピンクヘルレ、グラディスカのモーゼス、およびヤーコプ・マールブルガー、トリエストのヴェンチュラ・パレンテ、それにプラハのヤーコプ・バセーヴィ・バチェーバ・シュミーレスが登場した(30)(このシュミーレスを、フェルディナンド皇帝は、その功績を買って、トロイエンブルクという名の貴族に列した)。皇帝レオポルト一世の下では、名声あるオッペンハイマー家が登場するが、これについて宰相ルーデヴィヒは次のように証言している(31)。

「一六九〇年、有名なオッペンハイマーというユダヤ人は、たんにヨーロッパのみならず、世界中の商人と銀行家の間で繁栄した」

これに先立って彼は、ウィーンのユダヤ人について次のようにいっている。

「現在のウィーンで、もっとも重要な事柄に関する決定は、ユダヤ人に依存している。レオポルト一世の統治下で、オッペンハイマーに劣らず有名であったのは、レーヴェル・ジンツハイムと協力して巨額の借款の周旋をしたユダヤ人の裁判官で宮廷の支配人ヴォルフ・シュレージンガーであった。マリア・テレジアは彼らの他、ヴェルトハイマー、アルンシュタイナー、エスケーレスらを利用した。百年以上にわたってウィーンの宮廷関係の銀行家はユダヤ人ばかりであった(32)」

ウィーンにおける彼らの経済的な力と影響がどのくらい大きかったかは、フランクフルト・アム・マインでユダヤ人の反乱が起こったさい、フランクフルトのユダヤ人が、ウィーンのユダヤ人ともろもろの取引関係をもっているところからウィーンの宮廷人が帝国宮内省に、信用維持のためにも、前者のユダヤ人の保護のため介入することを求めたことからもわかる(33)。

ドイツの群小王侯の宮廷でも事情は変わらなかった。早くから洗練された贅沢三昧にふけろうと、互いに競いあっていた多くの宮廷の人々は、その頃の交通がままならぬものであったために、商業の大中心地にはいずれも有能な代理人をおくことを求めていた。たとえばメクレンブルク大公はハンブルクに代理人をおき、ヴュルツブルクの司教、ヨーハン・フィリップは、一七七〇年、フランクフルト・アム・マインに、モーゼス・エルクハンスなる代理人をおいていた。これによってユダヤ人にも門戸が開かれた。公爵夫人の装飾品、侍従長のお仕着せの材料、料理長に役立つうまい食品の世話をした有能なユダヤ人は、また借款について交渉する構えを見せていた(34)。辺地の王侯にも必要な資金を供給したこれらの代理人の多くが、ハンブルクとフランクフルト・アム・マインの巨大なユダヤ人街に見受けられた。

ここに名をあげた者の他、わたしはハンブルク駐在のポーランド王の代理公使で、ポーランド王室にかなりの額の借款をし、一七一一年にハンブルクで死去したポルトガル系のユダヤ人ダニエル・アベンズアを想起する。[35]他のこうした代理人は借款を受けた王侯の宮廷に赴き、本格的宮廷ユダヤ人となった。クーアザクセンには（一六九四年、フリードリッヒ・アウグストが王座について以来）、ハノーファー出身のレフマン・ベレンツ、ハンブルク出身のJ・マイヤー（ポーランドの国王選挙で資金を供給した）、ハルバーシュタット出身のレーマン、それに多くの、他の宮廷ユダヤ人が登場した。[36]ハノーファーでは、ベーレントが宮廷の上級管理者、および侍従長として活躍した。[37]アンスバッハ公爵領では、モーデル、フレンケル、ナータンらが、そしてクーア・ファルツでは、レムテ、モーゼスとミヒェル・マイが活躍したが、後の二人に一七一九年、皇帝に対し選帝公が要求した二百五十万グルデンが譲渡された。[38]そしてバイロイトのマルクグラーフの宮廷では、バイヤースドルフが活躍した。[39]

より広い範囲で知られているのは、ブランデンブルク―プロイセンの宮廷ユダヤ人たちで、ヨアヒム二世の下にリッポルト、フリードリッヒ三世（のちにプロイセンの初代国王）の下にヨースト・リープマン、フリードリッヒ・ヴィルヘルム一世の下にファイト、それにフリードリッヒ二世の下にエフライム、モーゼス・イザーク、それにダニエル・イツィヒらがいた。

しかし、ドイツの宮廷ユダヤ人のなかで一番有名であり、まさに元祖的な存在とされているのは、ヴュルテンベルクのカール・アレキサンダーの宮廷につかえたジュース・オッペンハイマーである。[40]

最後に、金融資本家として十八世紀、なかんずく独立戦争の時代にユダヤ人はアメリカ合衆国で、大きな役割を果たしたことを指摘したい。政府に資金援助したハイム・ソロモン、[41]ジョージア州のミニスとコーエン、[42]その他大勢のユダヤ人とならんで、ここでとくに、アメリカ革命の金融資本家そのものであったロバート・モリスの名をあげたい。[43]

しかしいよいよここにいたり、奇妙な事態が出現した。何世紀にもわたって、とりわけ、これからのべるように、近代国家建設にとって重要であった十七、十八世紀、ユダヤ人が個人的に王侯に奉仕していた時期に、とくに最後の頃、国の負債（公的債務）の形成に新しい姿が見られるようになった。すなわち、巨大な資金提供者は、しだいしだいに、支配的地位から駆逐され、その代わりに時とともに、財産状態がそれこそまちまちな債権者が一挙に登場してきた。この面でもちろんわたしが念頭においている近代借款組織の発達によって、公共の信用は「民主化」され、宮廷ユダヤ人は排除された。しかしこのさい、こうした近代的組織の形成に一役買ったのは、やはりとりわけユダヤ人であった。なんと独占的な資金提供者としてのおのれ自身を余計者としたユダヤ人が、これによってますます近代国家の建設に協力したわけだ。

そうはいうものの、公共信用制度の形成はわれわれの国民経済が経験した一層大がかりな一般的変化のごく一部の要素にすぎない。しかしこうした一般的変化には、わたしの見るところ、やはりユダヤ人が傑出した関与をした。

(1) L・ウォルフ「最初のイギリスのユダヤ人」(「イギリス・ユダヤ人歴史学会会報」第二号からの再引用)、A・M・ヒャムソン『イギリスにおけるユダヤ人の歴史』(一九〇八) 一七一―一七三頁参照
(2) ヒャムソン　前掲書　二六九頁、J・ピキオット『イギリス・ユダヤ人史素描』(一八七五)　五八と次頁以下
(3) Th・L・ラウ『国家歳入の準備と君主の収入』(一七一九)　二五八頁
(4) リーベ『ユダヤ人』(一九〇三)　七五頁
(5)『ユダヤ・エンサイクロペディア』の「銀行」の項目。
(6) メッス『ユダヤ人の回想録』(一七三三年三月二十四日の項) の抜粋が、ブロッホ　前掲書　二四頁にのっている。
(7) ブロッホの前掲書　二三頁に引用されている。
(8) ブロッホの前掲書　二四頁、特許状の抜粋
(9) グラディス家については、マルヴザン『ボルドーにおけるユダヤ人の歴史』(一八七五) 二四一と次頁以下と、H・グレーツ「月刊誌」第二十四号 (一八七五) の「グラディス家」、それに第二十五号(一八七六)。二人の著作は良質の資料に基づき、またそれぞれ独立して書かれたものだ。
(10) カペフィグー『銀行家　御用商人』(一八五六) 六八、二一四頁、それに多くの個所
(11)「フランス革命評論」第十六巻一章 (一八九二) に伝えられている。
(12) M・ハインリッヒ・エンゲルベルト、シュヴァルツェ編『ライプツィヒ市情報についての歴史的拾遺』(一七四四) 一一二頁。これは、アルフォンゼ・レビー『ザクセンにおけるユダヤ人史』(一九〇〇) 五八頁に引用されている。
(13) ボンディ『ボヘミアにおけるユダヤ人の歴史によせて』初版　三八八頁

(14) 三つのケースを私は、リーベ『ユダヤ人』(一九〇三)四三と次頁、七〇頁からとったが、いずれも典拠を明らかにしていない。
(15) ケーニヒ編『プロイセン王国とくにマルク・ブランデンブルクにおけるユダヤ人年代記』(一七九〇)九三、九四頁
(16) 一七七七年六月二十八日付訓令。これはアルフォンゼ・レビー『ザクセンにおけるユダヤ人』(一九〇〇)七四頁にのっている。ヘンレ『旧アンスバッハ侯国におけるユダヤ人』(一八六七)七〇頁
(17) 『ジッテンヴァルトのフィランダーの歴史』これは、ヴィルシュテットのハンス・ヴィルヘルム・モシェロッシュの小篇(一六七七)七七九頁に出ている。
(18) F・フォン・メンジ『一七〇一―一七四〇年のオーストリアの財政』(一八九〇)一三二と次頁以下、ザムエル・オッペンハイマー『オーストリア帝国陸軍の上部構造とユダヤ人』本書の著者は公式に「陸軍の高官でユダヤ人」といわれており、しかも自らそのように署名することをつねとしていたが、とくにプリンツ・オイゲンの出兵について「ほとんどすべての食糧ならびに軍需品の供給の契約がユダヤ人によってなされた」とのべている(一三三頁)。
(19) たとえば一七六二年五月十二日付ウィーンの宮廷官房の請願書を参照。これは、ヴォルフ『ウィーンのユダヤ人の歴史』(一八九四)七〇頁にのっている。県立記録保管所『ノイトラ・イラトーク』第十二巻 三三三六頁(モラビア関係)のライツマン氏の報告によれば、ラープ、オーフェンそれにコモルンの要塞への食糧供給はブレスラウのユダヤ商人によって行なわれた(一七一六)。ヴォルフ 前掲書六一頁
(20) H・フリーデンヴァルト「大陸会議雑誌にのったユダヤ人論」(「アメリカのユダヤ人歴史学会会報」第一号 六五―八九頁)
(21) すでにイギリス、フランス、オランダそれにアメリカの(経済の)歴史に関係する、もっとも重要な文献、著作の名をあげておいたので(第二章の注(4)(5)(11)、第四章の注(10)参照)、ここではドイツおよびスペインについての、不足分を列挙したいと思う。

ドイツについては、今日にいたるまで包括的記述はなされていない。そこで、しっかりした文献が手に入らないかぎり、われわれの知識を部分的な専門研究や雑誌論文などによって補強してゆかなければなるまい。そうはいうものの、本書のように大づかみな関連を解明しようとしている場合は、当然のことながら、このような作業に、めったに成功することはないだろう。ただ全体的に確認されるのは、国内的、対外的なドイツの事情ということであれば、これまでのユダヤ人関係の歴史記述はとくにイギリス、フランス、アメリカ合衆国のような他の国々におけるその間の業績にはとうてい及ばない。とりわけ、経済的なユダヤ人の業績はまったく継子あつかいにされており、L・ガイヤー『ベルリンにおけるユダヤ人の歴史』（二巻本　一八七〇―七一）のような著作があげた成果でもあまり大きくない。ところが最近わたしの弟子にあたるルートヴィヒ・ダーフィットゾーン君は、ベルリンの国立記録保管所で、ユダヤ人の経済的地位に関する報告を徹底的に研究した。その成果はまだ印刷されていないが、わたしはすでに一部を利用させてもらった。多くの資料を含んでいる著作としては、M・グルンヴァルトの『ドイツの土地にあるポルトガル人の墓地』と『三教区の解消にいたるまでのハンブルクのドイツ系ユダヤ人』がある（一九〇四）。個々の問題については（もちろん用心してかからねばならないが）、ケーニッヒ『年代記』（一七九〇）や『オーストリアのユダヤ人』（二巻本　一八四二）がある。

そのほか、ユダヤ人の歴史に関する一般的な著述を別とすれば、経済史的な観点からは、意外に内容に乏しいユダヤ人雑誌があげられる。そのなかで、本書の目的にとって重要な意義があるのは「ユダヤ人の歴史と学問のための月刊誌」（一八五一以降）である。その反面「ユダヤ人一般新聞」（一八三七以降）とアドルフ・ブリュルの「通俗科学的月刊誌」（一八八八以降）はもっぱらユダヤ人の宣伝目的でつくられている。うまく編集されている「ユダヤ人の人口学と統計学のための雑誌」（一九〇五以降）は、ときおり経済史的研究に取り組んでいるだけである。

もちろんわたしは個々にその名をあげようとは思わないが、一般史、地方史をあつかった雑誌のなかにときたま、ユダヤ人の経済史についての寄与がみられる。

またここで問題にしていない中世初期のユダヤ人の歴史ばかりあつかったものもある（一八八七）。

スペインにおけるユダヤ人の運命については、しばしば文献のなかであつかわれている。しかし、もちろん、こうしたもののなかでは経済的側面がほとんどまったく無視されている。もし経済史家が、スペイン（およびポルトガル）におけるユダヤ人の経済史の執筆に取り組んでくれたら、どんなにありがたいことか。こうした労作は疑いもなく一般的ヨーロッパ経済史をもっとはっきり解明するのに役立つであろう。しかし当然のことながら、そうした労作の著者は、おのれが目標とする事柄を熟知せねばならない。なにはさておき、事物をたずね疑わねばならぬ。われわれもかつて、スペインにおけるユダヤ人の経済史については、スペインにおける彼らの一般史に関する著述をひもとくよう指示されたものだ。そのなかでも、M・カイザーリンク『スペインとポルトガルにおけるユダヤ人の歴史』第二版（一八六一―六七）はおそらく今日でも最良の書といえるであろう。

スペイン語文献の主なものではD・ホセ・アマドールル・デ・ロス・リオス『スペインとポルトガルのユダヤ人の社会、政治および宗教に関する歴史』第三版（一八七五―七八）がある。これはしかし本書の目的にとってまったく不十分であることがわかった。経済生活をあつかっているわずかな個所（たとえば、第三版の六九と次頁以下）は論旨が不鮮明であり、主要問題――経済の形式がかかわっている――を認識していない。

E・H・リンド『スペインとポルトガルのユダヤ人史』（一八四八）は、ユダヤ人に関係するもろもろの法律と貴族の諸決定の主な抜粋を含んでおり、それなりの価値をもっている。

ポルトガルについて今日ではJ・メンデス・ドス・レメディオスの『ポルトガルのユダヤ人』（一八九五）が主な文献である。この本は彼らの追放までをあつかっているが、記述方式は古すぎる。

その他にはグレーツの『ユダヤ人の歴史』の数巻がある。これは、スペインにいたユダヤ人種族の繁栄期をあつかっている（第七巻と第八巻）。この本にそえられている資料は豊富で、しばしばたいへん役に立つ。この本を凌駕するほどの新刊本は、まだ見受けられない。

スペインとポルトガルの経済生活のなかのユダヤ人の地位に関する特殊研究や、イベリア半島における学問的なユダヤ人関係の雑誌については、わたしはよく知らない。わたしのこの方面の個人的知識は不足しているのだ。とにかく、ベルリンとブレスラウの一般のユダヤ関係の図書館には、こうしたものは見あたらない。ベント・カルケハ『近代資本主義とポルトガルにおけるその起源』（一九〇八）は、あっさりとユダヤ人問題を補足的にあつかっているだけだ。

(22) H・J・ケーネン『ネーデルランドにおけるユダヤ人の歴史』二〇六頁

(23)『ユダヤ・エンサイクロペディア』の「銀行家」の項目参照

(24) 十七、十八世紀におけるイギリスの財政制度におけるユダヤ人の地位については、一般的文献のなかの多くの個所が問題になる。そのいくつかをあげてみよう。ピキオット『素描』五八と次頁以下、ヒャムソン 一七一と次頁以下、二二七、二四〇、二六四と次頁以下、さらにルシアン・ウォルフの特殊研究「イギリスへのユダヤ人の再流入」（一八八八）、同じく「イギリス連邦諸国のなかのかくれユダヤ人」。これは「アメリカのユダヤ人歴史学会会報」第一号（一八九五）にのっている。さらに、同じく「一六六〇—一六六四年、王政復古期のユダヤ人」がある。これは『ユダヤ年代記』（一九〇二）から再引用したもの。

(25) L・ウォルフ、本章の注（24）にある「一六六〇—一六六四年、王政復古期のユダヤ人」一一頁

(26) G・マルタン『ルイ十四世時代の大工業』（一八九九）　三五一頁

(27) ヴィクトル・スバルト『十八世紀の王室金庫の銀行家——サミュエル・ベルナールの生涯と書簡（一六五一—一七三九）』（一八九三）

(28) カーン『十八世紀のパリのユダヤ人』（一八九四）　六〇と次頁以下

(29) グレーツ『ユダヤ人の歴史』第十巻　四〇頁

(30) ヴォルフ『フェルディナント二世とユダヤ人たち』付録　第四巻。これはグレーツ前掲書、第十巻四一頁に引用されている。

(31) この原文は『オーストリアのユダヤ人』第二版（一八四二）の四一と次頁以下に出てくる。

(32)『オーストリアのユダヤ人』第二版　六四頁、F・フォン・メンジ『一七〇一—一七四〇年のオーストリアの財政』（一八九〇）　一三二と次頁以下。十八世紀には重要な国家債権者が続出した。オッペン

ハイマー、ヴェルトハイマー、ジッツハイマーなど。そのうちジッツハイマーは一七三九年、国に対し、約五百万グルデンの債権を要求した（前掲書　六八五頁）。また参照してほしいのは、ダーフィット・カウフマン『サムソン・ヴェルトハイマーの生活に関する文書』（一八九二）。またそれ以前の時代では、G・ヴォルフ『フェルディナント二世とユダヤ人たち』（一八五九）

(33) F・フォン・メンジ　前掲書　一四八頁

(34) G・リーベ『ユダヤ人』（一九〇三）　八四頁

(35)『ユダヤ・エンサイクロペディア』の「アベンズア」「ダン」の項目

(36) A・レビ「ユダヤ研究評論」第二十六号（一八九八）二五九と次頁にある「ザクセンのユダヤ人史の注」。ベーレント、あるいは別の名をイザハル・ベルマンという人物についてはB・H・アウエルバッハ『ハルバーシュタットのユダヤ人共同体の歴史』（一八六六）の四三と次頁以下。その息子、レーマン・ベーレントについては同書の八五頁。

(37) アウエルバッハ　前掲書　八二頁（ハノーファー）と、S・ヘンレ『旧アンスバッハ侯国のユダヤ人』（一八六七）六四と次頁以下、七〇と次頁以下、八九と次頁以下。エッティングの宮廷ユダヤ人については、L・ミュラー「五百年間」。これは、シュヴァーベンとノイブルク歴史協会機関誌第二十六号（一八九九）一四二と次頁以下。

(38) F・フォン・メンジ『一七〇一―一七四〇年のオーストリアの財政』四〇九頁

(39) グリュッケル・フォン・ハーメルン『回想録』のドイツ語訳（私家版）一九一〇、二四〇頁

(40) M・ツィンマーマン『ヨーゼフ・ジュース・オッペンハイマー――十八世紀の財界人』（一八七四）一〇二頁

(41)「アメリカ合衆国におけるユダヤ人居住二百五十周年記念号」所載の、ルイス・マーシャルの演説、

(42) ヘルベルト・フリーデンヴァルト「大陸会議雑誌にのったユダヤ人論」（「アメリカのユダヤ人歴史学会会報」第一号　六三と次頁以下）

(43) W・G・サムナー「アメリカ革命の財界人と財政」第二版（一八九一）

第二部　ユダヤ人の資本主義への適性

第八章　問題点

われわれは今や巨大な課題に直面している。それはユダヤ人が少し以前の経済生活のなかで演じていたと見られるあの独特な役割を説明することだ。ここで問題となるのは、近代の経済生活におけるユダヤ人の特別な地位を、そもそも否定しようとするいくたりかの変人が異論を唱えていることである（彼らの考え方によれば、そもそもユダヤ人などは存在しないのだ。あるいは――次のような変わった意見にもお目にかかったことがある――ユダヤ人は経済面ではあまりにもわずかの素質にしか恵まれていない民族集団なので、近代の経済生活の形成にとって、なんらの意味をもたなかったというのだ）。こうした人々のことをわれわれはいささかも顧慮する必要はない。わたしの論述は、わたしとともに（その程度の多少はともかく）近代国民経済の建設にユダヤ人が決定的に関与したことを証明ずみと見なす人々にのみ向けられている。

われわれの研究が成果をあげるためには、われわれはきわめて明瞭に、そして厳密に次のことを明らかにしなくてはならない。それはユダヤ人について、彼らが「何のために」その能力をもっていたか、そして「何によって」その能力を得たかを証明することだ。

「何のために？」ということだが、それは本書第一部で考察されたような彼らが行ないかつ努力してきたことすべてのためである。ユダヤ人は近代国際貿易、近代金融経済、証券取引所さらには一般に経済生活の商業化の創始者であり、促進者になろうとした。さらに彼らは自由貿易と自由競争の元祖、経済生活における近代精神の宣伝者になろうとしたのだ。

だがこの第二部の標題は、ただ資本主義への適性としかいっていない。したがって今のべたあの様々な業績は、ここでは「資本主義」の一語にまとめられることになろう。そしてこのことを、個別に証明するのが特別な章（第九章）の課題となるだろう。すなわち、あのすべての個々の事実を、一つの内的な関連のなかにおき、それを、資本主義的な組織構造のなかでひとまとめにするのだ。そのために少なくとも、その根本特徴ぐらいは示さねばなるまい。それというのも、これを基に第二の問題を提起するためである（これにより、ユダヤ人にどのような種類の能力があるかを、はじめてはっきりさせることができる）。ところでこの第二の問題とは、われわれが観察したあの特別な効果を実現させるためには、資本主義的経済人はいかなる固有の機能を行使せねばならなかったかということである。これによってユダヤ人問題を論ずるにあたって、「経済への能力」「商業への能力」「高利貸しになる能力」それに「事業に取り組む能力」といった不明瞭な観念は、最終的に雲散霧消することとなろう。これらの素人めいた表現はすでに多くのいや無限に、愚かしい議論をひきおこしてきたのだ。

しかし、いったい何によって人は、業績をあげることができるのだろうか？　ある人が溺死しそうになっている人を救ったとしよう。彼がこのように援助の手を差しのべることができたのは、ちょうど彼が、小舟をつないであった岸辺に立っていたか、あるいは、救助に使用できる紐がたれさがっていた橋の上にいたからである。あの場所に「偶然に」いたことによって、彼は小舟をこぎだし、あるいは救助用の紐をほうり投げることができたのだ。あるいは、彼が岸辺に立っていた百人ほどの人々のなかで、水中に飛び込む勇気をもち、しかも溺れかかっている者に泳ぎついてその人を無事に岸に運んでこれるほどの水泳の達人であったために、あの行動をとったのかもしれない。前者の場合には、救助作業は「客観的状況」に、そして後者の場合には、人間の「主観的適性」に、それぞれ基づいていた。ところでわれわれが、ユダヤ人の資本主義への適性の問題に回答しようとするならば、これと全く同一の差違が登場することになる。こうした適性も、基本的には、客観的あるいは主観的に制約されるはずだ。

わたしの任務はまず前者――それを確定することがユダヤ人問題の客観的解釈となるであろう――を展望することである。しかもそれには次のような理由がある。

あらゆる説明の試みについては、そもそもだれにも証明されていない仮説に基づいているのかどうか、さらに、説明されるべきものが、定説として前もって信じられていたかどうかを、きめこまかく吟味すべきである。

われわれがあつかっている問題の場合には、とりわけ人種と宗教にかかわる偏見がいかに危険であり、わたしの先行者の大多数が、それにいかに毒されたかを、ここでくわしくのべる必要はないだろう。わたしはできるかぎり、こうした欠点を避けるべく努めることにしよう。わたしはとくに、自分の研究が方法論的立場からは異論の余地のないものであることに重きをおいている。したがって、わたしが万一勇み足をしたならば、どうかそのような意味合いで指摘してくださることを切望する。ともかくわたしは、なんらの先入観ももたずに、事実の結びつきを真理に即して解明し、なんぴともわたしに同調するような証明をするべく努力するつもりだ。なんぴとというのは、異邦人に同化したユダヤ人、民族主義的なユダヤ人、人種論の信奉者と環境論の信奉者、反ユダヤ主義者と逆にこれに反対する闘士をも含んでいるのはいうまでもない。しかしこのために、わたしは異論の余地のない事実関係から出発し、そこからできるだけ多くのものをとりだす所存だ。そういうわけで前もって「民族の素質」あるいは「ユダヤ人の特性」といったものを説明のために用いるのは許されない。こうしたことは独断的方式を意味するという異論が打ちだされるからである。だが信仰以外のどこから、われわれはこうしたもろもろの前提をとりだすことができようか？

ユダヤ人の特性を否定しようとする者はだれしも、次のことを求めることになろう。すなわち、ユダヤ人が近代の経済生活で演じた役割を、こうした彼らの特性を認めることなく理解させようと試みる人々は——そのあと、なすべきことであるが——ユダヤ人が歴史上の「偶然」によっておかれた一定の外的な状況が、彼らを特別な地位につかせる上で役立ったということの証明を要求するであろう。この証明は第十章で試みられるであろう。

ユダヤ人の業績を、その外的状況から導きだすのが不可能だということがわかってはじめて、説明のために主観的契機に取り組むことが許されよう（またそうしなくてはなるまい）。それから、いよいよ、ユダヤ人の特性の問題を論ずるときがくる。この課題に取り組むのが第十二章である。

第九章　「資本主義的経済人の機能」

われわれは、規則的に二つの異なった民族集団――一方は生産手段の所有者で、同時に指導的な仕事に取り組み、他方は財産のないたんなる労働者――が協力して作業する交易、経済組織を資本主義[1]と、名づけている。しかもこの組織では、資本の代表者（経済的過程に必要な財貨の備蓄の導入と実行の代表者）が経済主体である。ということは、こうした人々が、経済生産の方式と方向を決め、その結果の責任を負うことになるのだ。

すべての経済的な出来事にとって、資本主義的な経済組織に固有な起動力とは、個々の資本主義的な企業家に対し、客観的に強制的な力としてあらわれ、彼らの行動を、全くこれときまった軌道の上を走らせるような資本利用の努力である。これは次のようにも表現できる。資本主義的経済組織を支配する一つの理念は、営利の理念だという言いまわしである。

資本主義的経済のこの最高目的と、その外的な条件から、自ら、資本主義的企業の枠内で演じられる経営の特別な方式ならびに、資本主義的企業の特別な性質が発生する。

最終的には、持続的な経営拡大のチャンスを与える組織的な利益獲得への努力から、すぐさま、経済的な態度にとって最高に理性的な方法におのれのすべての行動を意識的に調節する動きが生まれてくる。すべての前資本主義的な平穏という原則の上に築かれた経済状態に固有な、きわめて伝統主義的な経済の形成（われわれは今や、マックス・ヴェーバーとともにこのように表現したいと思うが）の代わりに、運動原則に足がかりをもつ資本主義的な経済組織に適合した経済の合理化が登場する。わたしがその現象の総体を包含するもろもろのあらわれを、以前とは多少違った用語で記述しようとしている経済的合理主義は、（営利の理念とならんで）近代資本主義の組織のなかの、第二の代表的理念である。

合理化は三つの異なった方向で行なわれる。これによって、ちょうど発展した資本主義的企業の三つの面にあった三つの異なった業務処理法が示される。経済的合理主義はそこで次の三面で出現する。

①まず、経営の計画化である。すべての真正な資本主義経済は、できるかぎり将来性のある経済計画に準拠している。これには、近代経済のなかではじめて普及するようになった、コースの長い生産過程方式が含まれる。

②次は合目的性である。広い展望に立つ経済計画に対応するのは、その実現のための手段を、きわめて慎重に選択することである。こうした手段のいずれもが——無造作に使用された伝統主義的な方法とは逆に——最高に目的に役立つことを基準に吟味される。

③第三に計算重視の性格である。すべての経済の動きが、資本主義的な連鎖の内部では、貨幣価値によって方向づけられており、それに同時に示されるように、すべての資本主義的な経営が最終的利益の残高獲得をねらっている以上、資本主義的企業は、正確に数字に即して計算し、すべての契約結果のなかに出現した経済の個々の現象を記録し、それを意味深く

順序立った記数法で計算してまとめる必要がある。

　現代企業の経営はレール、撚糸、電動機の生産や石材や、人間の輸送にかぎられていないことはよく知られている。またこれらすべてが企業の総体的活動の一要素であることもわかっている。さらに特別な企業活動は、けっして技術的な過程にではなく、全く別のもののなかにあることも周知の事実だ。こうした別物――さしあたり、これを簡単な記述にとどめ、のちにくわしく論述することにする――はやはり周知のように、持続的な売買（対象は生産手段、労働力、商品）あるいは、わたしの命名によれば、貨幣価値のある行為と反対給付に関する契約の締結である。

　それでは資本主義的な意味における幸運な経営とは何をさすのか？　おそらくこの契約で結ばれた活動が成果をあげることであろう。だがいったいこの成果は何を基準にして測定されるのか？　行為の質でもなければ、自然な量でもないのは確かだ。むしろ、一定の経済時期の結末において、前払いした金額（われわれの資本主義的経済状態に関する概念規定にしたがわなければ、一般に何の生産方式も成立しない）がふたたび、出現し、さらにわれわれが「利益」と名づける儲けが得られることに一切がかかっている。貨幣価値のある行為と反対給付に関する例の契約の締結からうまく成果を引きだすことこそ、結局経営者の腕の見せどころである。そしてその成果の内容が企業の目的が達せられたかどうかを決定する。労働行為は財貨と、あるいは財貨は財貨と交換できるかもしれない。だがいつも問題になるのは、そのさい結局、財貨の余剰（利益）が資本主義的企業家の手中に残るかどうかだ。それをまとめると、次の通りになる。

「一般的な商品の均衡、貨幣のなかへの交換価値の具体化との関係において、商品あるいは労働行為の供給に関するすべての契約内容にはすべての質的な差違は失われ、ただひたすら量的な差違のみが表示される。したがって、差引き勘定は、数字に即した債務と債権においてのみ可能である。元帳の貸方と借方が差引き残高をもつことになり、資本主義的な企業が有利になるように締めくくりをつけることが大切だ。資本主義的な組織のなかで、行なわれた業務のすべての成果、すべての内容はこの結果のなかに包含される」

しかし、ここでとくに問題になるのは、この経済組織の内部では、いかなる種類の機能を、経済人、つまりは資本主義的企業家が果たし得るかを明らかにすることである（なぜならここではこれに対するユダヤ人の適性〔資本主義経済の目的に対する適性ではない〕を証明しようとしていることが、だれにもわかっているからである）。さらにここで問題になるのは、競争に打ち勝つ企業家をつくりあげる特別の能力とは、いかなるものかということだ。このさい、資本主義的企業家気質の特性をいち早く理解するのにもっともすぐれていると思われる次のような洞察があげられる。それは二つの本質的に異なった性質が一つの統一体に結びついているという考え方である。換言すれば、いわば二つの魂が、資本主義的企業家のなかにも住んでいるのだが、二つの魂はファウスト〔ここではゲーテの戯曲『ファウスト』におけるファウスト博士の、「わたしには二つの魂が住む」という言葉をさしている〕の場合と違って、わかれわかれになっているのではない。むしろ資本主義的企業家が、もっとも純粋かつ最高の発展を示そうとするとき、内的な調和を保ちつつ、共通の仕事に取り組むようになることだ。わたしがここで結びついていると見なしている要素は、企業家と商人である。これはさしあたり二つの魂、二つのタイプを表わすために名づけたものである。ただ、資本主義的連鎖の外部に、わかれわかれになって登場する。企業家と商人は、資本主義的経済人のなかでは、全く新しく独自の個性のなかで融合している。

企業家。これは一つの課題を遂行し、その充足のためにおのれの命を捧げる人物である。だがこの課題を解決するために、彼は他の人々の協力を必要とする。それというのも、その課題は、つねに外界に投影される仕事にかかわっているからである。この課題実現の欲求は、仕事を完成させようという任務遂行の意識では共通しているものの、彼を芸術家や預言者から区別している。企業家は長期的展望の下に事物への関心を抱き、つねに遂行さるべき全体の仕事を留意しつつ、個々の行動を計画しかつ実施するというタイプの人間である。資本主義的な刻印が押されていない純粋な企業家には、たとえば、大がかりなアフリカ旅行家や、北極探検家がいる。だが企業家は商人と融合することによって、資本主義的企業家となる。

商人。これは有利な仕事をしようとする人物である。彼のすべての観念の世界、感覚の世界は、貨幣価値のある状態と行動の意味に左右され、したがって彼はつねにすべての現象を金に換算する。彼にとって世界は、需要と供給、景気変動、それに利益と損失のチャンスを備えた巨大な市場である。彼は、年がら年中「これはいくらかかるか？」「どのくらいの負担になるか？」をたずねている。そしてこうして、つづけられた質問は、内容の充実した最後の質問「世界はまとめていくらか？」にいたるわけである。商人の思考圏は、つねにただ一つの仕事だけを包括的に取り込んでいる。そしてこの仕事が、利益をもたらす結果を出すようにするため、彼はすべてのエネルギーを集中し、その仕事が成果をあげることを念頭において、市場の総体を観察し、評価する。

資本主義経済の過程においては、企業家が定数を、そして商人が変数をつくりだす。恒常は企業家の本性である。それというのも一定のはるかなる目標に向けられた意志は、一定のプログラムの維持と、ひとたびきめられた方向を迷わず前進することを求めるからである。目的設定の変更は、彼の性質に反する。なぜならそれは、定められた目標到達の妨げになるように思われる手段選定のたえざる変更と結びついているからだ。目標に向かって努力することが彼の性格の基調をなしている。

これに反し商人は変動する要素である。それというのも、彼の課題はおのれの行動をそのつど、彼がしらべた市場の状態の特性のなかに無条件に適合させることだからである。したがって変動した商況が要求するや否や、彼はおのれの経済活動の方向と種類を、各瞬間ごとに変えていかねばならない。仕事熱心な態度をとくに彼は発展さすべきである。

こうして――比喩によって、わたしの考えていることをもっとはっきりさせると――資本主義の作曲にあたり、企業家はリズムを、そして商人はメロディーをつくりあげる。資本主義という織物のなかでは、企業家は縦糸であり、商人は横糸である。

この「二つの魂の理論」は、当然のことながら、個々の企業家の機能の配分を広い展望の下に行なうのに役立つであろう。実際面で問題になるのは、さらにこの理論自体をその特性のなかで、正しく把握し、かつ記述することである。

①企業家

わたしは手のなかに次のような人間のタイプが融合されているのを見る。

(1)発明家。同じ発明家であっても、ここでは技術革新面の発明家よりも、むしろ、生産・輸送・販売の経済的、組織的新形式の発明家をさしている(そうはいうものの、技術革新面の発明家も、企業家から除外するわけではない。周知のように、実際はこうした発明家が企業家であるケースもしばしばある)。だが、発明家兼企業家としての彼は、「純粋な」発明家が、自ら発明したときのような満足感は得られない。彼はおのれの発明に何千もの多様な形態を与えるべく駆り立てられることになる。

(2)発見者。新しい販売の可能性を備えた企業家は、発見者となる。その新しさは、集中的でもあり、包括的でもある。包括的とは、企業家が空間的におのれの活動の新分野を発見したことをさす。集中的とは、彼がすでに征服済みの分野で、新しい需要を発見したことをさす。

ところで正しい企業家とは、

(3)一人の征服者であることだ。彼はおのれの前途に横たわる、ありとあらゆる障害を除去する決意と力を備えていなくてはならない。彼はつねに——彼が特別な企業家の機能を実行するかぎりにおいて——経済的分野におけるコンキスタドール〔征服者〕である。

彼は、多くのことをあえてする力をもつ人間という意味での征服者である。その人間はすべてを——ということは、今あつかっている場合では、本質的にはおのれの財産だが、もしそれが必要とあらば、おのれの市民的名誉も、そしてついにはおのれの生命をも——おのれの事業を発展させるために投入する。ここで問題になるのは、新工程の導入、新経営部門の付加、それに変動する信用基盤への事業の拡大などである。

最後におそらく、もっとも意味深い企業家の機能が登場する。それは、

(4)組織者である。組織するということは、多くの人間を幸運な成果をあげる作業にあたらせることであり、人間と事物を、望みどおりの使用効果が無制限に現われるよう配列することでもある。そのなかには、きわめて多様な能力と行為が含まれる。

まずはじめに、そもそも組織者たらんとする者は、人間をその能力に応じて評価し、一定の目的に適した人物を大勢のなかから選びだす技術をもっていなくてはならない。

さらに彼は、彼らを自分の代わりに働かせる本能をもたねばならない。したがって彼はとくに、しかるべき人間を指導的地位につかせねばならない(もし企業の範囲が拡大したならば、彼らは次々に組織的に企業主の全体活動のなかの一要素を引き受けることになる)。

今ふれた課題とならんで、重要性からいってまさるとも劣らない他の課題がある。それはすべての労働者を、それぞれ適切な部署につけることだ。その部署とは、労働者が最大の能力を発揮できる場所だ。そしていったんその労働者をしかるべき職場におくことができたあとには、その人がおのれの能力にあった最大の活力を実際に発動させるようしむけること

が、企業家の課題なのだ。

最後に企業家が配慮しなくてはならないのは、共同作業のために統合された人間集団を質的にも、量的にも、正しく結びあわせることであり、さらに――もしこうした集団がたくさんあるならば――彼らが互いにもっともよい関係を保つようにすることである。わたしはこれによって、企業家にとってはもっとも困難な事柄の一つである合目的な経営づくりの問題にふれたことになる。

そうはいうものの、経営組織とはたんに個々の人間集団のための即物的（すなわち技術的）な正しい結合点を巧みに選びだすことばかりでなく、地理的、民族学的に、それに景気の特殊性のなかにうまく順応することを意味する。そもそもたんに絶対的ばかりでなく――実際にはもっと重要な形式である――相対的に最良の経営形態がある。たとえばアメリカ合衆国におけるウェスチングハウス電気会社には、組織技術のもっとも天才的な業績があった。そしてこの会社は、イギリス市場の征服を決意し、このためにイギリスで事業を行なうことをきめると、アメリカの模範的な施設の原型をすっかりまねた経営を組織した。だが数年後には、イギリスの支店は壊滅した。その理由は、彼らがイギリスの特殊事情をいい加減にしか顧慮しなかったことである。

われわれは、商況の巧みな利用と市場関係への意味深い適合において頂点に達し、わたしとしては商人の機能と見なすべきだと思っている資本主義的企業家の機能に言及するにいたった。ではこの機能にこれから一層くわしく取り組まねばなるまい。

②商人

わたしがここで商人と呼んでいるのは、特定の職業についている人ではなく、資本主義的経済過程のなかで、これときまった機能を果たしている人のことだ。したがって商人とは、職業的に物品の販売を行なっている者、一般に「商売人」と考えられている者ではない。むしろここで考えられている商人とは全く別種の、職業的に財貨の仲介者であるという意味の商人がいる。

英雄叙事詩が歌いかつ語り、現代のすぐれた「歴史家」が多くの美談を伝えてくれるような「財貨を求めて」出かけてゆく、勇者のすべてあるいはその大多数はわたしのいう「商人」の範疇には入らない。それというのも、彼らがおのれの職務を果たすために展開している特殊な活動は、わたしが商人に帰している活動とは全く関係がないからである。

最後に、「商業を営むこと」が実に様々な事柄を意味していることをよくわきまえなくてはなるまい。たとえば船舶を装備し、武装し、戦士をつのり、諸国を征服し、先住民を小銃やサーベルで蹴散らし、彼らの持ち物や財産を奪ってこれを船積みし、母国の正式オークションでもっとも高価をつけた者に売却するという行き方もある。

しかしこんな行き方もある。それはこれまで五度ほどその住居に押しかけたものの商談不成立に終わった貧乏騎士を、結局巧みにだまして彼の古ズボンを入手し、さらにこれを舌先三寸で、農民に高く売りつけるのだ。

あるいはまた、証券取引所を舞台とする有価証券の差額取引もある。

明らかに商業に取り組む人々の機能面での特殊性は、それぞれの場合において全く異なっている。前資本主義の時代において商業を営むためには、それもイタリアやドイツの商業都市に住む「王侯のような商人」のような大がかりな商売をするには、何はともあれ、「企業家」であらねばならなかったし、とくにわたしが前節でのべたような発見者、発明家であらねばならなかった。ジェノヴァ市民について、こんなことがいわれていた。「各人は、おのれの住居に塔を備えていた。ひとたび彼らの間で戦争が起こると、これらの塔の胸壁が、戦いの場所として使われた。彼らは海を支配した。彼らはガレー船と名づけられた船をつくり、はるか遠方への略奪の旅にのぼった。略奪品を彼らはジェノヴァにもち帰った。ピサとは永遠の戦闘状態にあった」

たしかに彼らは「王侯並みの商人」であった。しかし、わたしがここで商人と名づけた存在ではない。

商人の機能を発揮し、商人であることは(これは職業的ではなく機能的な意味である)、わたしがすでに一般的な概念の書き替えにさいしてのべたように、儲かる仕事をすることであり、二つの活動すなわち計算と交渉を共通の目的のために統合することを意味する。したがって商人は、

①投機をあえてする計算家。

②事業家、仲介人。

であらねばならない――ここでは商人も企業家と同様にその行状を記述することによって、特徴づけようと思う。もっとも商人の場合は企業家の場合のように、世間で広く通用するような表現を使えなかったことをことわっておこう――では①、②をもっとくわしくのべることにしよう。

その最初の特性において商人は儲けのあがる仕事をしなくてはならない。このことを一つのきまり文句にまとめると、品物が何であろうと商人は安く買い、高く売りつけなくてはならない。

したがって（完全な企業の枠内では）、商人は物的、人的な生産因子をもっとも安い値段で買入れなくてはならない。そして生産過程のあいだじゅう、彼はたえず生産因子を倹約して使うことを念頭におくべきである。

「良き家父長」が彼の血のなかにひそんでいなくてはならない。

「もっともささやかな面においても浪費と戦うことはけっして下らないことではない。それというのも浪費は、その居場所を確認することがまったくできない人体をむしばむ病原だからである。満載したダンプカーが、すっかり土砂を放出するか、それともショベル一杯の土砂を残したままにしておくかにその興亡がかかっている大企業もある」（W・ラテナウ。〔第一次大戦後、ドイツ外相をつとめた〕）

それからあと――とくに――商人はできあがった生産物（あるいは他に売りたいもの）を、利益があがるように売却しなくてはならない。もっとも需要の多い時期にもっとも受入量の大きい市場で、もっとも支払いの確かな人物に売るわけだ。

この課題をこなすために、彼は「投機」ならびに「計算」の能力をともに備えていなくてはならない。（この特別な意味での）投機をわたしは、個々のケースについて正しい結論を市場全体の評価から導きだすことだと名づけている。これは経済診断である。これはすべての現存する市場の諸現象を展望し、その関連のなかで認識し、一定の兆候を正しく評価し、将来の発展の可能性を巧みに考察した上で、とりわけ、誤りのない確実さに基づいて、数百の可能性から、もっとも利益の多いものを選びだすことを意味する。

このために、商人は数千の目をもって見、数千の耳をもって聞き、そして数千回接触することによって感じなくてはならない。大切なのは、ある場合には信用供与を切望する騎士、好戦的な国家を探りだし、彼らに好機をとらえて借款を提供することである。また別の場合には、それこそ数ペニヒ安く働かせることができる労働者グループを探知することが重要となる。またある場合に大切なのは、新しく導入した品目が大衆にアッピールする機会を正しく探ることであり、また別の場合には、政治的事件が証券市場の気分に与える影響などを正しく査定することである。商人がおのれのすべての観察をただちに貨幣の金額で表現できること、何千もの個々の数字を、利益、損失のチャンスの総合的計算に確実にまとめあげるすべを理解していること、こうした事柄によって、この商人も「計算家」「算定家」になれるのだ。そしてもし彼があらゆる現象を、ただちに元帳の数字に還元できるその道の巨匠であった場合、アメリカでは「すばらしく抜け目のない計算家」と呼ばれるようになる。

しかし商人はたんに確実な眼光を備えているばかりでなく、いやしくもいつ、どこで、いかにして儲けのある仕事ができるかを察知し成功しようと思うのなら、それを実践せねばならない。この面で、彼が行なっている機能は、二つの互いに争っている党派の仲介をしようとする調定者の機能と共通することになる。ドイツ語はこの二つの活動の親近性を少なくとも部分的に表現している。またギリシア語では、同じ言葉で、商品を売ることと、国家間で条約の交渉をすることが表わされている。すなわち二つの概念が全く同じように表現されたわけだ。この言葉は全く一般的には「仕事をする」という意味であり、とくに商業や金銭に関係する仕事をすること、商業に従事すること、さらに国家の業務という意味における公共の業務の締結のために交渉することに用いられた。

「仕事をする人」（ギリシア語のホ・クレマティステース）という語は、「仕事、とくに商業あるいは金銭の仕事をする人」「経営がすぐれ、営業し利益を得るすべをよく理解している人、良い主人」を表わしている。プラトンの『国家』（四三四a）には「生まれつきの素質において、職人であるのが本業である人、あるいはなんらかの金儲け仕事をするのが本業である人」とある。したがって、こうした者は、①商業や金銭に関する業務、財産の取得、利益獲得に向いているし、②また、公共あるいは国家の業務に属する事柄の取りきめに適している（パーペ『ギリシア語独語辞典』による）。これと似ているのはドイツ語では、ゲシェフト（仕事）という言葉で、われわれが金銭に関する業務、国家の業務、それに実業家、マネージャーについて語るときはここで記述したような二重の意味で用いられる。ところで、この業務活動、この特別な仕事をする態度はそもそも何によって成り立つのだろう？

わたしはこれについては、もしこの言葉のなかで表現された意味を念頭におくならば、もっとも迅速に答えが返ってくると思っている。「交渉する」とは商人の活動でもあれば、交渉者の行動でもあり、もろもろの根拠と、これに対立する根拠への反論をもちだすことにより他者に一定の行動をとらせるため、他者を相手に行なう対話である。また交渉は精神的武器を用いるレスリングでもある。

この特別な意味で商業を営むということは、したがってある商品（株式、企業、借款）の売買のために交渉することを意味する。（この特別な意味合いで）商業を営んでいる者のなかには、台所で働いているお手伝いさんとウサギ皮の売り買いをめぐって「交渉をする」ささやかな行商人もいれば、ズボンの売却をめぐって田舎の御者とそれこそ小一時間も話し合う古着商のユダヤ人もいれば、あるいはまた、何日もかかった会議のあと、とくに複雑な状況の下に数百万ドルにのぼる借款をプロイセンの「交渉者」と締結するネーサン・ロスチャイルドもいる。ここにみられるのは、純粋に量的な差違だけで、物事の核心は同一である。すべての（近代的）商業の核心はつねに話し合い、近くで相対して行なう必要がない交渉である。こうした交渉は暗黙のうちに行なわれる。たとえば売り手が今や公衆に向かっておのれの商品の長所をなるほどと思わせるよう、あらゆる技術を用いて説明すると、公衆も、それではこの商品を彼の店から買わねばなるまいという気持ちになる。この種の技術は宣伝と呼ばれる。この面で——商品交換の幼年時代におけるもろもろの動きに準拠して——もし言語と画像による勧誘を、暗黙の勧誘と名づけることが実際に望まれるのであれば、「暗黙の交易」という表現を用いてもよいであろう。

このさい、つねに買い手（あるいは売り手）が契約締結は有利であると確信していることが重要だ。すべての住民が売り手が勧めた品物を買うこと以上に重要なことがないと考えるようになったあかつきには売り手の理想は実現する。大衆がタイミングよく、うまく利益を得ようというパニックに襲われたときも同じである（証券市場で狂熱的刺激がみられたときも同じだ）。

大がかりな販売ができるということは、ある事業家がたきつけ、そして支配下においた関心がきわめて強力か、あるいはきわめて一般的でなければならないことを意味している。ラテナウはいう。

「百万マルクの取引を望んでいる者は百人の人間が、それぞれ千マルク出して彼があつかう商品と交換しよう、という重大な決意を抱かせるよう、強制しなくてはならない。あるいは、彼は十万人の大衆が、それぞれ彼と十マルクの取引をしようと感ぜざるをえないように、大衆に向かって強力な影響力を及ぼしていかねばならない。自由意志で――（もっとうまく表現すれば、自発的に――ゾンバルト）――千人もの人間、いわんや、十万人もの人間が、彼を捜し求めたりはしない。なぜならこの新しい事業家が成果をあげようとすれば、彼にしてみればどうしても駆逐しなくてはならない（これは疑問だが――ゾンバルト）彼以外の業者からの物品調達の要求を、大衆全員がかなり以前からもっているからだ」

関心を刺激すること、信頼を得ること、購買欲をめざめさせること。このクライマックスにおいて幸運な商人の活動がくりひろげられる。いかなる手段によって彼が目的に達するかはどうでもよい。その手段が、けっして外的ではなく内的な強制であること、相手の意志に反してではなく、相手自身の決意に基づいて契約をするということだけで十分である。暗示はたしかに、商人の活動であるに違いない。しかし内的な強制手段は他にもたくさんある。もっとも効果的なのは、ただちに業務を締結すれば、特別に利益が得られるという観念をよびさますことだ。

「吹雪になるような気配がする。少年たちよ——フィンランド人たちはいった——なぜなら、彼らはアナンデラー（一種の雪靴）を売らねばならなかったからだ」

このようにマグヌス・バルフォルド・サガはのべている（一〇〇六年）。ここで語っているのは、すべての商人の原型である。そしてノルウェーの少年たちに雪靴を買えと要求しているのは、宣伝の典型に他ならない。今日の商人が戦いに用いるのはこの武器である。彼らはトゥデラのベンヤミンの時代におけるジェノヴァの先駆者のように、もはや堅固な城塞のなかに御輿《みこし》を据えてはいない。それに彼らはもはや、十七世紀の東インド航海者のように、自分たちとの取引を拒む先住民の住居を砲撃しようとはしないのだ。

（1）ここでは抜粋の形であつかってきたので、拙論「資本主義的企業家」（『社会科学と社会政治学のための文庫』第二十九巻）のなかのもろもろの対象のくわしい記述を参照してほしい。

第十章　資本主義へのユダヤ人の客観的適性

そもそも物事をやりとげるために資本主義的経済人がなすべきことが何かについて、知ったあとでは、いかなる外的状況によってユダヤ人がこの資本主義的経済組織の形成に卓越した役割を演じることができたかという質問に答えるべきであろう。ここで調べなくてはならないのは、ユダヤ人が十五世紀末以来、西ヨーロッパ人とアメリカで直面し、その後の三、四世紀、すなわち近代資本主義が形成されていった時期に、おかれていた固有の状況である。

そもそも何によって、こうした状況が特徴づけられるであろうか？

全く一般的には、ジャマイカの総督が本国イギリスの国務大臣あてに一六七一年十二月十七日に送った次のような手紙の文面がこのことを適切に表現している[1]。

「本官としては、国王陛下はユダヤ人ほど利益をもたらす臣下をおもちになることができないという意見であります。なんとしても彼らは多くの種族と通信網をもっています」

実際にこの二つの特性は、ユダヤ人が他の諸民族より優位に立つ特徴の本質的部分をなしている。だがこれを補完するためにつけ加えておかねばならないことがある。それは彼らが活動する土地の民族共同体のなかで占める、彼らの固有な地位である。それは異民族であること、それに半端な市民であるということによって特徴づけられる。したがってわたしは、ユダヤ人にあのように重大なことを行なわせた（また今でも行なわせている）特別の根拠となった状況を強調しておきたい。

Ⅰ彼らの空間的拡散
Ⅱ彼らの異質性
Ⅲ彼らの半端な市民性
Ⅳ彼らの富

の四つである。

Ⅰ　空間的な拡散

ユダヤ人の態度にとってとくに意義深いのはもちろんまず、彼らがおよそ居住可能な地球上のすべての国々に拡散していったことである。その有様を見ると、彼らは、まず最初の離散に直面し、ついで、新しくスペイン、ポルトガルから追放されたあとは、きわめて効果的な方法で、各地に拡散した。さらにポーランドから流出させられたあと彼らは、この動きをやっと完了した。われわれは最近の数世紀における彼らの放浪のあとをたどり、そして彼らがドイツ、フランス、イタリア、イギリス、中近東、アメリカ、オランダ、オーストリア、南アフリカ、それに東アジアに新規に居住する様子を見てきた。

文化的には、部分的にすでに高度に発達した国々への、こうした何度も行なわれた移住の当然の結果として出現したのは、同一家族の構成要素が経済生活の様々な中心地に住み、多くの支店を出す巨大な国際的ファミリーを形成したことである。ここでは数例をあげておくにとどめよう(2)。

ロペス家はボルドーに住居を構え、スペイン、イギリス、アントウェルペン、トゥールーズに分家をもっている。銀行一家であるメンデス家は、やはりボルドーに本拠をもち、ポルトガル、フランス、フランドルに支店を置いている。メンデス家の分家は、やはり各地に数多くの支店の役目を果たしている親類一同を抱えている。カルセレス家はハンブルク、イギリス、オーストリア、西インド諸島、バルバドス、それにスリナムに居住していることがわかっている。国際的に広く支店網をもつ他の有名なユダヤ人家族には、コスタ家（ア・コスタ家、ダ・コスタ家とも呼ばれる）、コネリアーノ家、アルハビド家、サッスーン家、ペレイレ家、それにロスチャイルド家があげられる。しかしこれ以上事例を列挙しても無意味であろう。少なくとも、地球上の二つの商業都市に代理店をおいているユダヤ人商社を数えるならば、数百や数千にとどまらないであろう。少なくとも、二つの異なった国で商売していないような有名ユダヤ人一家はほとんどないであろう。

ユダヤ人の発展のためにこの拡散が、そもそもどんな重要な意味をもっていたかを、とくにくわしく理由づける必要はあるまい。そのことはあまりにも明らかであり、本書の第一部でも、実例を用いてくわしくのべておいた。キリスト教徒の家族が苦心の末やっと築きあげねばならなかったものに、ユダヤ人が同じようなひたむきな方式でやっとたどりつくといったことはめったになかった。ユダヤ人が事業をはじめたとき、おのれの進路の途上に見出したものは、すべての国際的商業、ならびに信用協力の拠点であった。それは、国際的な業務活動を成功させる上での基本条件である「大がかりな通信網」であった。

ここで想起されるのは、わたしがスペインおよびポルトガル貿易、中近東貿易、それにアメリカの発展へのユダヤ人の関与についてのべたくだりである。そのさい、きわめて重要な状況は彼らの大多数がまさにスペインから分岐したことである。これによって彼らはとくに、植民地貿易の動きを指導し、なかんずく銀を新興諸国のオランダ、イギリス、フランス、それにドイツに流入させた。

彼らが、経済的大発展の途上にあるこれらの国々に好んで移住し、それにより、まさにこれらの国々を彼らの国際的コネクションのもつ利益の恩恵にあずからせたことも、重要である。難民となったユダヤ人が、あらかじめ自分たちが追放された国々の商業の流れを転換させ、彼らを客として迎えてくれた国々にこの流れを入り込むようにしたことはよく知られている。

彼らがイタリア中部のリヴォルノと、これによって中近東への通用門を支配したことは意義深い。リヴォルノは十八世紀には「地中海貿易のためのヨーロッパの大倉庫」と呼ばれた。(3)

彼らが南北アメリカの間に、前述したように北米植民地をはじめて経済的に自立できるようにした紐帯をつくりあげたことは重要だ。

とくに当然のことながら、彼らがヨーロッパ主要都市の巨大な証券取引所を支配したことによって信用取引の国際化への道を開いたことは意義深い。これらすべては、何はともあれ、彼らが拡散したという事実のおかげである。

きわめて適切に、ユダヤ人の国際化推進が近代の経済生活にとってもつこの固有な意味を、ある一つの形象がはっきりさせてくれる。今から二百年前のこと、ある知性豊かな観察者が実はこの形象をユダヤ人研究のなかで用いたわけだが、その新鮮さは今日にいたってもいささかも衰えていない。一七一二年九月二十七日付の「スペクテーター」誌の通信は次のように伝えている(4)。

「彼らはこのように、すべての世界の商業都市にあまりにも拡散したので、それぞれきわめて遠方にある国民同士が互いに意志を通じ合い、さらに人類全体を一つの巨大な通信網のなかに包みこむような手段となった。彼らはちょうど、それ自体ではあまり価値はないけれども、全体の構造にとっては絶対に必要な巨大なビル内の楔《くさび》や釘みたいなものである」

ユダヤ人は、彼らが空間的に拡散したことによって与えられた利益を、組織的に利用し、そのあげく、地球上の様々な場所の状況を迅速かつ確実につかみ、さらに最良の情報を入手していたことから、もろもろの証券取引所において、彼らの業務上の態度を、物事の状態に応じて、利益のあがるように調整していけた。この様子をこれ以上は望めないというほど詳細な描写を交えながら、ハーグ駐在のフランス公使が一六九八年に伝えている。(5) この報告者は、ユダヤ人がこのように正確な情報をもっていた理由の大部分を、彼らがアムステルダムの証券取引所において占めている卓越した地位にあると見ている。なぜなら、ユダヤ人がここを本質的に支配していることを、彼はすでに詳述しているからだ。

この文句のつけようのない証言の重要さに直面したわたしは、次にその要点を伝えようと思う。フランス語の文面は難解で、翻訳も困難であったが、わたしは意味の上では正解だと思われる次のような訳文をあえてのせることにした。

「彼らは（情報と商業）両面において組合と呼ばれている組織を通じ交流しあっている。そのなかでも（たしかにそれほど富んでおらず、組合員の数も多くはないが）、ヴェネチアの組合が、これらの組織のなかでも一級の組合と見なされている。それというのも、この組合は西方と東方の世界を結んでいるからだ。それにこの組合は、東方および西方世界にいるユダヤ人を管理しているサロニカの組合と結びついている。またサロニカの組合はヴェネチアの組合と結びついているおかげで、北方の世界を支配しているアムステルダムの組合とも連絡されている（このほかロンドンには、一応黙認されている組合があり、フランスにも秘密の組合がある）。そんなわけで、オランダ在住のユダヤ人は、商業および情報の両面において、現代の世界の出来事について、もっとも早く、しかも、もっともたしかな知識を得ることができる。彼らはさらにこれに基づいて、きわめて合目的的にキリスト教徒がどの宗派も、一斉に宗教上の義務に忙殺されている日曜日、つまり土曜日の次の日に毎週、集会を開く組織をつくりあげた。明敏かつ微妙な趣きのあるこの組織は、その週内に得たもろもろの情報を、ラビや聖書学者の助けを借りて、吟味、検討し、日曜の午後、早くもおよそ考えられるかぎり、もっとも利口な証券取引所の仲買人や代理人に通達している。この人々もやはり互いに十分に話し合ったあと、やはりその日のうちに、彼らの目的にかなった情報を個々にひろめてゆく。その翌日（月曜日の朝）、この人々は、ただちに仕事をはじめる。彼らは個々の人間の様子を見た上で、品物の売買や有価証券、株式の取引を行なうことにする。これらすべての品目を金額の面からいっても備蓄量の面からいっても、大量に抱えこんでいるために、彼らは売買にあたって高値の方向で、あるいは安値の方向で、それとも両方の方向で同時に勝負に出るか好機が来るまで待つかをつねに正しく測定することができる」

王侯貴族の信頼を得ることが問題になるとともに、彼らユダヤ人の国際性は本質的な利益を与えてくれる。彼らの大銀行家、大資本家への道はしばしば次のようにして開かれていった。彼らはまず言語の知識が豊富なところから通訳となって王侯の役に立った。ついで彼らは仲介者、交渉人として異国の宮廷に派遣された。その後王侯は彼らに自分の財産の管理を委任した（その間に、王侯は彼らの債務者になることによって同時に彼らに栄誉を与えた。それから彼らは、財政の支配者となった。そして後には証券取引所の支配者になった）。

ユダヤ人は、外国語の知識と、外国の文化になじんでいたことによって、すでに古代から、王侯の信頼を得るきっかけが与えられていた。彼らはエジプトに行ったヨセフからはじまり、史家ヨセフスが伝えているアグリッパ王およびローマ皇帝クラウディウスの母の相談役アラバルヘン・アレキサンデルを経て、聖書「使徒行伝」（第八章二十七節）が伝えているエチオピア人の女王カンダケの高官で女王の財産の管理人にいたっている。

　中世の有名な宮廷ユダヤ人については、ほとんどの場合、彼らが通訳あるいは交渉者として手柄を立てたことが、はっきりと確かめられている。よく知られているユダヤ人としては、カール大王が、ハルン・アル・ラシッドの宮廷に派遣したイザーク、皇帝オットー二世の友人で寵臣のカルニモスがいる。また同じ頃、イベリア半島で名声をあげたユダヤ人がいる。かの有名なハスダイ・イブン・シャプルート（九一五—九七〇年）は、まずはじめは、カリフのアブドゥル・ラーマン三世が、北スペインでキリスト教徒の宮廷に対し交渉を行なわせたさいの代表者であった[6]。

　ユダヤ人は、スペインのキリスト教徒国王の宮廷でも不可欠の存在となった。カスティリアのアルフォンス四世（十一世紀）がイスラム教徒の群小諸王を相手どって勝負に出ようとしたとき、外国語が巧みで、外国生活に慣れたユダヤ人以上にすぐれた者を、トレド、セビリア、それにグラナダの諸宮廷に派遣することはできなかった。その後、スペインのいたるところのキリスト教の宮廷にはユダヤ人使節の姿が見られた。さらに伝説的な僧侶《プリースター》ジョン[7]の支配するキリスト教国を探検しようとした王の偵察隊に、様々な情報を伝え、また逆に彼らから情報を得るために、ポルトガルのジョアン二世がアジアに派遣したのも、地理や民俗にくわしいユダヤ人たちであった。それに新大陸発見のさいに活躍した多くの通訳や仲介者は、ユダヤ人である[8]。ユダヤ人の総体的な大発展ととくに、彼らの経済的運命の形成にとって輝かしいスペイン時代の挿話的出来事がもっている重大な意味に接したとき、そもそもいかなる道をたどって、彼らが、まさにこの土地で、あのような、名声を獲得したのかを追究するのは、きわめて興味深いものがある。だがスペイン時代の後でも、しばしばユダヤ人の外交官がとくにオランダの州議会と諸国家との交渉にあたっている姿が見受けられる。ベルモント家、メスキタス家の人々などがその好例である。(9) フランスの宰相リシュリューが、金持ちのイルデフォンゾ・ロペスと呼び、オランダへの秘密の政治的使節として利用し、帰国後は「正式の国家顧問」に任命したヘブラエオ閣下は有名である。(10)

そうはいうものの、ユダヤ人の空間的拡散については、彼らがただ国際的に分散したという事実だけが重要なのではない。彼らが、様々な国の内部の要職にまで配置されるようになったことこそ、多くの現象の説明に役立つのだ。たとえば、ユダヤ人がとくに軍隊のための軍需品ならびに食糧の調達者として登場したとき――彼らは昔から、そうした仕事をしてきており、ベリサリウス〔六世紀のビザンチンの将軍。五三〇年代にシチリア、ナポリを征服した〕によってナポリが包囲されたとき、同地のユダヤ人はナポリに食糧を供給したいと宣言した(11)――その理由の大部分は、彼らがキリスト教徒よりも容易に、多量の財貨、とくに食糧品を各都市間を彼らが結んでいる連絡網のおかげで、すみやかに農村から運び入れることができたという事実によるのであろう。

「ユダヤ人の企業家はこれらすべての困難に直面しても、びくともしなかった。彼らが適当な土地に住むユダヤ人仲間に動員をかけると、たちまちのうちに必要なだけの助っ人とその子分たちが現われた[12]」

なぜなら、実際に以前のユダヤ人は「けっして孤立した個人ではなく、世界中にもっとも広く展開している商社の一員だったからである[13]」。

さらに十八世紀後半のパリの商人の請願書がのべるように、「彼らはなんといっても生きた貨幣だ。貨幣は流通し、迷走するが、少なくとも主な集団のまわりに集まる傾きがある[14]」。

II　異質性

ここ数世紀の間、ユダヤ人は多くの国々ではじめは新移住者であるという全く表面的な意味で、異邦人であった。しかも、彼らがもっとも効果的な活動をしたまさにその土地において、彼らは古くからの居住者ではなかった。そればかりではない。そうした土地に彼らはほとんどの場合、けっして近くの地域からではなく、かなり遠方の、風俗習慣の違う、ときには部分的には気候もすっかり異なっている国々から移住してきた。オランダ、フランス、そしてイギリスに移住した彼らの出身地はスペインとポルトガルであり、のちにはドイツであった。ハンブルクとフランクフルトに来たのは、他のドイツの諸都市の出身者であり、その後ドイツ全土に移住した者の出身地は、ロシア、ポーランドなど東欧であった。

ユダヤ人は新大陸では他の欧州諸民族と共存したわけだが、それと同じ状況をすでにこれら諸民族に先立って、古い文明をもつ国々で体験ずみであった。ユダヤ人はどこへ行こうといたるところで入植者であった。そしてこのために、彼らはただちに全くこれときまった態度、行動をとることを余儀なくされた。

新移住者は、自らの新しい状態がすぐわかるようにするため、大きく目を見開いていなくてはならないし、新しい関係の下にあって生計を維持するために、おのれの行動に注意しなくてはならない。昔からの住人が暖い寝台の上でまだ、まどろんでいるときでも、彼らは、新鮮な朝の空気を吸いながら起床し、何はともあれ、おのれの住居を建設すべく努めねばならない。彼らは外部の人間だ。古くからの居住者にとっては侵入者なのだ。しかし彼らは自由な大気のなかに立っている。彼らの経済的エネルギーは一層強力に刺激される。

彼らは新しい環境のなかで、いかにして土地を得るかを熟慮せねばならない。そのことはとくに、合目的性を旗印にして行なわれるすべての経営にとって重要である。その他よく考えなくてはならないのは、いかにして経済を、もっともすばらしく、もっとも目的にかなうように整えるかということ、いかなる生産ならびに商業分野を選ぶべきかということ、どのような人物と連携すべきかということ、もっともすみやかに実行段階に達するためには、どのような営業の基本原則を採用すべきかということなどである。だが、こういうことはとりもなおさず、伝統尊重に代わって、経済的合理主義を打ちだすことに他ならない。われわれはユダヤ人がそのように行動してきたのを見てきた。そして、われわれは今や、なぜ彼らがそのように行動したのかについて、まず全くやむをえないような理由を発見する。それは、彼らが生計を営んでゆくべき国々においては異邦人であったこと、新移住者、新参者であったということだ。

しかし、それに加えてユダヤ人は、他の諸民族のなかで暮らしたすべての世紀を通じて、別の意味でも異邦人であった。それは心理的社会的意味からである。彼らはまわりを取り巻く諸民族と内面的に対立するという意味でも、はたまた現地の住民に対し、まるでカースト制に従うように閉鎖的であったという意味でも異邦人であった。

彼らユダヤ人は自ら何か特別の者であると感じており、現地の住民からもやはりそのように見られていた。しかもこのことによって、ユダヤ人のすべての行動方式と、心情は「世界市民」という観念の誕生からはほど遠かった時代ではとくに、異民族との交渉のさい生ずるに違いないような動きを見せるようになった。

人道主義的な考慮にわずらわされることのなかったあらゆる時代には、異邦人を相手どるさい、多少良心に反する行動をとっても、道徳的義務の束縛をゆるめてもよかった。異邦人相手の交渉はつねに遠慮会釈なく行なわれた。そしてユダヤ人は、とりわけ大がかりな経済的な事象に取り組むときはつねに「異邦人」として「非同胞」として交渉せねばならなかった。それというのも、彼らが少数民族だったからである。現地の住民にとってはすべての交易の十分の一、あるいは百分の一が異邦人との交易であったのに反し、ユダヤ人にとっては、九〇パーセント、いや九九パーセントが現地の住民との交易であった。したがって、もし誤解されることなく、そうした表現を用いることが許されるならば、「異邦人相手の道徳」は、すべての業務態度をいわばこれに従属させる規範としてつねに実行された。異邦人との交渉は、他の民族にとっては例外的であったのに反し、ユダヤ人にとっては、「通常」の事柄であった。

彼らの異質性と密接な関係があるのは、彼らがあらゆる土地で遭遇する固有な、しかも異様な法の状態である。だがこれは、独自の意味をもっており、したがって次節で独立して取り扱うことにする。

III　半端な市民性

一瞥したところでは、ユダヤ人の市民としての法的地位が、とりわけ職業の選択と、事業活動一般に特定の制限が課せられているという事情によって、あたかも彼らの経済的運命にとって重要な意味があったかのように思われる。しかしわたしは、この点において、法的状態が起こした作用が過大評価されたのではないかと考えている。逆にわたしはこの営業規則の規定にはあまりたいした意味はなかったと思っているし、それぱかりか、こうしたことはユダヤ人の経済的な発展全体にとって、まったく重要ではなかったといいたいくらいだ。とにかく、いくら考えてもユダヤ人が近代の経済生活に及ぼしてきたとみられる現実の重要な作用が、なんらかの営業規則の規定に帰せられるとは思えない。

これが後に尾を引くような深刻な影響をもたらさなかったことは、すでに次のような事実からはっきりわかっている。すなわち、まず、われわれにとって関心のある時期におけるユダヤ人の営業規則上の地位、あるいは営業と警察の認可との関係は、異常なほど多様に形成されており、それにもかかわらず、資本主義的文化のすべての圏内において、ユダヤ人の影響がおそるべきほど同質性を示している様子が判明していることだ。

これらの点において、ユダヤ人の法的状態が根本的にいかに異なっていたかが十分に明らかにされたことはめったにない。

彼らの法的状態はまず、国によってまったく違った特徴が示されていた。ユダヤ人はオランダとイギリスでは、こと実業生活に関するかぎり、キリスト教徒とほとんど全く平等であったのに反し、他の国々では、フランス内に存在したローマ教皇所有地のように、彼らが完全な取引と営業の自由をもっていた個々の地区や都市を除外すれば、多かれ少なかれ、いろいろの制限が課せられていた[15]。

しかし、こうした制限もまた、国が違えば、方式、尺度も異なっており、たとえ同一の国のなかでも、地方によってまったく違っていたこともしばしばであった。それに個々の規定も全く恣意的であるように思われた。たとえ異なった命令であっても、共通の基本理念のようなものは一切見受けられなかった。ユダヤ人はここでは行商が禁じられるかと思えば、あそこでは常設店を構えることが禁じられる。ここでは彼らは手工業に従事してもよいが、あそこでは許されない。ここでは、彼らは羊毛を販売できるが、あそこでは駄目だ。ここでは皮革をあつかえるが、あそこではいかん。ここではユダヤ人に火酒《かしゅ》〔アルコール分の強い蒸留酒〕を売る居酒屋の賃貸しが許されるが、あそこでは、禁じられている。ここでは彼らは工場や手工業施設への就業が促されているが、あそこではそもそも資本主義的産業への参加が拒まれている等々。

ここで十八世紀末期、プロイセン国内で形成された法の状態をいくらか検討してみよう。この国では、それぞれの規定が、部分的に真っ向から対立しているような、それこそ数ダースに及ぶ法令がいろいろの地方でまかり通っていた。

かなり多くの地域では、手工業の従業が禁じられる一方で（一七五〇年に改正された一般免許法第九条、一七七〇年の新フォアポンメルンおよびリューゲン地方におけるスウェーデンの法令）、一七九〇年五月二十一日付の政府の命令はブレスラウで保護下にあるユダヤ人に「ありとあらゆる種類の、機械的な技術に取り組むこと」を許し、さらに「もし、キリスト教徒の手工業者が、自発的にユダヤ人の若者を教育し、ひいては組合員にするならば、われわれもこれをきわめて恩慈あふるる善意と見なすだろう」とのべている。同じことを、南部および新東部プロイセンにおける一七九八年四月十八日付の一般ユダヤ人規則（第十条）は規定している。

ベルリンのユダヤ人が、非ユダヤ人にビールと火酒を小売りし、さらに畜肉を非ユダヤ人に売りさばくことが禁じられている一方（一七五〇年四月十七日付、一般免許令第十五条と第十三条）、シュレジエンに住むすべての土着のユダヤ人は、ビールおよび火酒店、肉屋、パン屋を賃借りし、あるいは経営することが許されていた（一七六九年二月十三日付の法令）。

許可された、あるいは禁じられた商業品目のリストはしばしば全く無意味な恣意によってまとめられたように思われる。たとえばユダヤ人は「輸入品、国産品を問わず、着色されていない皮革や人工皮革類の売買は許されるが、加工されていない皮革や着色された皮革の売買は許されない」とか、「加工されていない子牛や羊の皮ならよいが、加工されていない牛馬の皮はいけない」とか「国内でつくられた半分羊毛の入った各種製品と綿製品ならよいが、未加工の羊毛や毛糸、それに外国産の羊毛製品はいけない」などときめられていた（これらはすべて、一七五〇年付の一般免許令から抜きだした）。

同じユダヤ人でも、法的機能の異なった者たちが混在している地域の様々な法の状態を考察するならば、状況は一層複雑となる。たとえば、ブレスラウのユダヤ人共同体は、一七九〇年五月二十一日の時点で次のような集団によって構成されていた。

①一般特権をもつ者。彼らは、争いが裁判所にもちこまれてもあるいはそこまでゆかない場合も商業貿易面でキリスト教徒と同じ権限をもち、その特権が世襲されるようなユダヤ教信者である。

②特権をもつ者。彼らは、彼ら固有の特権に含まれるような各種商品を取引する権利をもっていた。彼らの特権は世襲ではないが、彼らの子供も公然と特権をもつよう配慮された。

③寛容された者。彼らは存命中、やはりブレスラウに居住することが許されるものの、あつかう業務は特権をもつ者たちよりも制限されていた。

④いわゆる一時滞在者。彼らはただ一定期間、あるいは不定期のある期間のみ滞在が許された。

最後によく考えておかねばならないのは、このように、場所と人間によってきわめて異なっているユダヤ人の権限が、時間がたつにつれ、つねに変動したということであった。実例をあげてみよう。

前述したように、一七六九年、シュレジェンに居住したユダヤ人は、ビールと火酒の販売や肉屋などを賃借りすることが許された。ところが一七八〇年には彼らにはこの種の賃借りはすべて禁止された。しかし一七八七年には早くも、ふたたび許可された。

過去数世紀の経済的発展の、いわばその特質を理解した者は、そもそも営業規則の諸規定などは、その大部分がたんなる机上の空論にすぎなかったこと、とくにすべての資本主義的な関心が、しばしばこうした規定にもかかわらず、突出していったことを知っている。それに、実現のための手段は一つだけではなかった。たんに官僚的国家がつねに拱手傍観の態度しか示さないような法律違反があったばかりではない。わずらわしい、もろもろの制限を排除する黙認された様々な方途があった。営業の許可、特権授与、それに王侯がこれによって多少の副収入を得ることができるために喜々として交付する特許状〔まず欧州中世の国王、領主が交付したものをさす〕と呼ばれたものがこれである。このような特典をつくりだすことができたのは、そもそもユダヤ人であった。一七三七年と一七五〇年のプロイセンの勅令が明言していることは、たしかにユダヤ人には、あれこれと禁じられているものがあるが、「だからといって、わが国には特別に得られる認可がないわけではない。しかしこれを得るために彼らは特定のケースでは、一般監督官庁に出頭せねばならない」。このことは、すべての営業規則上の制限にもかかわらず、明らかに黙認されていた。それには理由がある。もしなんらかの抜け道がなければ、ユダヤ人が、皮革産業、タバコ産業のように法律では明らかに排除されているような商業部門で、以前から指導的な地位を占めてきたことを、どうして説明することができようか？

　しかもある一点において、古い営業規則がユダヤ人の発展に与えた影響を証明することができる。それは経済生活が団体の支配によって影響を受けた場所、あるいはもっと正しくいえば、経済の動きが協同組合的組織の枠内で進展するような場所である。ツンフトや手工業者の同業組合にはユダヤ人は入ることはできなかった。これらの団体のすべての執務室のなかに安置され、そのまわりに全メンバーが集合したキリストの十字架がユダヤ人を追い返した。そもそも、生産面であろうと、商業面であろうとにかかわりなく、彼らがなんらかの事業にたずさわろうとするときには、キリスト教徒の協同組合がのさばっている場所の圏外でしか、行動できなかった。そしてまさにこのために――ふたたびまずは外的な理由から――いたるところに出没したことでもわかっているように彼らは、もぐり商人《インターローパーズ》、もぐり職人、ツンフト破り、それに「自由貿易主義者」となった。

　ユダヤ人の運命は一層痛烈に、彼らと国家権力との関係、したがってとくに公共生活における彼らの地位を規制する法秩序の部分を明白に規定した。これらの規制は、まずあらゆる国において、驚くべきほどの一致を示した。なぜなら、それらは結局、すべてユダヤ人を公共生活への関与から排除すること、したがって彼らが国や共同体の役職についたり、議会、軍隊、それに大学のしかるべき地位につくことの阻止を狙っていた。この状態は、西欧諸国――フランス、オランダ、イギリス――それにアメリカについてあてはまる。「解放」前のユダヤ人の市民的地位についてくわしくのべることは、これらの事情が一般によく知られている以上不必要であろう。ただ、彼らの国法上の、半端な市民という地位が、大多数の国でなんと十九世紀のかなり後期までつづいたことを想起してもらいたい。ただアメリカ合衆国だけは早くも一七八三年、信仰の違いに関係なく、すべての市民の政治的平等を宣言した。フランスの有名な解放法発効の日付は一七九一年九月二十七日となっており、オランダでは一七九六年、オランダ国民議会がユダヤ人に完全な市民権を与えた。しかし、イギリスにおいてさえ、ユダヤ人は一八四〇年代に議会入りをめざして戦っていた（最初の選挙で選ばれた議員は一八四八年、ライオネル・ロスチャイルド男爵であった）。そして、一八五九年、はじめて完全な平等が実現した。ドイツの諸国においては、完全な平等への動きは一八四八年以来のことであり、しかもこれがはじめて最終的、一般的となったのは一八六九年七月三日付の北ドイツ連邦法によってであった。オーストリアでは一八六七年、イタリアでは一八七〇年、それぞれ実現した。

しかし法律の文言がその後も長い間実際上の平等をもたらさなかった事実――今日にいたるまでつづいている――は、連日のように、またもやユダヤ人の志願兵がツィーテン軽騎兵部隊〔プロイセンの名将ツィーテンにちなんでできた部隊〕で将校になれなかったとか、裁判官や公証人は十分な数のユダヤ人によって占められていないという苦情がのせられている自由主義的新聞を、一瞥すればわかることだ。

ユダヤ人が公的生活のなかでこのように冷遇されたことが、どのような作用を起こさねばならなかったかについて、わたしはこれまですでにしばしば記述してきた。まずこれは経済生活がユダヤ人のなかに蓄積されたすべての活動を吸収したかぎりでは大いに役立った。他の民族にあっては、才能のもっともすぐれた者が、国内の権力をめぐる闘争にかかわっていたとき、ユダヤ人のエリートはやむをえず（もし彼らがたとえば、聖典ベート・ミドラシュ研究のような学問的研究に身を捧げるのでなければ）、経済生活の渦中で活動せねばならなかった。しかし彼らはこの分野でもまた――ますます資金獲得が進み、そしてますます富が権力の一つの源泉となったので――彼らが征服できる領域を見定めねばならなかった。それは法律により、まっすぐな道をたどったのでは、獲得することを禁じられていたもの、すなわち国家における名声と影響力であった。これによって、われわれがユダヤ人についてすでに見てきたように、強力に金銭の過大評価をもたらした原因が明らかにされた。

だが公共生活から排除されたことは、その埋め合わせとして経済生活面でのユダヤ人の地位を向上させたに違いない。そのために彼らはまたもやキリスト教徒の同業者たちよりも優位に立つこととなった。

とりわけ彼らは、政治的に無色（ノンポリ）といわれている態度をつくりあげた。これは彼らが生活している国に対するある種の無関心、さらにこの国のなかで、そのつど権力を握っている政府に対する一層無関心な態度である。この無関心によって彼らはますます仲間うちのだれかを資本主義的な世界経済の代表者にのしあげることができた。それというのも、「彼らが各国に世界経済を動かす資本の諸力を提供したからである」。諸国民の衝突は、まさにユダヤ人の収入の源泉となった。

このノンポリ性によって、彼らはしばしば体制の変革が行なわれたフランスのような国でも、各種各様な王朝や政府につかえることができた。ロスチャイルド家の歴史はこの主張を裏づけしてくれる。したがってユダヤ人は、国内で冷遇されていたおかげで、資本主義自体にはつきものの、およそ事業の利益に奉仕しないすべての価値には無関心という態度を発展させ、したがってこの側面でも、資本主義の精神の促進者、増強者となった。

Ⅳ　富

ユダヤ人が、この三、四世紀を通じて経済的使命を果たし、その独自な発展が、彼らの仕事そのものを独特ならしめたことについての客観的条件として、彼らが経済生活のなかで役割を演じるときはつねに、いたるところで巨大な富をもっていた事実を考慮することができよう（もし彼らの活動の独特な制約が生みだす作用を現在まで追求するならば、彼らは今も巨万の富を擁しているといえよう）。このように確認したところで、「ユダヤ人」一般の富については何もいっているわけではない。だからといってこれに対し、あらゆる時代において非常に貧しい、いやそれこそ、おそろしく貧しいユダヤ人がいたという事実を盾にとって反論することはできないであろう。この反論の正しさを証明するのに大した苦労はいらない。ひとたび東欧の村落に足を踏み入れた者や、あるいはニューヨークのユダヤ人街を知っている者は、ユダヤ人の貧しい有様をいやというほど見せつけられるであろう。だがここで問題にしているのはむしろ、多くの細かい解釈がなされた逆の事実である。わたしは次のように主張する。すなわち十七世紀以来、ヨーロッパ西部および中部にある文化国家で、経済的発展に卓越した関与を示したユダヤ人の間には多くの富がひろがり、それが現代にまで及んでいるということ。もっと極端な言い方をすれば、彼らのなかには、つねにきわめて多くの金持ちがおり、またあらゆる土地で、彼らはまわりのキリスト教徒よりも富んでいることだ（もちろん、これはおおよその平均についていっていることで、ドイツの一番の金持ち、あるいはアメリカ合衆国の三大富豪がユダヤ人ではないなどという反論は全く馬鹿げている）。

十六世紀以来イベリア半島を去っていった難民の大多数は大金持ちだったに違いない。彼らによってもたらされた「資本の流出」は有名だ。しかし、彼らが追放されるさいに多くの財産を売却したこと、そして外国のしかるべき場所でその代金を手形によって支払わせたことも知られている(16)。

もっとも金をもっている者はオランダに向かった。少なくとも、この地における最初の移住者のなかにマニュエル・ロペス・ホメン、マリア・ヌネス、ミグエル・ロペスの名が見られること、そして彼らが大富豪であったことが知られている(17)。だが、その後十七世紀にも多くの金持ちのスペイン系ユダヤ人が同地に流入したかどうか、それとも古くからの居住者が、ますます金持ちになったのかどうかを全体としてはっきりさせることはほとんどできない。ともあれ、ユダヤ人が十七、十八世紀の間に、その富によって有名になったことを知るだけで十分であろう。たしかにわれわれは、あの頃の財産統計などをもっていないが、その代わりにユダヤ人の富を確認させるような他の多くの証言を入手している。すべての旅行記作者が驚きあきれるほどの彼らのはなやかな発展ぶり、もっとも壮大な宮殿さながらの彼らの住居のすばらしさが、その好例である。あの頃の銅版画集をひもとく者は、アムステルダム、あるいはハーグの、もっともすばらしい邸宅はユダヤ人によって建てられたか、あるいは彼らの住居であったことを知るであろう。たとえばベルモント男爵邸、デ・ピント氏邸、ダ・コスタ氏邸などがそれである（デ・ピントは十七世紀末、八百万フロリンの資産があるものと推定された）。アムステルダムで、ある金持ちのユダヤ人の結婚式のさいくりひろげられた王侯のような贅沢ぶりについて、娘を同市で結婚させていたグリュッケル・フォン・ハーメルン女史は回想録に、生き生きとした筆致で書き残してくれた(18)。

他の国でもユダヤ人はその富において抜きんでていた。賢明なサヴァリーは、次のような総括的な内容をのべることによって十七世紀と十八世紀はじめのユダヤ人の富を確認している。「商人が大金を蓄えたという評判を得たときは、まるでユダヤ人なみに富んでいるといわれる(19)」

イギリスについては、さらに富裕なスペイン系のユダヤ人が正式に滞在を認められた直後の、彼らの財産状態について、数字の裏づけのある証言がある。われわれはさきにチャールズ二世の花嫁ブラガンサのカタリーナに随伴し、一群の富裕なユダヤ人がイギリスにやってきたことを知っている。一六六一年、はじめてセファルディム〔スペイン、ポルトガル系のユダヤ人。のちに北欧に移る〕の共同体に三十五人の家父長が数えられたが、一六六三年だけでも、これに五十七の新しい名が加わった。しかしこの年にはオルダーマン・ブックウェルの書物には、次のような富んだユダヤ人の商家の半年分の売上げ高が示されている。[20]

ヤコブ・アボアブ	一万三〇八五ポンド
サムエル・デ・ヴェガ	一万八三〇九ポンド
ドゥアルテ・ダ・シルバ	四万一四四一ポンド
フランシスコ・ダ・シルバ	一万四六四五ポンド
フェルナンド・メンデス・ダ・コスタ	三万四九〇ポンド
イサーク・ダセヴェド	一万三六〇五ポンド
ゲオルグ&ドミニゴ・フランシア	三万五七五九ポンド
ゴメス・ロドリゲス	一万三一二四ポンド

ドイツでは、前述したように十七、十八世紀のユダヤ人の生活の中心地は、ハンブルクとフランクフルト・アム・マインであった。両都市については、われわれはユダヤ人の財産状態を数字に即して正確に算定できる。そしてわれわれが知り得たことは、われわれの判断の

正しさを完全に保証してくれる。

ハンブルクに住みついたのはまずスペイン、ポルトガル系のユダヤ人であった。すでに一六一九年、ハンブルク銀行設立にあたり、彼らのうちの四十家族が関与したことがわかっている。したがって彼らは少なくともしっかりした財産状態であったことがわかる。まもなくユダヤ人の富がますます増え、名声が一層高まっていることに対する苦情が出はじめた。一六四九年には、彼らが死者をいともはなやかに埋葬することや、上等の馬車を乗りまわすことに文句がつけられた。一六五〇年のある苦情は、「ユダヤ人は宮殿より豪華な住居を建てている」とのべた。そして奢侈に関する法律は、ユダヤ人にあまりにも華麗な生活をすることなどを禁じた。(21)

十七世紀末までは、富はセファルディムに限られていたように思われる。しかしこの頃からアシュケナジム〔東方、東欧系のユダヤ人〕も迅速に富裕になっていった。グリュッケル・フォン・ハーメルンは、これについての確実な証拠を提供している。この女流著述家は子供の頃はひどく貧しい暮らしをしていながら、たいへん豊かになっていった多くのユダヤ人家族についてのべている。彼女の豊富な経験に裏づけされた観察の正しさは、十八世紀はじめの四半世紀になってはじめてまとめられた財産統計の数字が完全に保証している。(22)一七二九年、アルトナ〔ハンブルク市西部の漁港〕の青年団体に寄付した者は二百九十八人いたが、そのうち百四十五人は、銀行価格が千五百マルク以上の資産をもつ富者であった。彼らの全財産は五百四十三万四千三百マルクにのぼり、したがって平均三万七千マルクに達していた。ハンブルクの団体は百六十人の寄付者からなっていたが、そのうち十六人は千マルク以上の資産をもち、全財産は、あわせて五十万千五百マルクに達した。もしわれわれが、個々のユダヤ人の金持ちについて行なわれた正確な財産表示と比較するならば、これらの数字は、まったく低すぎるように思われる。とくに一七二五年には、ハンブルク、それに近郊のアルトナ、ヴァンツベックの富裕なユダヤ人に関する一覧表が出ている。

ヨエル・ザロモン	二一万マルク
彼の婿	五万マルク
ユリアス・オッペンハイマー	三〇万マルク
モーゼス・ゴールトシュミット	六万マルク
アレックス・パッペンハイム	六万マルク
エリアス・ザロモン	二〇万マルク
フィリップ・エリアス	五万マルク
ザムエル・シーサー	六万マルク
ベーレント・ハイマン	七万五〇〇〇マルク
ザムソン・ナータン	一〇万マルク
モーゼス・ハム	七万五〇〇〇マルク
ザムエル・アブラハム未亡人	六万マルク

アレキサンダー・イザーク	六万マルク
マイヤー・ベーレント	四〇万マルク
ザロモン・ベーレンス	一六〇万マルク
イザーク・ヘルツ	一五万マルク
マンゲルス・ハイマン	二〇万マルク
ナータン・ベンディックス	一〇万マルク
フィリップ・マンゲルス	一〇万マルク
ヤーコプ・フィリップ	五万マルク
アブラハム・オッペンハイマー未亡人	六万マルク
ツァハリアス・ダニエルの未亡人と同じく未亡人の娘	一五万マルク
ジムソン・デル・バンコ	一五万マルク
マルクス・カステン	二〇万マルク
カルステン・マルクス	六万マルク
アブラハム・ラザルス	一五万マルク
ベーレント・ザロモン	六〇万ライヒス・ターレル
マイヤー・ベーレンス	四〇万ライヒス・ターレル
アブラハム・フォン・ハレ	一五万ライヒス・ターレル
アブラハム・ナータン	一五万ライヒス・ターレル

なんとこれらの三十一名あるいは三十二名だけで合計六百万マルク以上を所有していた。いずれにしても、十七世紀以来、ハンブルクに金持ちのユダヤ人、それも非常に富裕なユダヤ人がいたことは疑う余地もない。

おそらくもっと華やかな色彩をもつ同種の現象を、フランクフルト・アム・マインのユダヤ人が示している。彼らの富は十六世紀の終わり頃にはじまり、その後急速に上昇した。一五九三年、フランクフルト・アム・マインには一万五千フロリン〔一フロリンは英貨二シリング〕以上の金額の税をおさめていたユダヤ人はわずか四人にすぎなかった（五十四人のキリスト教徒の七・四パーセント）。ところが、すでに一六〇七年には、そうしたユダヤ人は十六人に達した（九十人のキリスト教徒の十七・七パーセント）[23]。一六一八年にはもっとも貧しいユダヤ人は、千フロリン、そしてもっとも貧しいキリスト教徒は、五十フロリンの税金をおさめなくてはならなかった。またこの年にはフランクフルト・アム・マイン市の全収入が二千八十七万二千二百二十五フロリンであったのに対し、ユダヤ人は推定で、三十六万二千七百八十五フロリンの収入があった。約三千人のユダヤ人が家計費のなかから一六三四年から一六五〇年にかけて、兵営と堡塁構築のために十万九百フロリンを支払った。たとえば一六三四年には、一万四千四百フロリン、一六三五年には、一万四千八百フロリン、そして一六三六年には一万千二百フロリンなどとなっている[24]。

その後十八世紀の末期までフランクフルト・アム・マインのユダヤ人納税者の数は七百五

十三人に達した。彼らは総計少なくとも六百万フロリンはもっていただろう。そのうちの半分以上が次の十二の富豪の所有であった。[25]

シュバイヤー	六〇万四〇〇〇fl	（fl＝フロリン）
ライスー、エリセン	二九万九九一六fl	
ハース、カン、シュテルン	二五万六五〇〇fl	
シュースター、ゲッツそれにアムシェル	二五万三〇七五fl	
ゴールトシュミット	二三万五〇〇〇fl	
マイ	二一万一〇〇〇fl	
オッペンハイマー	一七万一五〇〇fl	
ヴェルトハイマー	一三万八六〇〇fl	
フレールスハイム	一六万六六六六fl	
リンツコップ	一一万五六〇〇fl	
ロートシルト	一〇万九三七五fl	
ジッヘル	一〇万七〇〇〇fl	

〔おわりから二番目のロートシルト、つまりロスチャイルド家に注意〕

そして、十八世紀初頭のベルリンのユダヤ人もけっして貧乏ではなかった。一七三七年、ベルリンにいた百二十のユダヤ人家族のうち、十家族のみが、千ターレルの財産をもち、あとはすべて、二千から二万ターレル、あるいはそれ以上を所有していた(26)。

ユダヤ人がつねにもっとも富裕であったというこの独特の興味深い事実は、数百年を通じて変わらなかった。そして今日でも二百年前と同じ状態である。ただ今日の方が以前よりもずっとはっきりとしており、かつ一般的となった。この事実が現代の経済状態の特性の兆候として、さらにはこうした特性の回答としてもっている重要性に直面して、わたしは信用における資料に基づき、現代ドイツにおけるユダヤ人納税者とキリスト教徒の納税者の収入の割合についてまとめた、いくつかの計算結果をかなりくわしく紹介しようと思う。これは、財産状態において、ユダヤ人の住民が、非ユダヤ人の住民より驚くほど全く優位にあることを、これ以上は望めないほどはっきりと教えてくれる。しかもこれは、統計上の他の数字をもちだしても容易にくつがえされるものではない。しばしば「ユダヤ人はキリスト教徒よりずっと富んでいる」という主張を「それは個々の金持ちのユダヤ人がいることでだまされているのだ。ユダヤ人大衆が、他の住民より富んでいるわけはない」という反論によってくつがえそうとする試みがなされている。

だが、次の数字からこの反論が正しくないことが判明する。次の数字はユダヤ人は多くの場所において、まわりの住民よりも数倍も金持ちであることを示している。ベルリンとマンハイムに関する数字を見てほしい！　これはユダヤ人の全住民がキリスト教徒と比較して六倍から七倍の金をもっていることを証明している。とりわけ教えるところが多いのは、ユダヤ人が他の住民よりも、約六倍富んでいる上部シュレジェンの諸都市とポーゼン（現ポズナニ市）の数字である。ではなぜ教えるところが多いかというと、それはこれらの土地ではいわゆる「貧しい」ユダヤ人が見られるからである（さらにロシアとガリツィアにおいても、たしかにきわめて貧しいユダヤ人が居住しているとはいえ、それでも彼らはまわりにいるキリスト教徒の住民よりもつねに数倍も富んでいることは、あまり信用のおけない統計に準拠しても同様に疑う余地がない）。

次表の数字に関して、住民数は一九〇五年十二月一日の国勢調査からとったものだ。バーデン大公国については、それにつづく数字と比較するために人口三万人以上の管轄区域の数字を再録した（ヴァルツフート、ハイデルベルク、ジンスハイム、モスバッハなどの管轄地区を除いておく。なぜならこれらの管轄地区については、その後の適当な数字が調べられないからだ）。

一般的税収入は、プロイセンの諸都市についてはプロイセン王国財務省の統計からとった。また一九〇八年のバーデンの一般教会税の概算は、統計年鑑からとった。これらは、それに対応する租税委員会管区のために再録されている。したがって、管轄地区についても、それに対応する租税委員会管区のための数字と対比して、はじめて計算される。

しかしそもそも、どのようにしてユダヤ人から集められた税額をしらべるのか？　一般的な税の統計はそれをとくに区別していない。そこでとくに価値ある資料として登場するのが「ユダヤ人共同体管理便覧」だが、わたしは一九〇五年の国勢調査のユダヤ人数にできるだけ近接するため同便覧の一九〇七年版を利用した。この便覧には、あらゆる文化団体から集められた税額が記載されている。多くの団体について、そもそも、こうした税額が所得、あるいは国税である所得税の何パーセントにあたるかの注釈をつけた絶対数が示されている。この最後のケースのなかで、ユダヤ人が支払った所得税額がわかり、さらに地域の全住民が支払った所得税額と対比することができる。この計算結果が表3および表4に出ている。それはそれぞれの数字を比較できる都市ないし地域からとられたものである。ユダヤ人共同体の儀式税が所得の何パーセントにあたるかが示されている場合には、それを全住民の全所得と対比させねばならなかった。これはブレスラウとフランクフルト・アム・マインについてのみ可能であった（表3）。

またとくにベルリン市の数字については、特別な方式に基づいて調べかつまとめられた。これはベルリン統計局に対し、新教の教会会議が報告したものである。新教の教会会議は個人的な通達を通じ、カトリックやユダヤ教の住民の課税リストを閲覧したあと、個々の宗教、それぞれの数字をまとめたわけだ。だが、これらの数字は、ベルリン市年鑑にはなく、官庁にも知られていないが、実は、ベルリン、シャルロッテンブルク、シェーネベルク、それにヴィルマースドルフの一部に関係している。したがってユダヤ人住民の百分率を計算するためには、ここでまとめたいわゆる大ベルリンの全人口を基礎としなければならない(ヴィルマースドルフ全体)。

すべての計算はルドルフ・メーアバルト博士がわたしの委託で行なったものだ。

ここでふたたび、ユダヤ人の経済的運命にとってこれほど豊かな金銭所有がもつ意味をたずねるならば、これは明らかに、すぐつづいて記述するように、全く一般的性質を示している。しかし、ここで移住民の流入を受け入れた国々にとって、ユダヤ人の資金がもっていた意味について特別に論述せねばなるまい。(われわれはこのことのみに注目しているのだが)資本主義の総体的発展にとっては、特別な意味があるのは、そもそもユダヤ人によって支援された諸国民自身がふたたび巧みに、資本主義の発展を促すのに適していた場合にだけ限られる。さらにわれわれは、富裕なユダヤ人の移動によって、貴金属備蓄の移動(貿易関係の新発展にさいしてはゆっくりとそうした移動が行なわれるのだが)が突然行なわれ、そのことが経済生活の動きにまさに深刻な影響を与えた事実、とくに貴金属の備蓄がスペインとポルトガルでは空になった半面、オランダとイギリスで潤沢になった事実を重く見なければならない。

そして、十七世紀において資本主義的大企業を登場させたのが、大部分ユダヤ人の資金であったという状況を、ここでかなりはっきりと追究することができる。

もし富裕なユダヤ人たちが一世代前にスペインを去っていたとしたら、コロンブスの遠征はありえたであろうか? それと同様に、もし流出したユダヤ人のかなりの富がオランダ、

都市	住民数	その中のユダヤ人数	全人口に占めるユダヤ人のパーセンテージ	徴税総額 全住民よりの徴税総額	ユダヤ人よりの徴税総額	ユダヤ人からの徴税額のパーセンテージ
アーヘン	144 095	1 665	1.16	1 672 641	130 357.14	7.79
バルメン	156 080	584	0.37	1 502 439	26 333.33	1.75
ベルリン	2 484 285	125 723	5.06	34 182 931	10 517 535.—	30.77
ボイテン	60 076	2 425	4.04	327 402	88 086.42	26.90
ビーレフェルト	71 796	833	1.16	622 935	44 873.24	7.20
ボーフム	118 464	1 043	0.88	760 951	40 000.—	5.26
ボン	81 996	1 202	1.47	1 430 565	53 802.40	3.76
ブランデンブルク	51 239	273	0.53	353 394	8 125.—	2.30
ブロムベルク	54 231	1 513	2.79	455 059	62 500.—	13.73
クレーフェルト	110 344	1 834	1.66	1 121 652	73 638.50	6.57
ドルトムント	175 577	2 104	1.20	1 503 532	78 471.67	5.22
デュッセルドルフ	253 274	2 877	1.14	3 546 139	125 723.08	3.55
ドゥイスブルク	192 346	1 035	0.54	1 503 379	31 111.—	2.07
エルバースフェルト	162 853	1 754	1.08	1 841 053	70 000.—	3.80
エッセン	231 360	2 411	1.04	2 250 853	104 888.89	4.66
フランクフルト・アン・デア・オーデル	64 304	755	1.17	440 289	30 224.—	6.86
ゲルゼンキルヘン	147 005	1 171	0.80	735 067	22 000.—	2.99
グライウィッツ	61 326	1 962	3.20	288 256	68 894.31	23.90
キール	163 772	470	0.29	1 428 488	11 272.73	0.79
コブレンツ	53 897	638	1.18	623 019	2 692.31	0.43
ケーニッヒスヒュッテ	66 042	990	1.50	172 165	25 000.—	14.52
マクデブルク	240 633	1 935	0.80	2 581 680	102 500.—	3.58
ミュールハイム(ライン河畔)	50 811	263	0.52	349 034	7 666.67	2.20
ミュールハイム(ラーン河畔)	93 599	747	0.80	687 254	18 533.33	2.70
ミュンヘン(グラートバッハ)	60 709	784	1.29	579 441	40 000.—	6.90
ミュンスター	81 468	510	0.63	873 328	23 000.—	2.63
オーバーハウセン	52 166	330	0.63	292 768	4 571.43	1.56
オスナブリュック	59 580	474	0.80	420 051	11 428.57	2.72
ポーゼン(ポズナニ)	136 808	5 761	4.21	1 017 173	244 521.—	24.02
ヴィースバーデン	100 953	2 651	2.63	2 437 644	200 000.—	8.20

表1

3万以上の住民をもつ管轄地域	人口（1905年12月1日）全体で	そのうちユダヤ人	全人口のなかのユダヤ人の百分率	三宗教信者のため教会税の目的でつくられた財産税の評価額
コンスタンツ	59 912	1 178	1.97	190 465 900
フィリンゲン	30 263	61	0.20	62 563 600
エンメンディンゲン	52 393	642	1.23	122 239 100
フライブルク	104 951	1 124	1.07	615 656 600
レールラッハ	46 420	287	0.62	114 386 600
ラール	43 445	373	0.86	123 282 000
オフェンブルク	62 826	461	0.73	146 046 700
ラシュタット	65 996	411	0.62	104 087 800
ブルフザール	68 196	1 088	1.60	120 169 500
ドゥアラッハ	43 274	471	1.09	67 422 900
カールスルーエ	151 222	2 891	1.91	648 721 500
フォルツハイム	94 161	664	0.71	316 369 900
マンハイム	195 723	6 273	3.21	880 576 800
シュヴェツィンゲン	35 674	235	0.66	48 702 200
バーデン	32 858	228	0.68	229 542 100
ビュール	32 227	212	0.66	73 619 300
バーデン大公国	2 010 728	25 893	1.29	6 091 568 350

表2

イギリス、それにハンブルクの人々を支援しなかったなら、またユダヤ人がもし百年後、スペインとポルトガルから追放されたとしたら、おそらく十七世紀に発足した巨大な数々の東インド会社も大銀行も、あのように強力に活動しなかったであろう。

しかしこれによって、われわれは早くもユダヤ人の富の一般的評価問題のただなかに飛び込んだことになる。もちろんユダヤ人の富が重要なのは、それがすべての資本主義的な仕事の着手を、そもそも可能にしたとはいえないまでも、本質的に容易にしたからである。銀行の創設、立替え業務、証券取引所の投機——ふところがあたたかかったため、ユダヤ人は他の者より容易にこれらのすべてに取り組むことができた。これこそまさに自明の理であろう。

また、富のおかげで、彼らが王侯の御用銀行家になったことは、だれでもすぐ気づくであろう。

都市	全人口数	ユダヤ人の数	全人口のなかにユダヤ人が占める割合	全納税者の所得税総額	ユダヤ人の所得	全所得のなかのユダヤ人所得の占める割合
ブレスラウ	470 904	20 356	4.3%	213 635 475	43 347 482	20.3%
フランクフルト・アム・マイン	334 978	23 476	7.0%	461 114 500	96 000 000	20.8%

表3

ユダヤ人の財産税評価額	全住民の財産税に占めるユダヤ人の財産税の百分率	教会税の目的でつくられた三宗教信者のための所得税評価額	ユダヤ人の所得税評価額	全住民の所得税のなかのユダヤ人の所得税の占める百分率
17 916 700	9.41	12 022 370	999 875	8.32
352 500	0.56	3 462 385	30 575	0.88
3 987 500	3.26	6 149 025	235 400	3.83
32 246 200	5.24	31 776 190	1 549 925	4.88
1 523 300	1.33	6 975 295	105 775	1.52
2 062 500	1.67	6 125 375	130 900	2.14
3 344 700	2.29	8 519 845	270 450	3.17
3 254 000	3.13	6 979 410	225 100	3.23
21 097 300	17.56	7 552 155	1 294 700	17.14
3 891 500	5.77	4 956 610	186 800	3.77
75 675 300	11.67	48 908 525	5 413 900	11.07
16 535 100	5.23	30 088 870	1 670 435	5.55
252 393 000	28.66	77 667 915	17 377 975	22.37
3 384 100	6.95	4 115 375	112 450	2.73
7 596 900	3.40	10 409 020	400 725	3.85
2 951 300	4.01	3 101 070	168 050	5.42
512 800 650	8.42	379 078 795	34 328 370	9.06

表4

これに反し、やはりユダヤ人が金持ちであることに関連する他の状況は、いくらかわかりやすく解釈する価値があろう。わたしがここで念頭においているのは、ユダヤ人が彼らの資金を貸付の目的でふんだんに使用していることである。とくにこの特別な使用方式（それが一般に普及したことは疑う余地がない）は、明らかに資本主義そのものにとってもっとも重要な準備の一つである。ユダヤ人があらゆる点で、資本主義の促進に適していることが証明されるとすれば、それはとくに金貸し（その規模の大小を問わない）としての彼らの特性に負うている。

なぜなら、金の貸付から、資本主義が生まれたからだ。

資本主義の基本理念は金の貸付のなかにすでに萌芽がある。資本主義は、そのもっとも重要な標識を金の貸付から受けとった。

金の貸付のなかにすべての質は解消され、経済的な動きはただ量的にのみきめられるように思われる。

金の貸付により業務が契約にしたがうものであることが本質的なこととなった。仕事と報酬についての交渉は将来のための約束を、そして供給の理念は、その内容を形づくる。

金の貸付のなかではすべての生業的なもの〔生活してゆくための業《なりわい》、糊口の道のようなもの〕が消滅する。

金の貸付のなかでは、すべての物体性（すべての技術的なるもの）は消去され経済的行為は純粋に観念的性質のものとなる。

金の貸付のなかでは、経済的行為そのものがすべての意味を失う。金の貸付業は、肉体と精神の意義深い活動であることをやめる。これによって、金の貸付の価値は、それ自身ではなく、その成果のなかにあるのだ。貸付の成果のみがなんらかの意味をもっている。

金の貸付のなかではじめておのれの額に汗を流すことなく、経済的行為を通じ、金をかせぐ可能性がはっきりとあらわれる。この可能性はまことに明白である。また暴力を用いなくとも他人をおのれのために働かせることができる。

実際にこれらすべての金の貸付に固有な標識はまた、すべての資本主義的組織の固有の標識でもあることがわかる。

それに加えて近代資本主義のまさにかなりの部分が歴史的に金の貸付（前貸、借款）から発生したという事情がある。立替えの形式が資本主義的企業の原型であることが判明した場所ではとくにそうだ。また資本主義的企業が共生関係から発生したところでも、事情は同じだ。そして最後にそうした企業がなんらかの株式形式のなかで、はじめて登場したところでも事情は変わらない。なぜなら最高の原則的な構成のなかでは、株式会社は直接生産的な内容をもつ金の貸付業に他ならないからである。

そういうわけで、われわれは、金の貸付業がつくられていくなかで、ユダヤ人が客観的に資本主義の組織を創造し、促進し、さらに拡大する能力をもっていた事情をふたたび明らかにした。また、最後の論述は百尺竿頭《ひやくしやくかんとう》一歩を進め、純粋に客観的な解釈に踏み込むことになった。金の貸付業が生みだした資本主義に達する資格のなかには早くも一定の貸付の特性を推量させるような心理的要素がすでにみられるのではなかろうか？

　われわれはこの問いを次のような一般的問いに拡大してゆかねばなるまい。すなわち、ここで記述された「客観的」状況一般はそもそもユダヤ人の経済的役割を説明するのに十分なのか？　したがって、そもそもユダヤ人の活動の純粋客観的な解釈は、たしかな根拠があるのか？　それとも、たとえばこうした「理由づけ」やユダヤ人の特性といったものが、因果の連鎖の一環として必要なのか？　といった問いである。しかしこうした問いに取り組む前に（それは第十二章で行なわれる）、われわれの注意は、次章のはじめにのべる根拠に基づき、全く特別な独自性、つまりユダヤ人の宗教に向けられることになろう。

（1）　カイザーリンク「ジャマイカのユダヤ人」（「季刊ユダヤ評論」第十二号　七〇八と次頁以下）
（2）　その頃のユダヤ人の国際的な商社とその支店についての概観をマナセー・ベン・イスラエルは、クロムウェルへの覚え書のなかで記した。個々の家族の歴史は『ユダヤ・エンサイクロペディア』のなかでくわしくあつかわれているが、もちろん、なかでも伝記的部分がとくに価値が高い。さらにユダヤ人関係の一般的あるいは特殊な著作を参照してほしい。
（3）　スイス、イタリア等について書かれた記録による『組織的製造業百科辞典』初版　四〇七頁。なお、ジョベの言葉がシュート『ユダヤの珍談奇談』初版　二二八頁で引用されているのを参照してほしい。
（4）　「スペクテーター」第四九五号　七版（一七四九）　八八と次頁
（5）　「歴史評論」第四十四号（一八九〇）
（6）　グレーツ『ユダヤ人の歴史』第五巻　第二版　三二三と次頁以下
（7）　ここでのべたユダヤ人外交官のすべての実例は、歴史上だれにも知られている。もちろん彼らの数はもっと多いであろう。これらの事柄について、一層正確なことを知りたい人は、まず、豊富な材料が見出されるグレーツの著書をつねに参照してほしい（たとえば、第六巻　八五頁、二二四と次頁以下、第八巻第九章　三六〇と次頁以下）。これを見れば、容易に特別な文献や資料へいたる道がおのずと開けてゆくだろう。

(8) M・カイザーリンク『クリストファー・コロンブスとユダヤ人の関与』（一八九四）一〇六頁
(9) H・J・ケーネン『ネーデルランドにおけるユダヤ人の歴史』（一八四三）二〇六と次頁以下
(10) E・ボナフェ『十七世紀のフランスにおけるせり手の辞典』（一八八一）一九一と次頁
(11) プロコープ『イタリア史』八巻と十六巻、フリートレンダー『ローマ風俗史』第三版　五七七頁
(12) フォン・コールトゥム『ユダヤ人気質とユダヤ人』（一七九五）一六五頁
(13) フォン・コールトゥム　前掲書　九〇頁
(14)「ユダヤ研究評論」第二十三号（一八九一）九〇頁
(15) M・ド・モルト『カトリックのフランスにおけるユダヤ人』（一八八六）。ユダヤ人の法的地位については、ユダヤ史関係の文献がたいへん丁寧に教えてくれる（それというのも、ほとんど大多数の著者が、法律史以外の歴史を知らず、経済史を書かねばならないときも、もっぱら法律の歴史をのべているにすぎないからである）。とりわけ法律的な材料が豊富なのは、クリュニッツの著述のユダヤ人の項目（第三十一巻）とシュートの著作、とくにフランクフルト・アム・マインをあつかった部分である。フランスについてこうした材料をあつめたのは、アルフ『ユダヤ人に関する法律集大成』（一八五一）である。次にプロイセンについては、L・フォン・レンネンとハインリッヒ・ジモン『プロイセン国家のすべての地方におけるユダヤ人の過去および現在の事情』（一八四三）がある（本文中に引用された法律の個所はすべて次の集大成からとりあげられた）。アルフレート・ミヒャエーリス『十九世紀初頭以来のプロイセンにおけるユダヤ人の法的関係　法令、命令、指令、決定』（一九一〇）
(16) たとえば、ベント・カルケハ『近代資本主義とポルトガルにおけるその起源』（一九〇三）七三と次頁以下、八二と次頁以下、九一と次頁以下

(17) ワーゲナール『アムステルダムの記述』八巻　初版　一二七頁。これは、H・J・ケーネンの前掲書一四七頁にのっている。ケーネンの著書でのべられた資料の他に、次の本がオランダのユダヤ人の富について教えている（もちろん、過度に誇張された、でたらめもある。たとえばピント家の遺産の額など。二九二頁）。それはJ・J・シュート『ユダヤの珍談奇談』初版（一七一四）二七七と次頁以下、四版（一七一七）二〇八と次頁。参照してほしいのは、マックス『使節のイタリアへの旅』（一七一三）四三頁。もっと新しい文献で参照すべきなのは、M・エンリケス・ピメンテル『ハーグのポルトガル系ユダヤ人に関する歴史的研究』（一八七六）三四と次頁以下である。

(18) グリュッケル・フォン・ハーメルン『回想録』　一三四と次頁以下

(19) サヴァリー『商業一般辞典』第二版（一七二六）四四八頁

(20) L・ウォルフ『一六六〇—一六六四年、王政復古期のユダヤ人』『ユダヤ年代記』（一九〇二）一一頁からの再引用

(21) とくにH・ライル「ハンブルクのユダヤ人の初期の歴史への寄与」（「ハンブルク史の状況をめぐる雑誌」第二版〈一八四七〉三五七と次頁以下、三八〇、四〇五頁）。それにM・グルンヴァルト『ドイツの土地にあるポルトガル人の墓地』（一九〇二）一六と次頁、二六頁、三五と次頁以下

(22) M・グルンヴァルト『ハンブルクのドイツ系ユダヤ人』二〇、一九一と次頁以下に、伝えられている。

(23) F・ボーテ『帝国都市フランクフルトの直接税の発達』（一九〇六）一六六頁、図表の一〇と一五

(24) クラカウアー「ドイツにおけるユダヤ人の歴史」第三号（一八八九）三四一と次頁以下

(25) A・ディーツ『フランクフルトのユダヤ人の家族登録簿』（一九〇七）四〇三と次頁以下

(26) L・ガイガー『ベルリンにおけるユダヤ人の歴史』初版（一八七一）四三頁

第十一章　ユダヤ教の経済生活に対する意味

わたしはここに一つの特別な章を設けてユダヤ民族の宗教を考察し、これが資本主義の形成にあずかったユダヤ人の業績にきわめて大きな意味をもっていたことを証明しようとした。そのときまずわたしの念頭にはっきりと浮かんだのは、せまい枠のなかで比較的くわしくユダヤ人問題のこの側面を取り扱えば、他の「客観的」な様々な状況と並んで、宗教の説明をする重要性が、実際に正しく認められるようになるのではないか、ということであった。

だがその次に、宗教問題を別個に論ずるときは、その記述にあたって、適用さるべき全く独特な方法が求められるように思われた。

最後にこうした論述内容のまとめが適当だと思われたのは、宗教そのものがすでにはっきりと、特別な精神の流れ、つまり主観的独自性の表現であるように思われる以上（もちろんここでは、まだこのことをそれほどくわしく論述するわけにはいかないが）、宗教が信者の経済的態度に与える影響は、もはやすでに純粋に客観的な状況設定の範疇の下では理解されえないという事情があるからである。他方、個々の人間が生まれながらにしてとりこまれている宗教組織は、この者にとって現に確実に与えられている「客観」なのである。そしてたとえば、宗教的義務の実施が、それに付随して、経済的な実践活動になんらかの作用を及ぼすことはある意味では、ちょうどこれときまった法律の状態から出てくる作用のように、客観的な原因として、数えられることになろう。

しかし結局、宗教の組織そのものが、多くの場合ユダヤ民族の外的な運命の定めであれ(われわれが強調した「客観的状況」にあたる)、はたまたユダヤ人の一定の特性であれ、とにかく原因として現われるであろう。したがって宗教はいわば客観的能力と(なんらかの)主観的な能力の根拠の中間に立っており、そのためわたしが本章のなかで示すものは、本書の構成のなかで特別な場所を占めるに値するであろう。

I　ユダヤ民族にとっての宗教の重要性

一つの民族あるいは民族内部の一集団の宗教が、経済生活の形成にとって重大な意味をもっていることは、疑う余地のないものとして受け入れてもよいであろう。最近もマックス・ヴェーバーが、ピューリタニズムと資本主義との間にみられる関連を解明した〔一九〇四―〇五年〕。そしてまさにマックス・ヴェーバーの研究こそ、本書が書かれた大きな要因なのだ。彼の研究は、すべての注意深い観察者に次のような疑問をつきつけたに違いない。それはヴェーバーがピューリタニズムに帰している事業が、実はかなり以前に、しかも後世になるとその割合をもっと増やした形で、ユダヤ教によってすでに実施されてきたのではないかという疑問である。いやそればかりか、そもそもピューリタニズムと名づけられているものは、その本質的特徴においては、もともとユダヤ教ではないかという疑問が出てくる。この二つの宗教の内的親近性をわれわれの研究は今後の経過のなかで取り扱うことになろう。しかしピューリタニズムのような他の宗教組織が、経済生活の形成に影響を与えたとするならば、われわれはただちに、ユダヤ教も、それを行なったことを認めることができよう。それというのも、ユダヤ人がかかえたような宗教の大きな意味を、他の文化的民族はけっしてもたなかったからである。

いやそればかりか、宗教はユダヤ人にとってはたんに日曜祭日の行事ではなく、およそこと細かな行為にいたるまで、彼らの日常生活のなかに浸透していた。すべての生活関係は宗教からの認可を得ていた。やることなすことのすべてが――これは周知のことであり、本書でも細かくあつかっている――そもそも神がお認めになったか、ならなかったかという考慮の前に立たされた。たんに人間と神との関係を、ユダヤ教のおきてが規定するのではない。たんに形而上学的要求に宗教の教義が対応するのではない。他の考えられるありとあらゆる人間と人間との間の関係、あるいは人間と自然との間の関係について、宗教が拘束的な規則を打ちだしたのだ。ユダヤの法律は、ちょうどユダヤの倫理学のように、宗教体系の構成要素である。法は神によって定められ、倫理的に正しく、神のお気持ちにかなっている。道徳律と神の命令は、ユダヤ人にとっては全く不可分の概念である(1)。首尾一貫した考えのなかでは、それどころか、なんらかの自立した「ユダヤ人の倫理」はない。

「ユダヤ人の倫理学は、ユダヤ教の教義の内的源泉、いやもっと正確にいえば、実質的原則である。ユダヤ人の倫理学は、とりもなおさずユダヤ教の原則である。これは原則であって結果ではない。これはちょうど公理を数学の定理の内容から誘導するような意味合いでユダヤ教から導かれる。……ユダヤ人の倫理学とユダヤ人の神学との間には、不可分で抹消されえない、不変の統一がある。ユダヤ人の倫理学は、ユダヤ教の教義に他ならない(2)」

いかなる民族でも、ユダヤ人のように、どんなに卑小な人間ですら宗教のおきてを実際に熟知するよう配慮されることはない。すでにヨセフス〔西暦一世紀の歴史家〕が「ユダヤ人にめぐりあったときは、なにはともあれ、まずおきてについてたずねるがよい。そのユダヤ人はおのれ自身の名前よりも容易に、すべての規則を暗唱してみせるであろう」とのべている。

その理由は、ユダヤ人のあらゆる子供が、宗教的な事柄を熟知するようになる組織的教育があるからだ。さらにあげられる理由としては、礼拝そのものの大部分が、一年に一度はトーラー〔モーセの五書〕が全部朗読されるように、聖書の個所を朗読し、かつ解釈するために用いられているというしきたりがあることだ。またトーラーの学習と型どおりの朗読ほど個人の頭脳をとぎすますものはないということも大きな理由だ。

聖書(申命記　六章七節)は神の命令と規則に関して次のようにのべている。

「あなたが家に座しているときも、旅に出たときも、寝るときも、起きるときも、これについて語らなければならない(3)」

しかしいかなる他の民族もユダヤ人のように神の示された道を厳格に歩み、宗教の規則をけんめいに守ってゆこうと努力してはいない。

ユダヤ人はすべての民族のなかでもっとも不敬虔であるといわれた。そもそもいかなる権利によって、こうしたことが主張されたかをわたしは確かめようと思わない。しかし同時に彼らはおよそ地球上をさまよった民族のうち、もっとも神を恐れる民族である。戦慄するような不安のなかで、神の怒りを恐れおののきながら、彼らはつねに生きてきた。

「わが肉はあなたを恐れるので震えます
　わたしはあなたのさばきを恐れます」

この詩篇（一一九の一二〇）の作者の言葉はあらゆる時代のユダヤ人にあてはまっている。

「つねに主を恐れる人は幸いである（箴言　二十八章十四節）

聖典「タシフマ・フカート」の二十四章は「敬虔な者から恐れは去らない」という[4]。しかし他のいかなる神が、どのように恐ろしく恐怖をまきおこそうとも、ヤーヴェ（エホバ）のように呪うことができるだろうか。かの有名な申命記の二十八章のなかで、ヤーヴェがおのれの命にしたがわなかった者に徹底的に望んだような恐ろしい破壊によって、人間がおびやかされたことは、これ以前の、そしてこれ以後のどの世界の詩文の記述のなかにもけっして見られない。

だがこの強力な力、神への恐れ（せまい意味で）には歴史の経過とともに、それと同じ方式でユダヤ人に宗教上の規則を几帳面かつ正確に守るようおびやかした他の様々な要素が援軍として加わってきた。とくにこのさい、民族あるいは国民としての彼らの運命が念頭に浮かんでくる。ユダヤ人の国家が破壊されたために、パリサイ人と聖書学者、すなわちエズラの伝統を守り、おきての遵守に大きな価値をおいている人々、つまりこれまでひたすら道徳を旗印に支配してきた人々が、全ユダヤ人の先頭に立ち、彼らにきびしく自分たちの決めた路線を歩ますことができるようになるという事態が生じた。国民的な聖殿が破壊され、国家を形成することをやめたユダヤ人は、パリサイ人の指導の下にトーラーのまわりに集結し(これをハイネは携帯用祖国と呼んだ)、ついには(ちょうど、ロヨラの弟子たちが散逸した近代国家の流れ者たちを糾合したように)、一団の敬虔な聖書学者によって指導される宗教の宗派をつくりあげた。パリサイ人はこうして倒された権力者の遺産を引きついだことになった。彼らのもっとも尊いラビたちは教師となったが、これは古代ユダヤ人最高評議員の継続と見なされ、またそのような者として通用した。さらに、彼らは地球上のユダヤ人のすべての精神的、世俗的事柄の最高の法廷をつくった[5]。したがって、これによりラビたちの支配は、ユダヤ人が中世を通じて耐えてきたつらい運命によって、ますます確立されていった。

だがこのラビの支配があまりにも苛酷になったので、ときにはユダヤ人自身が、ラビによって課せられた重い軛《くびき》を嘆くようなこともあった。だがユダヤ人が、身を寄せている国の住民から排斥されればされるほど(あるいは彼ら自身が孤立すればするほど)、それだけますます当然ラビたちの影響力は大きくなり、それだけますます容易にラビたちはユダヤ人に法の遵守を強制できるようになった。ラビたちが彼らに固執させた法の遵守という生活は、ユダヤ人にとって内面的かつ心情的な根拠から、もっとも価値ある生活に思われた。というのも、この生活こそが彼らがさらされているあらゆる迫害と屈辱のただなかで、彼らに人間の品位とともにそもそも生存の可能性を保証してくれる唯一のものであったからである。

長い歳月が宗教組織をタルムード〔ユダヤ人の法典〕のなかに閉じこめた。そして数世紀にわたって、タルムードのために、そしてタルムードのなかでのみ、ユダヤ人は生きていった。

「タルムードはユダヤ民族の基礎財産、生の息吹、魂となった」。タルムードは、多くの世代の人々を故郷にいるような気分にさせることができた「家族の歴史」であった。

なぜなら、「彼らがこのなかで全面的に活動したからである。タルムードは思想家にとっては思考の材料、詩心を抱くものにとっては清浄な理想像であった。外部の世界、自然と人間、強者の暴力やもろもろの出来事は、それこそ千年以上にわたる時期を通じ、重要ではない偶然であり、たんなる幻影であった。真の現実がタルムードであったからだ(6)」

タルムードは適切にも、ユダヤ人が追放されていた期間中、おのれの身のまわりにはりめぐらされた外壁と見なされている（このことはそのつど支配的であった宗教書一般についていえることだが、とくにわたしにとってはきわめて高い度合でタルムードがそうであったように思われる）。この外壁は、彼らをあらゆる外的な刺激に対し無感覚にさせ、それによって彼らの内的な生命力を守ってくれた(7)。

さしあたりここでどうしても知っておきたいのは、一連の外的事件が、近代にいたるまで、他のどの民族以上にユダヤ人に神への恐れを強く抱かせ、彼らをそれこそ骨の髄まで宗教的にしたということ、あるいはもっと上品な宗教的な言葉を用いれば、身分の高い者も、低い者も宗教のおきてを熱心に深く厳密に遵守させるようにしむけたということだ。

本書の目的にとって重要なことは、とくにきびしい信心が、たんにユダヤ民衆の大集団ばかりでなく、経済生活の発展に決定的な影響を及ぼしたことが判明しているユダヤ人の間で強力であったということだ。十六、十七そして十八世紀のマラノスたちですら正統派であったと考えねばなるまい。

「マラノスたち、あるいはかくれユダヤ教徒（ユダヤ人の歴史のあの時期について、最良の識者ですら、彼らをこのように判断した(8)）の圧倒的多数は、一般に考えられているよりも、はるかに強力にユダヤ教を奉じている。彼らは強制されて洗礼を受け（アヌシム）、みせかけのキリスト教徒になったのだが、それでもユダヤ人として生活し、ユダヤ教の法や規則を遵守している」

彼らは安息日には火を起こさず、儀式にかなった畜殺を行なう。特定の畜殺者とともに、彼らの子供に割礼をほどこす人物を抱えている等々。

「この驚くべき忠実さ」はと、われわれの証人はのべている。「アルカラ・デ・ヘナレスとシマンカスの国立古文書保管所や、ポルトガルの多くの古文書保管所にある膨大な記録資料が閲覧され、編集されるようになってはじめて認識され、評価されるであろう」

われわれはまた、ユダヤ人のなかでももっとも名望のある者、富める者がまたもっともすぐれたタルムードの精通者であることを知っている。ユダヤ人の間では、タルムードの学習は数百年の長きにわたって名声、富、それに恩恵を得る手段となった。最大のタルムード学者はほとんどの場合、同時にもっともすぐれた財政家、医師、宝石細工人そして商人であった。たとえば多くのスペインの蔵相、銀行家、主侍医について、われわれは、彼らがきわめて敬虔な信者として、たんに安息日ばかりでなく、一週間のうちの二夜、もっぱら聖書の学習に勤しんでいたことを知っている。同じことが一八五五年に亡くなったアムシェル・ロートシルト〔ロスチャイルドのドイツ語名〕男爵についても語られた。彼らはユダヤのおきてにしたがって厳格な生活をし、たとえ皇帝の傍に着席することがあっても、他人の食卓上の食品を一切口にしなかった。この男爵の近くに住んでいたある証人は、彼がどのようにして安息日を祝ったかを次のようにのべている。

「男爵は、フランクフルト・アム・マインでもっとも敬虔なユダヤ人とされている。わたしはひがな一日シナゴーグのなかで、ロートシルト男爵のようにはげしくおのれをさいなみ、胸をドスンドスンとたたき、天に向かって叫び、万物の父なる神に向かって号泣する男をこれまでけっして見たことがない。不断の祈りのすさまじさと、歌唱に持続的に参加することによって、彼はしばしば失神し、卒倒した。そうなった彼をふたたび正気に返らせるため、彼の庭に生えている強力な麻酔性のある植物を鼻先につきつけることもあった(9)」

彼の甥で、フランクフルト在住の最後のロートシルト家の一員で、一九〇一年に亡くなったヴィルヘルム・カール・ロートシルトも、儀式のおきてを細部にわたってとことんまで守った。敬虔なユダヤ人には、特別の状況の下では、以前に他人に触れられて「不浄」となった物に触れることが禁じられていたために、ヴィルヘルム・カールも、つねに、召使いを先行させてドアの取手を拭かせていた。さらに彼が手にする紙幣はすべて印刷機から今出てきたものでなくてはならなかった。彼は他人の多くの手をわたってきた証券には、けっして手をふれなかった。

ロートシルト家の一員がこのような生活をしたことからしても、たとえ外国の都市のレストランが「清浄」とされていても、ほんとうに畜殺者がきびしい儀式にのっとって畜殺したのかどうも信用できないため、商業旅行をしていた半年間、一切肉類を食べなかったユダヤ人に今日なおめぐりあったとしても驚くにはあたらない。

現代でもまったくきびしいユダヤ教の信奉者が、まとまって東ヨーロッパに居住している。このことは、自らの目で確かめるか、あるいは、こうしたユダヤ人を主題とした、あるいはユダヤ人自身が執筆した多くのすぐれた著作の助けを借りて学習せねばなるまい。西ヨーロッパでは今では正統派のユダヤ人は、ユダヤ人全体のなかの少数派にすぎない。しかし、ユダヤ教の経済生活への影響を確かめようとするならば、当然のことながら、西欧でも、二、三世代以前には支配的であったし、それだけがたしかにユダヤ人を多くの勝利に導いた、真正の、まじりけのないユダヤ人の信仰を取り上げねばなるまい。

II　ユダヤ教の源泉

マホメットはユダヤ人を書物の民族と名づけたが、それは正しかった。ユダヤ人のようにこれときまった書物によってのみ生活してきた民族は、他にはほとんどいないであろう。彼らの宗教はつねに一定の書物のなかで具体化されている。したがってこれらの書物はまたユダヤ教の源泉とみることもできる。数世紀の経過のなかで（これから見てゆくように）、きまった時代に完成され、しかもなお補完されつつある書物は次のとおりである。

⑴第二神殿の破壊にいたるまでは、聖書、すなわちわれわれの「旧約」はパレスチナでは、ヘブライ語で読まれた。ユダヤ人の離散（ディアスポラ）の時期にはしばしばギリシア語で読まれた。これがいわゆるセプトゥアギンタ（七十人訳の意）である。

⑵西暦二世紀ないし六世紀以来、タルムード（とくにバビロンのタルムード）は周知のように、ユダヤ人の宗教生活の中心点となった。

⑶十二世紀に発生したマイモニデスの法典。

⑷「トゥリム」すなわちアッシャーのヤーコプ（一二四八―一三四〇年）の法典。

⑸ヨセフ・カロの法典、シュルハン・アルフ（十六世紀）。

ユダヤ人の宗教のもとになったこれらの「源泉」を学問的研究者の目で見るか、それとも信心深いユダヤ人の目で見るかによって全く異なった様子が示される。

これらの源泉を前者は、「現実のなか」にあったものと見るが、後者にとっては浄化された光のなかに現われたものなのだ。

前者のような現実主義的見解は、ここではただ二次的な意味でしか関心がもてないが、これに基づくと、おおよそ次のような像が出現してくる。

聖書すなわちわれわれの旧約聖書は、たしかにユダヤ教をつくりあげる基礎となるものだが、実は種々雑多な著述家によってまとめられた多彩なモザイクである[10]。

ユダヤの宗教体系のもっとも重要な構成要素となっているトーラー、すなわちモーセの五書は今日の形態をエズラ以後、二つのすでにできあがっていた著作の調整、混合によってとるようになった。一方が、新しい申命記と結びついた法典であれば（約前六五〇年）、他方はエズラの幕屋（仮礼拝堂）の法典（前四四〇年）であった。トーラーの中核を形づくるのはしたがって二つの法典である。いわゆる申命記作者の法典は、申命記の五章二十七節から二十六章六十九節まで（前六五〇年成立）とエズラとネヘミヤのおきてである。すなわち出エジプト記の十二章の二十五―三十一節と、三十五章から、レビ記の十五章まで、民数記の一章十節、十五章十九節、二十七章三十六節である（前四四五年頃成立）。その周辺にくわしい歴史物語が見受けられる。その本質を――これが重要なのだが――トーラー（そしてこれによってユダヤ教）は、バビロンのユダヤ人集団に刺激されパレスチナに派遣されたペルシア王の二人の総督エズラとネヘミヤから獲得した。彼ら二人は僧侶の法典とともにきびしい合法性を導入した。

エズラとともに、そして彼が基礎づけたソフェリスムとともにユダヤ教は今日にいたるまで不変である形姿をとる第一歩を踏みだした。紀元前四四五年にエズラとネヘミヤによって法が導入されて以来、ユダヤ教は今日にいたるまでほとんどその姿を変えずにつづいている。

トーラーと並んでわれわれの興味をひくのは、旧約聖書のなかでも、今日の学界が知恵の文学としてまとめている著述である。これらに属するものとしては詩篇、ヨブ記、集会書（旧約外典の一）イエズス・シラハの書、ソロモンの箴言などがある。ホクマーの文献は全く、亡命以後の時代に属する。それというのもこの時代にはじめて、こうした文献がつくられる歴史的条件が与えられたからである。その前提となるものは、亡命の経験によって確固不動の真理となった「神はおきての遵守には生を、おきての違反には、死をお与えになる」という教義を備えたおきてである。ホクマーは（預言や黙示とは違って）日常生活のなかに制限されている。個々の著述はほとんどの場合長い発展のうちに累積したものであり、部分的にはかなり古い時代のものである。他方われわれの目的にとってもっとも重要な著述である箴言は、紀元前一八〇年頃できたものだ[11]。

聖書からは二つの流れが出てくる。とくにギリシア語の「七十人訳聖書」を源泉とする一方の流れは、一部はヘレニズムの哲学、一部はパウロのキリスト教に流入する（したがってわれわれの関心事ではもはやなくなってしまう）。パレスチナでヘブライ語で読まれた聖書に結びつくもう一つの流れはユダヤ教のおきてに流入する。したがってわれわれはその経過を追究せねばなるまい。

聖書の特別にユダヤ的な進歩発展がはじまったのは早くもエズラの時代からである。これは本質的には古いソフェリスムの労作であり偉大なヒレルとシャムマイ学派の時代もこれはただみがきをかけ、補足をしたというにすぎない。その後の発展は表面的には、ヘレニズムのまわりの世界が取り入れた論争という形式のなかで示されている聖書学者の手による聖書の解釈、説明、それに補足である。内容的にはその後の発展はユダヤ教をヘレニズム哲学の攻撃から守るために採用された古い著述の法的形式主義を一層尖鋭にすることを意味した。それに、そもそもユダヤ教とは、すべての発展の時期を通じ、これを解体させようとするもろもろの傾向の攻撃に対する反撃の表現に他ならなかった。中命記作者のおきてはバール信仰に対する反作用であり、僧侶法典はバビロンの影響に対する防戦であった。後にはマイモニデス、アシェル、それにカロの法典はスペイン文化に対する反撃であった。そのようなわけで、キリスト生誕前後の数世紀では、タンナイムの教義がヘレニズムの破壊的影響に対する防壁をつくった(12)。

本来の口伝による「知恵者」の伝統は、その後西暦二〇〇年頃、ラビのイェフダ・ハ・ナン(ほとんどの場合あっさりとラビと呼ばれている)によって法典に編纂された。彼の労作がミシュナである。これに結びついているのが、ふたたび六世紀、ザボレーア(五〇〇—五五〇年)によって確定されたラビたちの注釈、説明それに補足である。ミシュナの各章に関係する学者の論究がゲマラである。ゲマラの著者はアモレーアである。ミシュナとゲマラが一緒になって、やはりそれ自体がバビロン系とパレスチナ系に分かれるタルムードを形づくっている。そのうちミシュナの方が一層重要である。ザボレーアらによって編纂された形をとって、タルムードは後世に伝えられた。彼ら以後、タルムードにはほとんど新しい付加物は見られない。

タルムードの精神になじもうとする者はだれしも、もちろんテキストそのものを読まねばならない。その大部分が今ではドイツ語に訳されている。その編纂者はラザルス・ゴールトシュミットである。タルムードの特性は、たしかにつねに関連があるわけではないにしても、各部分が一定の順序に並べられていることだ。それにしたがって、六十三ある論文から一つあるいはいくつかを真剣にじっくり研究しようとする者は、これによって全著作の内容についてかなりしっかりした知識を得るようになるし、少なくとも、データが山積するなかでも自由にたやすく理解する能力を入手できるだろう。一層つっこんだ研究には、ババ・メツィアの論文がとくに有効である。彼には二人の兄弟がいて、同じくババと呼ばれており、論文を書いているのでそれも参考になろう。そのうちババ・メツィアの著作はとくに印刷され、翻訳され、ザメッター博士のすぐれた序文つきで、一八七六年に出版された。

タルムード文献の特別の分岐を形づくるのは、タルムードの出版のさい補遺として採用されながらも、別に分けて出版されている「小論文集」である。それらの論文の筆者はデレヒ・エレツ・ラバ（三世紀頃の人）、アボト、アボト・デラビ・ナータン、デレヒ・エレツ・ズッタ（ツンツによれば九世紀の人）。これらの小論文をツンツはハガダと呼んでいる。それというのも、これらは人生の知恵を伝えようと努めているからである。これらは、ユダヤ人の民衆の生活に大きな影響を及ぼし、そのためにわれわれにとってもたいへん興味深いものがある。これらは聖書とならんで、すべての民衆の階層に広く及んでいる。これらはタルムードには接することのできない平信徒（世俗人）にによってたいへんよく読まれている。これらはしばしば、祈禱書や、教化書のなかに取り入れられている。今日ではこれらは部分的に特別に独訳されており『ラビ・ナータンの倫理と道徳の体系』（カイム・ポラーク訳、一九〇五）、『デレヒ・エレツ・ズッタ』（A・タヴロギ訳、ケーニッヒスベルク、一八八五）、『デレヒ・エレツ・ラバ』（モーゼス・ゴールトベルク訳、ブレスラウ、一八八八）などがある。

法的な内容が後退し、ミシュナに含まれなかった教義を形成するのがトゼプタで、これらは、タンナイムの時代に由来し、ミシュナ同様、とくに組織的に分類されている。

他のラビたちの著作は、彼らがしだいに解明した聖書のテキストと密接に結びついている。これらの注釈書、ミドラシムは、部分的には、ハラヒ、また部分的にはハガダ風の内容をもっている。時代的に古く、本質的にハラヒ的な内容をもつものは一、メヒルタの出エジプト記論、二、ジプラのレビ記論、三、ジプラあるいはジプリの、民数記論と申命記論である。

旧約聖書のアラム語の翻訳はタルグミムと呼ばれている。

タルムードができて以来、これがユダヤ人の宗教生活の中心になっていたことはよく知られている。これが普遍的に広がっていったのは、本質的にはイスラム教徒による征服の結果である。まずはじめにタルムードは、ユダヤ―バビロン共同体の法典であり基本法であったが、その共同体内の幹部は亡命した王侯とタルムードの高等教育施設（ガオーネ）の二学長であった。

イスラムの拡大によって、タルムードの支配は本来の境界を越えていった。それも、きわめて遠方の会衆が、ガオーネと連絡をとり、宗教、道徳、それに民法などについてガオーネの意見を求め、タルムードに基づくもろもろの決定を敬虔に受け入れたからである。なぜなら人々はバビロンの会衆のなかに、ユダヤ人の（いわゆる国家的）中心点を見る傾向があったからである(13)。

ゲマラの執筆とともにユダヤ教の発展は終わる。だがいずれにせよ、ここでタルムード以後、宗教の温床であることを示した三つの法典について言及せねばなるまい。それというのも、これらの法典が部分的には違う形式をとりながら、同じ内容を与えているからであり、さらに当然のことながら、少なくとも一定の度合までは、そのもろもろの規則のなかに、変化した時代の状況を考慮せねばならなかったからである。こうしてこれらはタルムード以後、ユダヤ人の間でその存在が容認される価値をもつようになった。そして最後に、あのシュルハン・アルフが今日でもきびしく信仰を守っているユダヤ人集団のなかで、最終的な正式の教義を含んでいる宗教書なのである。

マイモニデス、アシェル、それにカロの宗教書がわれわれの関心をよぶ本質的な理由は、これらによってユダヤ人の宗教生活が一層しっかりした形式のなかにかためられ、さらに一層硬直したからである。グレーツ自身は、マイモニデスはラビのユダヤ教を堅固な桎梏《しっこく》のなかにおしこめたとして次のようにのべた。

「タルムードのなかではまだ流動的で、解釈が自由であった多くのものを、彼はそれこそ不可侵の法律として硬直させた……おきてを法典に編纂しみがきをかけることによって、彼はユダヤ教から可動性を奪い去った。……タルムードのもろもろの規則がつくられた時代の状況を顧慮することなく、彼はそれらをあらゆる時代を通じ、たとえ変化した状態の下でも拘束力のあるものとして提示した」

ラビのヤーコプ・アシェルの教義はマイモニデスのこのきびしい法典を、百尺竿頭一歩を進めて、より厳格なものに仕立てあげ、さらにカロの著作は、同じ方向を極端に推し進めた。極度の敬虔という点では、シュルハン・アルフは、なんとアシェルの教義を凌ぎ、規則の量と正確さという点では、不撓不屈の決疑論〔社会的慣行や教会・聖典の律法などに照らして道徳問題を解決すること〕のなかで、およそ考えられる生活のもろもろの「ケース」をあつかった。ユダヤ人の宗教生活は、シュルハン・アルフによって、

「一つの結末と統一に達した。しかしそのさい犠牲になったのは内面性と自由な思考である。カロによってユダヤ教は、今日まで保たれてきたあの堅固な形態をとるにいたった」[14]（グレーツ）

　これがユダヤ人の宗教生活の主流であり、これがユダヤ教に宗教的なもろもろの観念と規則を与えた源泉である。これと並んで、当然のことながら支流もあった。たとえば、超地上的―普遍的―個人主義的に方向づけられたキリストの生涯以前の終末論者[15]の流派や、あるいは宗教を、数や記号の吟味に解消しようと努めていることで知られるカバラ派（不当にも、神秘主義者と呼ばれた）がある。しかし歴史的なユダヤ教をその宗教的独自性においてとらえようとするさいには、これらすべての流派はほとんど問題とするに値しない。これらの流派はけっして実際生活に影響を及ぼしたことはなかった。しかも、これらの流派は「正式の」ユダヤ教からは、けっしてユダヤ教の「源泉」の一つとして認められることはなかった。それは、ユダヤ教の正統派のサークルのなかにこそこうした源泉の本質があるとする伝統的な考え方を一瞥すればすぐわかることだ。

　われわれは今後とも、こうした源泉にこそ関心を抱くべきだ。なぜなら敬虔なユダヤ人が彼らの宗教の素材の発生と意味について抱く見解は、個々の規則の効力にとって、それらの規則の実際の出所よりはるかに重要だからである。

　敬虔なユダヤ教徒の伝統的な考え方にしたがえば、宗教の素材は二面の起源をもっている。それは、啓示によってつくられたか、あるいは賢人によってつくられたかのいずれかである。啓示はふたたび文書による部分と、口頭による部分に分類される。文書による部分を形づくるのは旧約聖書のなかにまとめられた聖なる著作である。これは大きなシナゴーグの人々によって確定されたカノン（規準）である。[16]これは三部分からなる。トーラー（モーセの五書）と預言の書とその他の書というわけだ。トーラーはシナイ山で神がモーセに啓示されたことになっている。

「モーセは、おのれに啓示されたトーラーを四十年間、砂漠をさまよっているうちに、漸次民衆に伝えた。彼はしばしば、適当な機会をとらえ、まずは口頭で、細部にわたって説明を加えつつ伝達した。彼は生涯の終わりになって、はじめてモーセの五書といわれる文書によるトーラーを完成し、イスラエル人に渡した。そういうわけでわれわれは、文書となったトーラーの一語一語を、神から啓示されたものと見なす義務がある」

「くわしく学習をするうちに」「われわれはあらゆるピリオド、あらゆる文字、あらゆる語、あらゆる文章や言葉の位置が重要な意味をもっている深刻かつ真実のトーラーの崇高な賢智をはじめて認識するようになる[17]」

他の旧約聖書内の著作も、同様に神からの啓示か、少なくとも、神から霊感を受けたものとされている。そうはいうものの、トーラーに対するのとくらべ、預言書や聖人伝に対する立場はずっと自由である。ただあとの関連でのべることにするが、智恵の書は特別な地位を占めている。

口頭による伝承、あるいは口頭のトーラーは文書によるトーラーを説明するものである。

これもやはりモーセに神がシナイ山で啓示したが、(不可抗力の理由により) まず文書にされることはなかった。

その執筆は第二神殿の破壊後、はじめて行なわれた。ミシュナ、ゲマラがそれである。したがって、これらの書はシナイ山で啓示されたトーラーの唯一、真正の解釈である。すなわちこれらの書は、そのような事情からすればまた崇高な霊感でもある。しかしタルムードはその他に非常に重要な構成要素をもっている。とくにラビのもろもろの規則とハガダである。これはおきてには関係していない聖書の解釈だ。これに相対しているのはほとんどの場合、ハラハだ。これは、口頭で伝えられたトーラーに属するか、あるいはラビの規則に属しているかはともかくとして、タルムードのすべての規範的な規定からなっている。

啓示されていないハラハとタルムードのハガダとならんで、前述の中世の三法典が、その他の決定的著作として登場する。

それでは、ユダヤ教の素材となるこれら様々の構成要素は、ユダヤ人の宗教生活にとって、いったいどんな意味があるのだろう？　そのうちのどれがユダヤ人によって信仰されている宗教なのか？　どれがユダヤ人が遵守している宗教の規則なのか？

まずはじめにはっきりさせておくべきなのは、わたしの知るかぎりでは、ユダヤ神学のなかには組織的な信仰の教説あるいは、(アカデミックな意味での) 教義学がないということだ。[18] こうした「アカデミック」な教義学の注目すべき試みと見られるものは、ほとんどもっぱらといっていいほど、非ユダヤ人神学者の手によるものである。たとえば (わたしのよく知っている）フェルディナント・ヴェーバーの著述がそれである。これは、『タルグミム、ミドラシュ、それにタルムードに基づく旧シナゴーグ系のパレスチナ神学』（一八八〇）と題する本で著者の死後、フランツ・デリッチュおよびゲオルク・シュナイダーによって発行された。再版は一八九七年で標題は「タルムードと類似の著作に基づくユダヤ神学」となっている。ユダヤ教の性質、とりわけ、もともと体系がないことが特徴のタルムードの独自性は、教義的、体系的な定式化に反抗してきた。いずれにせよ、当然のことながらユダヤ教の「指導理念」がつくられ、その「精神」はこれときまった様々な現象のなかに表現された。しかも、この種のユダヤ教の基調を確定することは、この宗教の一定の要素がはっきりしていることからしても、けっして難しい問題ではない。根本的には「エゼキエル」の精神と名づけられているものが、エズラ以後今日まで連綿として支配的であった。ただ数千年の経過のなかで、それが最終的にみがきのかかった形に発展し、ますます純度を増してきた。この「精神」、ユダヤ教のこのもっとも内的な本質を認識するためには、源泉としては、それが全く同じ状態のまま変わらなかったことからしても、宗教書のすべての材料、すなわち、聖書、タルムード、現代にいたるまでのラビたちの著述が役立つであろう。

個々の教説がはたして妥当かどうかを確定する段になると、問題は一層ややこしくなる。今日でもタルムードの「ゴイム〔ユダヤ教徒の側から見た不信者〕は最良の者といえども、うち殺すべきだ」という命題はいまだに妥当するのだろうか？　あるいは、このところプフエッファーコルン、アイゼンメンガー、ローリング、それにユストゥス博士とその仲間たちが、ユダヤ教の様々な著述のなかのおそろしい発言から見出したもの、それに、今日ラビたちが、憤怒にかられ、まったくもって「時代おくれ」としてしりぞけたものも、今日通用するのだろうか？　当然のことながら、これらの個々の教説は、数百年にわたる長い歳月の間に、ひどく異なったニュアンスを示してきた。もろもろの宗教書――とくにタルムード――のなかのこうした個々の教説をくわしく吟味したあかつきには、それこそあらゆる事柄について、まったく対立した見解が見出されること、すべてに「議論の余地があること」、あるいは――もっと自由に表現すれば――それらの著作から（とくにタルムードから）すべてが一切合財証明されるという確信をやがて抱くようになるであろう。

わたしはこれから、具体的な記述をしてゆくにあたって、反ユダヤ主義者、キリスト教徒、それにユダヤ人の敵対者が、彼らは「拠り所となる証拠」としてすべてをタルムードに基づいて証明しようとしているとの、有史以来のまったく愚かな詭弁を登場させる機会を与えたこの事実に立ち戻ってゆくことにする。前述したようにこうした敵対者の行き方ほど安易なものはない。大多数が、様々なラビの間の論争の集大成に他ならないタルムードの特性を考えれば、ますますそのことがいえるであろう。

わたしは、実際の生活にとって決定的な宗教の諸命題を確定しようとするならば、むしろ次のような規則にしたがって対処すべきであろうと考えている。

それはまず、何はともあれ、それが自己の学習によるのか、それとも宗教の教説なのかを区別をすることだ。宗教書が平信徒自身によって読まれたか、あるいは今も読まれているかぎりでは、そのなかでそもそもなんらかの問題について、なんらかのこれときまった意見が表明されているということが大切だと思う。それとならんで、まったく対立した意見が打ちだされていても、そんなことはどうでもよい。

なぜなら、そのような著作に打ち込む敬虔な信者にとっては、ひとたび同じ方向に進んでさえいれば、彼らの利益を同時に擁護してくれるような見解が示されれば、それだけで十分だからである。

ある場合には、信者は宗教書の個所によってきめられた行動をするよう拍車をかけられることもあろう。また別の場合に信者は、他の理由から、これら宗教書の説く教えで行動しようとしたり、あるいは行動してしまったとき、おそらくこれら宗教書がその人の行動の正当化に役立つであろう。これらの効果を生ずるために宗教書の権威は十分にある。とくにそれが聖書、あるいはトーラーにかかわっている場合はもちろんである。こうした書物の場合は、すべてが神の啓示である以上、一つの個所は、別の個所と全く同様の価値がある。ところでタルムードや他のラビの著作が平信徒に読まれてきたし、また今も読まれていることからしても、これらの著作についても、同じことがいえよう。

ところが、信者が原典を読むことなく（あるいは、信者がそれを読まないかぎりにおいて）、司牧者の訓戒、あるいは司牧者によって認可された教化的な本に依存した場合にも、事情はもちろんすぐに変わることはない。そうなったときには、互いに矛盾しあっている文章の個所でも、ラビが正しいと思った解釈によってかちえた統一見解が信者に提供される。

これが時代から時代へと変わってゆく支配的な教説であり、それぞれの時代の状況に適応したラビの伝統である。人々がこの教説にしたがって拘束力のある規則を探究しようとするとき、その教説は一定の時期にのみあてはまるものとされる。本来、人々は「決定的著作」の出現以後これに固執できたこと、十一から十四世紀まではヤドハツァーが、その後十六世紀まではトゥール、そして十六世紀以後は、シュルハン・アルフが「伝統」、したがって「平均的」に行なわれている考え方（少なくともハラハが問題になった場合）を代表していることを認めてもよいであろう。

したがって三百年来、もしたとえば、法の解釈について意見の相違が発生したとき（もちろん法はつねに、そして永遠にトーラーに準拠している）、決定を下すのはシュルハン・アルフである。このような状況を、しばしばわたしが言及した土着のラビたちによっても承認されているシュテルンの指導書が、次のように簡潔にのべている。

「第一に、ラビ・モーゼ・イセルリンの注釈と、その版に付録としてつけられている傍注を含めたラビ・J・カロのシュルハン・アルフは、すべてのユダヤ人にとって、おのれの儀式上の生活を規制すべき法典とされている」（五頁、この文章は原文では隔字体で印刷されている）

法はマイモニデスがトーラーからとりあげ、そして今日でも通用している六百十三の規則のなかに見受けられる。

「ユダヤの賢人の伝承にしたがえば、神はモーセを通じて、イスラエルの民に六百十三のこうした規則をお与えになった。それも二百四十八が戒告であり、三百六十五が禁令である。

これらは全部が永遠に通用する。そのうち、パレスチナの国家生活と農耕に関係するもの、ならびにエルサレムの神殿の礼拝に関係するものだけは、各地に分散して暮らしているイスラエル人には実行不可能である。われわれが実行できるものには、それでもなお、三百六十九の規則、百二十六の戒告、それに二百四十三の禁令があり、それにさらに七つのラビの戒告が加えられる[19]」

したがって、信心深いユダヤ人はこれらの著作にしたがって過去数百年を生きてきたし、今もなお生きている。彼らはそのかぎりではつねにラビの教説によって指導され、自ら原典を読むことを拠り所にしておのれの意見をつくるということをしない。そこでわれわれも、これらの著作にしたがい、個々の場合この宗教の本質にとって大切なもろもろの規則をとりまとめねばなるまい。「改革派」のユダヤ人はまったく問題にならない。ほとんどの場合「ユダヤ人の倫理」の近代的な表現である近代性をよそおった著述は、われわれの目的にはまったく関係がない。

III　ユダヤ教の基本理念

あの真正な特徴を備えたユダヤ教の教説と、資本主義との関連を指摘すること、近代の経済生活にとってのその意義を解明すること、これこそ次に展開される論述の課題である。

単刀直入にいおう。わたしはユダヤ教のなかに、資本主義を特徴づけるのと同じ指導的理念を発見する。わたしはユダヤ教が、資本主義と同じ精神に満たされていると思う。そもそもユダヤ人の宗教——これをけっして古いイスラエル人の宗教と混同してはならない。両者はある意味で、全く対立関係にあるのだ——を正しく理解しようとする者はだれしも、何者がこれをつくったかをけっして忘れてはならない。また忘れてはならないのは、それがソフエルと呼ばれる精神的に硬直化した聖書学者であり、その周辺に彼らの仕事を完成させるために一群の弟子の学者が集まっていたことだ。彼らはけっして預言者でもなければ、視霊者でもなく、陶酔した人間でもなければ、強力な王者でもなく、全く硬直しきった聖書学者であったことだ！　そして宗教をつくった状況を見ると、彼ら聖書学者たちはけっして抵抗しがたい内的衝動や良心の呵責に打ちひしがれ、魂の奥底からの呻き、あるいは歓喜への陶酔、はたまた熱情的精神の恍惚感からではなく、十分に準備された計画、いわば外交的な任務の賢明な遂行に基づいてユダヤ教をつくりあげたのだ。プログラムにしたがい、民族のために宗教を維持しなければならない！　しかもこのさい念頭におかねばならないのは、その後数世紀、ひきつづき古い教理に新しい教理をつけ加えていったのは、実はこうした熟慮と目的意識であったことだ（ユダヤ人の宗教生活がエズラ以前からもっており、またエズラ以後もなおつくりあげていった他の要素もソフエルという硬直した学者が努力し、かつ実現した宗教の形式のもとに発展したからだ）。

この独自の発生方式の痕跡を、ユダヤ教ははっきりと保持している。これらの痕跡は、あらゆる根拠に基づき、われわれには全く悟性、分別の所産としか思われない。これらは、有機的世界のなかに投影された思考と、目的意識の産物であり、機械的、人工的につくられ、すべての自然な世界をこぼち、隷属させ、その代わりに彼ら独自の支配を確立することを考慮していた。ちょうどこのユダヤ教と同じように、資本主義も振る舞っている。両者ともに異質的なるものとして、自然な被造物の世界に現われ、人為的な思考の産物として衝動的な生のただなかに登場する。合理主義――これこそ、これらすべての特性をまとめる言葉である――はユダヤ教と資本主義両者の根本特徴である。合理主義または主知主義といおうか、これは非合理的、神秘的なるものにも、感覚的、芸術的、創造的なるものにもひとしく対立する。

ユダヤ教はなんらの秘教をも知らない！　ユダヤ教はこの地上で秘教を知らないおそらく唯一の宗教であろう。これは信者が神と合一する陶酔境を、したがって他のすべての宗教が、もっとも尊く、もっとも神聖なものとしてもてはやしている状態を知らない。このさい、ヒンズー教のソーマという酒を飲む犠牲《いけにえ》の儀式、インドラ神そのものの酩酊の歓喜、ペルシア人のホーマの儀式を考えてもらいたい。

「こよなく聖なる作用をひきおこす液体は、彼らには神聖さを秘めているもっとも貴い自然の生命力であるように思われた。そこで、この液体ホーマは、守護神あるいは神への犠牲そのものとなった」

ここで想起されるのはディオニソス教徒、ギリシアの神託、いやそればかりではない。あの冷静なローマ人すら、アポロン的な感動状態にある婦人たちによる未来の予言だとして尊重し、忠告を求めたジビーレの文書もある〔ジビーレとは、古代の予言する女たちのこと。もっとも有名なのはクマエのジビーレで、非常時にローマの元老院の諮問に応じて、もろもろの忠告を与えたという。その文書もある〕。

ローマ時代の後期ですら、つねに異教に深く根ざしている宗教生活のなかの、ある種の特徴がみられた。それは強度に肉体的、精神的に昂奮している者を、ちょうどバッカス祭の狂乱状態のようになるまで高揚させ、その後一旦こうなった者を、神性に奉仕するのにふさわしい、神性に関する物事を透視できる者と見なすような心情、しかも広く普及した、ほとんどの場合伝染性のある心情である。一般的には、これときまった突然の心の変化、情熱、それに決意は、神が人間の心のなかにひきおこしたものと信じられた。それればかりか、人々は自ら恥ずかしいと思ったり、あとで悔やむような行為は、神の力によってひきおこされたと考える傾きがあった[20]。

「わたしをここまで駆り立てたのは神です」プラウトゥスの喜劇のなかで、娼婦を誘惑した男が自分の父親に弁解している。

同じようなことを、病めるマホメットは狂乱の発作に駆られ、大地をたたきながら痛感した。神秘的な気分はしばしば（もちろん、冷静きわまる）イスラム教徒のなかにも浸透している。少なくとも怒号するイスラム教聖職者はそうした気分にひたっていたはずだ。

さらにキリスト教も、ユダヤ化されないかぎり、三位一体の教え、可憐なマリア崇拝、香煙、そして最後の晩餐のなかに非合理的な感情と感覚の余地を残している。その一方では、ユダヤ教は誇り高く軽蔑するような態度で、これらすべての情熱的、神秘的な特徴を非難する。他の様々な宗教の信者が至福に満たされ、昂奮しながら、神性と交流し合っているとき、けっして偶然ではなく、「宗教」と呼ばれているユダヤ教の教会では、トーラーが朗読されている。そのようにエズラがきめたのだ。しかもこのことは、きびしく守られている。「国家の独立が失われて以来、教義はユダヤ人の魂となり、教義の知識を欠いた宗教的行為は、無価値とされた。安息日と祝日の礼拝の中心は、おきてと預言者の書の朗読、さらに朗読されたもののタルグミストを通じての翻訳、それにテキストをハガディスト（ホミレティカー）を通じて解釈することであった」

ローマ人は次のようなラテン語の詩句によって、彼らユダヤ人を早くも観察していた[21]。

愚かさの根は安息日の冷水につながる。
（愚かなる者は安息日に冷水を使う）
冷静な心が疑念を払拭する。
恋人たちでさえ、所詮は一週間ごとに年老いて醜くなってゆく。
さながら、疲れはてた弱々しい神像のように。

これではおよそ秘教とは縁遠い。しかしそれと同様、ユダヤ教は感覚的世界の神々しさに対する聖なる感動にも無縁であった。

アスタルテ、ダフネ、イシスとオシリス、アフロディーテとフリッカ、それに聖処女マリアについてはユダヤ教は何も知らないし、また知ろうとも望んでいない。そこで彼らユダヤ人は、礼拝からすべての具象的、感覚的なものを追放した。

「ときに主は火のなかからあなたがたに語られたが、あなたがたは言葉の声を聞いたけれども、声ばかりで、なんの形も見なかった」（申命記　四章十二節）

「工人の手の作である刻んだ像、または鋳た像は、主が憎まれるものであるから、それを造って、ひそかに安置する者はのろわれる」（申命記　二十七章十五節）

この禁令、「あなたは、いかなる像も造ってはならない」は、今日でもきびしく通用している。それればかりか、これは敬虔なユダヤ人には次のような意味内容をもっている。

「手でふれうる完全な形態をとった彫刻家の作品であろうと、あるいは他の浮き彫り像であろうと、いやしくも人間を表わすことや、なんらかの人間の形態、あるいは人面を完全な彫像にするか、あるいは、浮き彫りにするかはともかく、とにかく仕上げたり、展示することは禁じられた(22)」

しかしさらにユダヤ教を資本主義に類似させているのは、契約に即した規制――もしその言葉に忌まわしい意味が付着しているのでなければ、わたしは業務に即した規制といいたい――がヤーヴェとイスラエル人との間のすべての関係に見られたことだ。すべての宗教体系は、根本的にはヤーヴェとその選民との間の契約以外のなにものでもなかった。これは契約関係がもたらすすべての義務的な結果を伴う契約である。神は何事かを約束し、なにものかを与える。すると正義の人はそのお礼に代償の行為をする。

人がなにかトーラーに即したことを行ない、そのおかげで神から、なにかそれにふさわしい物を受けとるという形式のなかで行なわれないような、神と人との間の連帯の種類は一切ありえない。そのために人は、おのれ自身、あるいはおのれの父祖によってつくられたなにものかを、おのれが願っているものの代償としてたずさえないで、祈りつつ神に近づくことは許されない（シフレ　一二b、ワイクラ・ラバ　第三十一章）[23]。

義務を果たした人には個々に報酬が与えられ、義務を怠った人は罰せられる（善行はむくわれるということだ）という方式で、契約関係は進められる。報酬と罰は、一部はこの世で、一部は来世で与えられる。こうした事情から、二つのことが必然的に生じてくる。まず、ある行動をするか、あるいはとりやめるかということが、もたらすかもしれない利益あるいは損害をつねにきちんと計量する。そして次に、個人の債権ないし債務の勘定を整理するためにきわめて複雑な簿記を行なうということだ。

信者から期待される本来の計算重視の心構えは、すべての個々の著作の序言としてまずかかげられているラビの言葉にもっともうまく表現されている。

「人はいかなる道を選ぶべきか？　旅する者にとっても、また他の人々にとっても、名誉ある一つの道がある。たやすい規則でも重要な規則でも、同じように良心的に守るべきだ。なぜなら、あなたはおきての報酬を知らないからだ。（肉体面の）損害が義務の遂行によって

（精神面の）報酬と釣り合い、利益が違反とのかねあいで、損害と釣り合うようにしなさい。三つのことにつねに着目しなさい。そうすれば、あなたはけっして違反することはないだろう。あなたのことをよく観察する目、よく聞く耳が存在する、あなたの行為はすべて一冊の本のなかに記されている(24)」

すなわち、ある人が正しい人か、それとも呪われた人かは、違反に対する善行の補償によって確かめられる。そしてこの補償にいよいよ着手するためには、もちろん持続的な言葉と行為の記帳が必要である。だれしもおのれの口座をもっている。人の発言はたとえそれが冗談であっても、その口座のなかに記帳される。ルツ記注釈・三三aによれば、記帳するのはエリアであり、エステル記注釈・八六aによれば、この仕事をするのは天使である。また他の記録によれば、他の者が担当することになっている。

そういうわけで、人は天国に「借金」をもっている。たとえば、ジフラ・二二四bによれば、イスラエル人はとくに大きな借金を抱えている。「伝道の書」の注釈・七七c は死の準備のために人がおのれの「借金」を整頓しておくよう求めている。ときには（希望に応じて）口座から引きだされることがある。天使たちがイスマエルを訴えたとき、神は次のようにたずねた。

「あの男の今の状態はどうなっているか？　今あの男は正しい人か、それとも犯罪者か？すなわち善行あるいは違反のいずれが重くなっているか？」

天使たちは、彼が正しい人であると答えた。マーク・ウクバが死にさいし、おのれの勘定、すなわち彼が与えた喜捨の額をたずねた。それは七千スス（金銭の単位）に及んだ。彼は、この額では彼の正当化に十分だとは信じられなかった。すなわち、おのれの違反をつぐなう金額とは思えなかったためである。そこで、彼は確実な死出の旅のためにおのれの財産の半額を喜捨した（ケトゥボト　二五・B、バトラ　七　参照）

ある人が正しい人であるか、それとも呪われた人であるかという疑問は、その人の死後の永遠の運命が問題になるときはじめて決定される。そうなったあかつきには、勘定が完了し、残高が示される。その総額と善行の量、それに違反の量から正義あるいは劫罰がきまる。勘定の結果に基づき、その人の善行と悪業を含んだ原簿が作成され、その承認のため朗読される。(25)

このような勘定が容易でないことは一目瞭然である。旧約聖書の時代では――すべての地上の善行と悪業がむくわれていたかぎりでは――これもまだうまくいった。しかし後世になって、報酬と処罰が部分的には一時的、また部分的には永遠というようになると、簿記は著しく複雑になった。かくしてタルムードとミドラシュの神学のなかで、きわめて人工的な簿記体系がつくられた。それによると、資本あるいは功績の総額と、資本の利子あるいは功績の果実との間が区別されるようになった。前者は来世のためにとっておかれたが、後者はすでにこの世で享受されることになった。天国に貯えられた報酬が正しい人には、減額されることなく来世の生活にも残されるように、正しい人々に示された普通の恩恵に対して、けっして神は、天国での報酬の増減を求めなかった。ところが正しい人々であっても異常なほどの、とてつもない恩恵がほどこされた場合、それに対し、天国での報酬が減額された。さらに正しい人が天国での報酬が減らされることのないように、その人の善行とくらべれば、わずかな数しかないにしても、地上におけるその人の悪行に対して、ただちに懲罰を加えられた。それはちょうど悪人も、来世で彼にふさわしい罰を十分に受けるように、この世ではたまさか彼が行なった善に対する報酬をすぐに受けるようなものである[26]。

だが、ユダヤ教神学がこの神との継続的勘定を考えている方式のなかに、また別の考え方が出現している。この考え方は、資本主義の別の基本理念、利益獲得の理念との奇妙な親近性を示している。それを一語で表現するならば、わたしは罪（と善行）の本質の非有機的把握であると考えている。あらゆる罪は、ラビの神学によれば、一つずつ――単独に――計算、計量すべき行為として観察される。

「罰は侮辱の主体ではなくして、その客体にしたがって評価される[27]」

違反の数と状態に即して、人間の道徳的価値、あるいは無価値が測定される。個々の「罪の大きさ」は、純粋に量的にきめられる。これは、ただ質的にのみ把握される個性や、行為者のすべての道徳的状態から分離される。それはちょうど金銭の額が、個人的な目的とのあらゆる関連や客観的な財貨の性質から分離され、他のやはり抽象的な金額とともに、総額に加えられる向きがあるのと同じ状態である。この世と来世における正しい人の努力は、彼の財産の価値を増大するものとして、報酬（むくい）の増加に向かって無限に努力することのなかに表われねばならない。もし彼がおのれの良心の一定の状態のなかで、神の恩恵にあずかるという確信がもてない場合、そしてさらに彼が、おのれの債権、債務の状態が黒字の残高を示すか、それとも赤字の残高を示すか、全くわからなかった場合、彼は生涯の終わりまで、休みなく善行を次々に蓄積することによって、報酬を次々に増大させるよう努めねばならない。すべての個人的価値のしがない有限性は、彼の宗教的な観念の世界から追放され、純粋に量的な観察がそれにとって代わって登場する。

個人的な罪の関係を、こうして神学が打ちだしたように、個々の行為の総計に解消することによって、さらにはこれによって利益獲得努力にも似た無限に向かっての努力を、制約はあるにせよ、導入することによってユダヤの道徳神学のなかでは、金銭の獲得を全く独特に高く評価する態度が、並行してみられた。これは実は質的な差違に一切とらわれず、純粋に量的にきめられ、したがって「絶対的手段」として利用される価値の増大をめざすという努力の評価でもあった。この立場はユダヤ教の宗教書の著者にしばしば見受けられる。たとえ著者がはっきりした意識はもたなかったにしても、彼らが、あまりにも過大な（現物の）財貨の蓄積を警戒せよと信者をさとしたとしても、金銭獲得自体を賞揚していたことはほとんど確実だ。これについては普通は、申命記の十五章十八節で、「あなたは欲望してはならない」など「欲望」をあつかった場所で言及されている。人は「欲望」を警戒する。しかし人はそれを金銭の獲得にいわば転向させることによって、欲望に打ち勝つことができる。現代のこうした宗教書のなかで、もっとも有名なものの一つは次のようにのべている。(28)

「あなたが真のイスラエル人であるならば、あなたは欲望を知らないであろう。あなたはおのれのために何の所有をも求めず、万事について、ひたすら神のお気に召すような行為のための手段を求めねばならない」(ここでは物質的手段も考えられていることは文脈からも明らかである)

「あなたの生命は、そればかりか、一つの課題であり、すべての財貨や享楽も、ただこの課題のための手段である。……そしてこの課題に属するのはいうまでもなく、目的としてではなく、神から命ぜられたもろもろの義務を遂行する手段として、楽しみと財貨を追求する力と宗教的可能性がある場合だ」

ここで、宗教的観念と利益獲得原則との関連が認められないとしても――わたしはまたここで「ユダヤ人の民族的富」についてのハイネの発言を想起する――われわれが、重要な段階では、周知のように正式の競売へと成長するユダヤ教の礼拝の本質的発展を観察するならば、類似の状況はふたたび、登場してくるであろう。わたしは最多額の金銭提供者にトーラーの朗読の仕事を与える競売のことをいっているのだ。おきてを記した巻物がシナゴーグで、聖なる戸棚からもちだされる前に、寺男あるいは、学習の開始を合図する係は講壇のまわりを歩き、トーラーのもちだし、もちこみにかかわる職務や仕事を次のような言葉を叫びつつ売りに出すのだ。

「どなたがトーラーのもちだし、もちこむ仕事を買いますか?」

「どなたがトーラーを巻くとき、手で支える仕事を買いますか?」

「どなたがトーラーをもち上げる仕事を買いますか?」

「どなたがトーラーを巻いたり、開いたりする仕事を買いますか？」

これらの仕事は最高金額を提示した者に与えられる——三回目の名前の呼び上げで、最高額を申しでた者に、職務の所有権が認められる……。この人からの入金はシナゴーグに属する貧者のために使用される。今日では競売はしばしばユダヤ教の礼拝から取り除かれている。それでもベルリンのゲットーでは依然として華やかに競売が行なわれている様子を見ることができる。以前にはおそらく競売は一般に礼拝の一要素をなしていたのであろう[29]。

しかし、老練な事業家のように、ときにはきわめて困難な経済問題について論争し、さらに熱心な利益獲得の生活を激励する言葉に他ならない様々な根本原則を打ちだす多くのラビたちの発言は、われわれには奇妙に思われる。近代的な利益獲得の原則が、ラビたちによって表明されている個所をタルムードだけから取りだしても、まことに興味深いものがあろう(そればかりではない。ラビたちは実際にはしばしば自ら大実業家でもあった)。たとえばわたしは、次のようなくだりを念頭においている（ババ・メツィア　四二a）。

「ラビのイシャクは、なおこれについて、

『人はつねにおのれの金を使用せねばならなかった』

とのべ、さらに、人はおのれの財産を三分し、三分の一を土地に、次の三分の一を商品に投資し、あとの三分の一を手中におさめておけ、というすぐれた忠告を与えた。その後さらに彼は、『対象が目の前から消えたときにのみ（神の）恵みがある。なぜなら、神は、あなたの貯蔵庫のなかに恵みがあるよう、あなたに命じられたからである』とのべている」（ザム

ター訳）

ペラヒム・一一三aはいう。

「ラブーはおのれの息子のアイバにいった『さあ来なさい、わたしはお前に世俗の事柄を教えてやろう。まだ塵や埃がお前の足もとにあるうちに、お前の望む商品を売るのだ』（したがって、ここでは迅速な販売が説かれている）。……まずはじめに財布を開け。ついで穀物の入った袋を開けなさい。地上の十マルクの方が屋根の上の百マルクよりすぐれている。箱のなかにナツメヤシをもっていたら、すぐさま醸造者のもとにかけつけなさい」（ゴールトシュミット訳）など。

ユダヤ教と資本主義との間の根本理念にみられる、この驚くべき並行性は、いったい何を意味するのだろう？　たんなる偶然か、あるいはもっと悪いことに運命のいたずらか？　一方が他方によってひきおこされたのか？　両者は同じ原因にひきもどされるのか？　これはわれわれに投げかけられた疑問であり、わたしは本書の今後の経過のなかで、それに答えるべく努めるつもりだ。ここではとりあえず、今後さらに多くの、もっと単純な疑問に回答するために、一応両者の親近性を示したということだけで満足しようではないか。ところで、もっと単純な疑問には、ユダヤ教組織のなかの個々の制度、考え方、教説、規則、法則がユダヤ人の経済的態度にどのような影響を与えたか、そしてそもそも、何のためにとくにこれらの事柄がユダヤ人の資本主義的な生き方を促進したのかを証明することである。このさいわれわれは、初歩の心理学的理由の追究に取り組み、すべての理論的な難点を避けて通ることにする。そこでまず問題になるのは、ユダヤ教における基本的な目標設定の評価と、その経済生活にとっての意味である。それらは次章以下で考察することにしよう。

Ⅳ　維持の思想

ユダヤ教組織の主導的理念に属する契約の理念は、契約を守った者には報酬が与えられ、契約を破った（守らなかった）者には損害が加えられるということに対応する。すなわちユダヤ教では「正しい人」はよい具合になり、「悪人」は悪い具合になるとの、法的、倫理的な考え方が、あらゆる時代においてあてはまったということだ。ただ時代の経過とともに違ってきたのは、こうした「報復、むくい」の性質、方式についての考え方である。

古代のユダヤ人は、周知のように、彼岸については一切知らなかった。人間にかかわる幸、不幸を、彼らはただこの世の中でのみ体験した。神が罰されようと、むくいてくださろうと、人間が地上に生きている間だけ、彼らはそれを体験した。したがって、この地上においてのみ、正しい人は幸福な生活を送ることになったし、この地上においてのみ、悪人は苦しみを味わわねばならなかった。「あなたが長生きし、あなたの神であるヤーヴェがあなたに与えた国のなかで幸せになるようにわたしのおきてを守れ」と神は語られた。

そして、そのためにヨブは天に向かって叫んだ

「なにゆえ悪しき人が生きながらえ、
老齢に達し、かつ力強くなるのか。
その子らは彼らの前に堅く立ち、
その子孫もその目の前に堅く立つ。
その家は安らかで、恐れがなく、
神のつえは彼らの上に臨むことはない。
その雄牛は種を与えて、誤ることなく、
その雌牛は子を産んで、そこなうことがない」（二十一章七節以下）
「彼（神）はわたしの道にかきをめぐらして越えることのできないようにし、
わたしの行く道に暗やみを置かれた」（十九節）
「わたしに向かって怒りを燃やし、
わたしを敵のひとりのように思われた」（十一節）
「彼はわたしの兄弟たちを、
わたしから遠く離れさせられた。
わたしを知る人々は全くわたしに疎遠になった」（十三節）
「わたしの骨は皮と肉についた」（二十節）
ヨブは、つねに神の道を歩んでいるのに、なぜこれらの不幸がすべておのれに降りかかってくるのかと叫んだわけだ。

エズラ以後、超地上的な世界（オラム・ハーバ）と、死後の魂の永続への信仰が、そしてやがて肉体の復活の信仰がユダヤ人のなかに入ってきた。この信仰は異邦人、おそらくパールシー教徒［インドに在住するイラン系のゾロアスター教徒］に由来するものであろう。しかしこの信仰は、すべての異国の宗教組織のなかの構成要素と同様、ユダヤ人の信仰の精神に即して変形され、ただ敬虔な者、そして正しい者のみが復活するという制限がつけられることによって、ユダヤ人の信仰に即した倫理的特徴を得ることになった。したがって永遠の信仰はラビたちによって、古来の報復の教説に衣替えされ、「倫理的責任の感情」、したがって、神の裁判への恐れを一層深めるために、巧みに利用された[30]。

地上での幸福は、これによってもちろん宗教組織のなかで（そしてまた信者の観念の世界のなかで）他の意味を獲得する。これは今や正しい生活態度への唯一の報酬ではなく、来世における報いが加わってくることだ。しかしまずはじめには、この世における神の恵みは、あの世における祝福された生活と並んで、すべての報いの価値がきわめて高い要素として維持されることになる。そしてこれと並んで、地上の幸福の別の意味がまた明らかになってくる。「地上における幸福」は、人が神のお気に召すような生活を送る（したがって来世での報酬をあてにすることができる）一つのしるしと見なされる。地上の幸福のなかに正義が登場し、真正の敬虔さが護持される。たしかに人はもはや、何もわからないまま、不気味な運命に直面するのではない。人はそれを神が正しい人に送る罰として解釈しようと試みる。正しい人の「報酬資本」が天国において減額されることなく、その人の違反を神が罰せられるためである。しかし正しい人は幸福に恵まれたとき、一層明朗な気持ちになることが、できた。もし神が地上にいる彼にすでに恩恵を与えてくださるのであれば、彼の魂には、永遠の至福が、ますます確実に保証されることになるのだ。

ところで、こうした事柄をユダヤ教組織の枠内で、そもそも語る場合には、「富の学問」はユダヤ教のなかでは、次にのべるようなはっきりした形態をとるようになる。すなわち、最高の生活目標は、依然として神のおきてを守るということだ（それはとくにこの点においてタルムード的、ラビ的神学にしばしば方針を与えているホクマの教えに準拠している。この教えは平信徒にも直接受容されていることからも、実際の生活にとって最大の意味をもっている）。神から切り離された地上の幸福はありえない。そのために地上の富を、それ自身の目的で探すことなど無意味である。そうはいうものの、こうした地上の富を聖なる目的のための秩序のなかに組み入れられた財貨として求めるのは賢明なことである。こうした富はしたがって神の恩恵のしるしし、担保であり、かつまた報酬として、正義と結びついた聖なる恵みとして受けとられることになる。しかしこの考え方にしたがえば、この世の富に属するのは疑いもなく、富に恵まれた家庭であり、物質的な繁栄であり、財産である。

ユダヤ教の源泉となるものを熟読するならば――この場合にはとくに聖書とタルムードが問題になる。法規の性格をもたないような富に関わる教説を「決定的著作」はほとんど問題にしていない――当然のことながら、富に対して貧が気高い善として賞揚されている個所はまったくわずかしか見受けられない。しかしこのわずかな個所に対して、富を賛美し、富を神の恵みと見なす個所や富の乱用あるいは、富によって生ずる危険を警告するような個所はそれこそ数百もある。ときには富のみが人を幸せにするものではなく、人は他の財産（たとえば健康）とともに、これに恵まれねばならないとか、あるいは他の財産は、富と同様（あるいはそれ以上に）価値があるといわれた。しかしこれによって、富に反対することが何一ついわれたわけではない。とりわけ富が神にとって立腹の種だなどとはけっしていわれていない。

この考えを公開講座でのべたとき、わたしはその後多くの反論に直面した。しかもわたしの見解の他の点とくらべ、ユダヤ教では富（そして財貨）の獲得が価値ある善として讃えられているとのわたしの主張ほど、多くの論敵をつくったことはなかった。様々のわたしの批判者（そのなかには多くの有名なラビもいた）は、まことに愛すべき方式で、わたしの見解と対立する聖書やタルムードの個所を列挙し、わたしに手紙を出すとか、印刷物にして送るという労を惜しまなかった。わたしはこれに対して、聖書とタルムードのなかでは、富を少なくとも信者にとって危険なものであると見なし、貧乏をほめる言葉も疑いもなくのせられているとの前述のわたしの意見をのべた。聖書ではおそらく六ヵ所、タルムードではもう少したくさんあるだろう。しかし重要なのは、これらの個所のいずれもが、ただちに別の精神に満たされた十以上の個所と対立させられていることだ。しかもこのような場合に問題になるのは、現実の大衆である。

わたしはこれまで、ずっとある事柄に疑問を抱いていたので、次のような場合を想定してみることにした。老いたるアムシェル・ロートシルト〔英語ではロスチャイルド。一七四三―一八一二年。フランクフルト在住のユダヤ人富豪。彼の息子たちもヨーロッパ各地で活躍した〕は証券取引所で巨満の富を得たあと、金曜の夕方、聖書を手にしおのれを指導してくれる個所を探した。彼はそれをどこに見出したろうか？　今しがた獲得した大金は敬虔なこの老ユダヤ人が、安息日の前の晩、体験したいと願っている内面の浄化にいったいどんな意味をもっているのだろう？　手に入れた大金は彼の魂のなかで炎上する苦悩となるのか？　それとも彼は、むしろ（善良、純粋な良心のまにまに）次のようにいうことができるのか？「神の祝福に今週もわたしは恵まれました。主よ、わたしは、あなたの下僕にふたたび光を与えてくださったことを感謝します（巨万の富を獲ち得た成果を踏まえ、わたしはあなたのお気に召すように、責任をとります。わたしは大がかりな喜捨を行ないます。わたしはこれまで以上にあなたのおきてをきびしく守ります）」

もし彼が聖書を熟知していたならば（実際に彼は熟知していた）、彼はきっとこのように語ったであろう。

なぜなら、聖書の次のような個所にかならずや彼の目が注がれたからである。

愛読したトーラーのなかで、彼は何度もくりかえし次の主の祝福のくだりに接したことであろう（たとえば申命記　七章十三―十五節）。

「あなたを愛し、あなたを祝福し、あなたの数を増し、あなたに与えると先祖たちに誓われた地で、あなたの子女を祝福し、あなたの地の産物、穀物、酒、油、また牛の子、羊の子を増されるであろう……あなたは万民にまさって祝福されるであろう……」

そしてアムシェル・ロートシルトは、次の言葉に接したとき、心の高揚をおぼえたであろう。

「あなたの神、主が約束されたようにあなたを祝福されるから、あなたは多くの国びとに貸すようになり、借りることはないであろう」（申命記　二十八、四十三、四十四の各章および、詩篇　一〇九の一一を参照のこと）

そして、いよいよ詩篇を読むとき、次のような言葉を彼は傾聴したことであろう。

「主の聖徒よ、主を恐れよ。
主を恐れる者には乏しいことがないからである」（詩篇　三四の九）
「主は全き者のもろもろの日を知られる。
彼らの嗣業はとこしえに続く。
彼らは災の時にも恥をこうむらず、
飢饉の日にも飽き足りる」（詩篇　三八の一八、一九）
「あなたはその田みぞを豊かにうるおし、
そのうねを整え、夕立をもってそれを柔らかにし、
そのもえ出るのを祝福し、

またその恵みをもって年の冠とされる。
あなたの道にはあぶらがしたたる」（詩篇　六五の一〇、一一）
「主をほめたたえよ。
主をおそれて、そのもろもろの戒めを、
大いに喜ぶ人は幸いである……繁栄と富とはその家にある」（詩篇　一一二の一と三）
「われらの倉は満ちて様々の物を備え、
われらの羊は野でちよよろずの子を産み」（詩篇　一四四の一三）

そして彼はあの試練に耐えた人ヨブの苦難の物語の結末を読み、次の内容を知ったとき、それこそヨブとともに歓喜したことであろう。

「主はヨブの終わりを初めよりも多く恵まれた。彼は羊一万四千頭、らくだ六千頭、牛一千頭、雌ろばは一千頭をもらった……」（ヨブ記　四十二章十二節。なぜなら、老アムシェルは——幸いにも——近代の聖書批判についてはまだ何も聞いておらず、したがってヨブ記のこの節が、後世の挿入であることを知らなかったからである）

預言者たちもまた、イスラエルの民がヤーヴェへの道に戻るときには、地上の財貨の大きな報酬があることを約束した。わが友アムシェルはたとえば、イザヤ書を開き、その六十章で、異邦人がイスラエルにみな黄金や銀をたずさえてくることを読むであろう。

しかし、老アムシェルは、もっとも快適にソロモンの箴言から信心のすすめを汲みとったことであろう[31]（あるラビは「これらの箴言のなかでユダヤ民族のなかの支配的な人生観が、もっとも簡潔に表わされている」とのべた。そしてこのラビは、まさにこうした箴言に基づいて、わたしの見解がいかに誤っているか、そして聖書は、きわめてわずかしか富の獲得に取り組まなかったかを、ちょうどわたしも念頭においていた箴言の二十二章の一節と二節、二十三章の四節、二十八章の二十節と二十一節、三十章の八節に準拠して証明しようとした）。

ラビは、人は富にのみすべての幸福を負うているのではない（二十二章一節、四節）、人は富のなかにあって、神のおきてをないがしろにしてはならない（三十章八節）、人は富を得ようと急ぐとすぐにおとしいれられるといった言葉に訓戒が示されていると見た。「しかしおのれを富ませようと急ぐ者は、罰せられずにはすまされない」（アムシェルは急がなかったということでおのれをなぐさめたであろう）一瞬、考慮することを、次の箴言が彼に促したかもしれない。

「富を得ようと苦労してはならない。
かしこく思いとどまるがよい」（二十三章四節）

しかし彼はただちに、この箴言を次の言葉（二十三章一―三節）に関連づけることによって、この箴言の訓戒のわずらわしさを脳裏から取り去ったことであろう。

「治める人とともに座して食事するとき、
あなたの前にあるものを、よくわきまえ、
あなたがもし食を楽しむ者であるならば、
あなたののどに刀をあてよ。
そのごちそうをむさぼり食べてはならない。
これは人を欺く食物だからである」

しかしおそらく彼は、六語をとばして読んでしまうであろう。それは箴言のなかで、はっきりと富者になることを抑えるようにとの警告と思われる唯一の六語なのだ〔ゾンバルトは「富を得ようと苦労してはならない」という、ドイツ語では六語になる個所を指摘しているように思われる〕。その代わりに彼は、まさにこの箴言のなかで、富を賛美している多くの個所に接して感動することであろう（それについてはわが尊敬すべきラビは、注目すべきことに何一つ書いていない！）。こうした個所はあまりにも多いので、それこそが、箴言（ホクマ一般と同様に）の基調になっているということができよう。

「真の賢智から発した富の恵みの描写をしている箴言は無尽蔵である[32]」

ここでは数例をあげるにとどめよう。

「その右の手には長寿があり、
　左の手には富と、誉がある」(三章十六節)
「主の、呪いは悪しき者の家にある。
　しかし正しい人のすまいは主に恵まれる」(三章三十三節)
「富と誉とはわたしにあり、
　すぐれた宝と繁栄もまたそうである」(八章十八節)
「富める者の宝は、その堅き城である」(十章十五節)
「知恵ある者の冠はその富である」(十四章二十四節)
「正しい者の家には多くの宝がある。
　悪しき者の所得には煩いがある」(十五章六節)
「謙遜と主を恐れることとの報いは、
　富と誉と命とである」(二十二章四節)

前述したように、ホクマ文献には、伝道の書とソロモンの賢智があげられる。伝道の書[33]は当然のことながら、これときまった基調に沿ってつくられたものではなく、多くの挿入があったために、まったく矛盾している個所が見られる。そうはいうものの、信心深い者は、富を非難した個所をどこにも発見できないであろう。たかだか富を軽蔑することを説いた数ヵ所があるぐらいだ。ところが、その代わりに富の賛美が何度もくりかえし行なわれている。

「また神はすべての人に富と宝と、それを楽しむ力を与え、またその分を取らせ、その労苦によって楽しみを得させられる。これが神の賜物である」（五章十九節）

「すなわち神は富と、財産と、誉とを人に与えて、その心に慕うものを、一つも欠けることのないようにされる。しかし神は、その人にこれをもつことを許されないで、他人がこれをもつようになる。これは空である。悪しき病である」（六章二節）

「食事は笑いのためになされ
　酒は命を楽しませる
　金銭はすべての事に応じる」（十章十九節）

「朝のうちに種をまけ、夕まで手を休めてはならない」（十一章六節）

ソロモンの賢智のなかでは、次の個所が富を礼賛している。

「しかし私にはすべての善が賢智とともに現われ、賢智の手中には無量の富がある」（七章十一節）

「賢智は、彼を労働を通じて富ませ、彼の努力を祝福する。彼を抑圧する者の貪欲に直面しても、賢智は彼を助け、富ませる」（十章十、十一節）

後期ギリシア思想の刻印があるこのような折衷派の著作のなかで、世俗的な財貨を世界を肯定する方式で高く評価し、しばしばまったく何の前触れもなく、ギリシア哲学の厭世的な語り口と並んで登場するのは、つねに、きまって特別にユダヤ的な生活の智恵であることは明らかである。

「賢い箴言に満ちているうえに、なお一層民衆の考え方に根ざしている」(このようにラビはわたしに書いてきた)イエズス・シラハの箴言がある。こうしたことからも老アムシェル・ロートシルトはこれを喜んで読んだことであろう。しかしもし営利事業に反対のラビが、富がいかに有害であるか、いかに富者がほとんど罪人あつかいにされ、富は罪の源泉とされているかを、イエズス・シラハの箴言から証明しようとし、しかもそのさい、同書十章十三節に準拠しようとしたならば、アムシェルは「あなたはまちがっています、師よ」と次のように答えたであろう。

「あの個所ではただ富のもつ危険が警告されているだけです。たとえば、あなたがわたしに示してくださらなかった個所、三十一(三十四)章三および次節以下があります。ところがまさにその個所で、富者は、もし富の危険を避けることができたとすれば、そうした危険をまるで知らない貧乏人よりも、ずっと大きな功績をあげると書いてあります。それではその個所はなんといっているでしょうか?

『罰すべきでないことが判明した富者に祝福あれ……われわれがほめたたえる富者とは何者

なのか？　それというのもこの人は、民衆のなかにあって驚嘆すべきことをなしとげたからだ。いろいろの試練を経て、完璧な人と判明したこの人は何者か？　彼は名声をもっている！　彼はあやまちを犯すかもしれなかったのにそれをなさず、悪事をすることができたのに、それをしなかった。彼の財産は、安全なまま残り、そして彼の善行を仲間たちが伝えるのである』（三十一―三十四、八―十二）。ところで師よ（アムシェル・ロートシルトはさらに語りつづけるであろう）。あなたはわたしにただこの個所のみを示し、巨満の富を得た男のことが出てくる他の個所については沈黙しました。なぜあなたは沈黙していたのですか？その個所とはこれです」

「父に対する善行を忘れてはならない。そうすれば、処罰を受けるかわりにあなたは幸福になるだろう」（三章十六節）

「富者、ほまれある者そして貧者――彼らの名声は主の恐れである」（十章二十五節）

「不遜なくせにパンの不足に悩む者よりも、働いてすべてについて豊かさをもつ者の方がよい」（十章三十節）

「貧者はその利口さによって讃えられ、富者はその富によって、尊敬される（だがその富こそ、富者の利口なことを証明している！）」（十章三十三節）

「貧しいとき尊敬された者は、富んだあかつきにはどんなに高く尊敬されるだろうか？」

「また富めるときに軽蔑される者は、貧しいときには、どんなに軽蔑されるだろう！」

(十章三十四節)

「貧と富は主から来る」(十一章十四節)

「主の祝福は、信心深い者への報酬である。そして短い間に主はその祝福を開花させてくださるだろう」(十一章二十三節)

「罪とかかわりがなければ富は善だ」(十三章二十節)

「あなたが同時にその人の繁栄に関与することができるように、どうかあなたの隣人の信頼を獲得しなさい」(二十二章二十八節)

「あなたがその人の相続にあたって、あなたもともに相続できるように、苦境にあるときのその人を支えなさい」(二十二章二十九節)

「過小のときも、過大のときも、満足していなさい」(二十九章三十節)

「金と銀は、足元をしっかり固めたとき確保される(!)」(四十章二十五節)

「富と強さは勇気を高める」(四十章二十九節)

「乞食をするより死んだ方がましだ」(四十章二十九節)

「罪人の子供たちの相続財産はなくなる」(四十一章九節)

「利益が多すぎても、少なすぎても、売買にさいして、儲けがあっても、あなたは恥じることはない」(四十二章一、四、五節)

「こういうわけですから、わが師よ」アムシェル・ロートシルトは師との対話を終えた。

「どうしてわたしは自分の巨満の富を恥じることがありましょうか？　むしろわたしは、あの賢明なイエズス・シラハが、大王ソロモンについて次のように語ったとき、おのれの富を、誇らしげに神の祝福と感じてはならないでしょうか？　イエズスはいいました。『イスラエルの神と呼ばれる主の神の御名において、あなたは錫のように黄金を集め、鉛のように銀をためこむのか？』（四十七章十九、二十節）。わたしは出かけて行き、錫のように黄金を、そして、鉛のように銀を、神の御名によって集めるでしょう、わが師よ！」

この文章、そして他のすべての信心深いユダヤ人にとって、重要な聖書のなかの文章が語っているようなこうした世俗的な財貨を尊ぶ考え方がある以上、たとえ後世の人々がそのような機会を与えようといかに努めたとしても、当然のことながら、富に反対する教説は、けっして発展することができなかった。しかも、タルムードのなかにも、聖書の文章と全く同じ調子で、「富は、富者が神の道を歩むときは祝福であり、そして貧は呪いである」とする個所がたくさんある。そしてどこでも富は、禁じられていない。少なくとも数例をここでかかげてみることにしよう。

「ヤハダはラビの名において教えた（次のように申命記の十五章四節はのべている）。『しかしあなたがたのうちに貧しい者はなくなるだろう』とそうはいってもあなたの家族は他のすべての人々より優位に立つ」（ババ・メツィア　三〇b）

「貧しいときにトーラーを守った者はだれでもついに富んだときにも守ることになろう」

（アボト　四章九節）

「信心深い者にとって、そして世の中にとって、飾りとなる七つの性質がある。その七つのうちの一つが富である」（アボト　六章八―九節）

「人は祈りにさいし、富と財貨をもつ者に身を向ける。……現実には、富と労働の両者は事業をするから、生ずるのではなく、すべてが功績にしたがって出現する」（キドゥシン八二ａ）

「出エジプト記二章三節は次のようにのべている。『もう隠しきれなくなったので（モーセの母は）、パピルスで編んだかごを取り……』。どうしてとくにパピルスなのか？　ラビのエレアザールはいった。『それというのは正しい人（信心深い人）はおのれの肉体よりも、おのれの金を愛するからだ』」（ソタ　一二ａ）

「ラビは、富者を尊敬した。それと同様に、Ｒ・アキバは、富者を尊敬した」（エルビン八六ａ）

「ラビたちの教え。だれが富んでいるか？　それは、おのれの富に満足を見出している者だ――これはラビ・メイルの発言。またラビ・トリフォンはいう『富者とは、ブドウ畑百、畑百、耕作用に小作人百人をもつ者だ』。ラビ・アキバはいう。『立居振る舞いがすぐれた妻をもつ者だ』。ラビ・ホセはいう。『おのれの食卓の近くにトイレをもつ者だ』」（サブ　二五ｂ）

「怒りに駆られ、計算もせずに金銭を浪費する者は公共の救護施設の世話になる以前に死

ぬことはないだろう」（ラビ・ナータン『倫理学』前掲書　二七頁）
「……苦境にあるとき人はもっともたしかに富の価値を評価することを学ぶ」（同書　二八頁）
「アスラヤのラビ・エレアザールを夢に見る者は、富を期待してもよい」（同書　一三七頁）
「聖書の列王記を夢に見る者は、富を期待できる」（同書　一三八頁）

文書ならびに口頭の伝承によって伝えられた、神が正しい人に恵まれる祝福としての富と繁栄についての告知にしたがえば、ユダヤ人の実際の世界観は、われわれが認識できるかぎりにおいて、大衆的、地上的な世界観であり、その現世への固執は（すべての来世への期待にもかかわらず）メシア信仰によって、一層強力な支持を獲得した。たしかにユダヤ人の間でも（超世俗的な）禁欲主義、世界からの逃避への足がかりは見受けられた。たとえば、九世紀に、カレエル人は修道僧的な生活方式の実践に結集し、十一世紀にはこうした考えをバハヤ・イブン・パクダが、スペインで説教した。しかしこうした方向はユダヤ人のなかには、けっして根をおろさなかった。彼らはむしろ、いかなる苦境にあっても、ユダヤ教を通じて、つねに世界を肯定し、富を楽しむ態度を維持した。これによってユダヤ人は、その宗教が、できるかぎりこの世の楽しみを苦いものにしようと試みるキリスト教徒と、真っ向から対立することになった。

それはちょうど、旧約聖書のなかの様々な著作のなかで、富が礼賛される半面、新約聖書のなかで、富が呪われ、貧乏が讃えられるのと同様である。エッセネ派のすべての世界逃避、世俗蔑視は、福音書のなかに流入した。どうかここでマタイ伝の六章二十四節、十章九節、十節、十九章二十三節、二十四節を念頭におき、それに数多くの類似の個所を比較してほしい。イエスは弟子に向かって「富んでいる者が神の国に入るよりは、ラクダが針の穴を通る方がもっとやさしい」といった（マタイ伝　十九章二十四節）。

これと似たような言葉はいくらもあり、これがすべてのキリスト教の宗教体系を、ユダヤ教とは根本的に違う基盤の上に建てたのだ。旧約聖書全体のなかで、これに相当する文章は一切見あたらない。すべてのタルムード的、ラビ的神学でもおそらく同じことであろう。信心深いユダヤ人と信心深いキリスト教徒が、実業生活に対して、いかに根本的に違った立場をとらねばならなかったかを示すには、多言を要しないであろう。キリスト教徒としては、あらんかぎりの手練手管を用いて富と利益獲得を敵とするエッセネ派的見解を、聖書の文中から取りださねばならなかった。おのれには神の国が閉ざされているところから、富んだキリスト教徒は、前述したように神の御名《みな》において、黄金を錫のように、そして銀を鉛のように蓄積した富裕なユダヤ人と違って、いかなる魂の不安に直面しなければならなかったであろうか？

この世間を逃避せよとの教えがキリスト教徒に、それこそ何世紀にもわたって彼らの実業生活に障害となっていたことはよく知られている。テルトゥリアヌス（約一六〇―二二〇年教会の哲学者）は「商取引は嘘ばかり」といっている。

ユダヤ人がこの障害を知らなかったことは、全く疑う余地がない。ユダヤ人は信心深ければ深いほど、そして宗教的な書物に通暁していれば、しているほど、それだけますます、実業生活への原動力をさかんにおのれの信仰の教えから汲みとったに違いない。真に敬虔なユダヤ人の心のなかで、実業への関心が、宗教の関心といかに密接に結びついていたかのまったくすばらしい実例をグリュッケル・フォン・ハーメルン女史の回想録が提供してくれる。

「与え、そして取り上げられる神よ讃えあれ。わたしたちの損害をつねにふたたび豊かに償ってくださる誠実な神よ讃えあれ」（一七三頁）

「そこで……夫がわたしに長い手紙を書いてきた。ともあれわたしが運命に甘んずべきだという空虚ななぐさめが示されていた。だが、神は――御名よ讃えあれ――わたしたちに他の場所ですべてをふたたび与えてくださるだろう。現にそうなったのである」（一五五頁）

「夫はこの見本市でふたたび巨満の富を獲得した。このことについて、恩恵と慈悲をわたしたちから取り去られることのなかった神に感謝しよう」（同頁）

「（旅行には帝国通貨で四百ターレルを上まわる経費がかかった）しかしわたしたちはそのことをあまり考慮しなかった。なぜなら、わたしたちは――ありがたいことに――大事業に取り組むことになったからである。恩恵と真理をわたしたちから取り去られなかった神よ讃えあれ」（一四六頁）

これと似たような文章が他の多くの個所にも見受けられる。

V　生活の合理化

ユダヤ教が、ヤーヴェという神と民との契約に基づいており、したがっていわば双務的な法の体系であることからしても、神の業は、その民の反対給付に対応しなくてはならない。「そこでわたしはあなたに対して何を満たせばよいのか？」

この民の質問に対し、主は下僕のモーセの口を通じて、しばしば、はっきりと回答した。主がつねにくりかえし、イスラエルの息子たちに切に説き勧めた二つのことがあった。それは、信心深くすることと主の律法を守ることであった。

「あなたがたはわたしに対して祭司の国となり、また聖なる民となるであろう」（出エジプト記　十九章六節、また申命記　七章六節、十四章二節でもくりかえされる）

「わたしはわたしの神、主が命じられたとおりに、さだめとおきてとを、あなたがたに教える。あなたがたが入って、自分のものとする地において、そのように行なうためである。あなたがたはこれを守って行なわなければならない。これはもろもろの民にあなたがたの知恵、また知識を示すことである。彼らは、このもろもろのさだめを聞いて、『この大いなる国民は、まことに知恵あり、知識ある民である』というであろう」（申命記　四章五節、六節。これは無数にくりかえされている）

ヤーヴェが求めているのは犠牲《いけにえ》でもなければ帰依でもなく服従である。

「それはあなたがたの先祖をエジプトの地から導きだした日に、わたしは燔祭《はんさい》と犠牲につい て彼らに語ったこともなく、また命じたこともないからである。ただわたしはこの戒めを彼らに与えていった。『わたしの声に聞きしたがいなさい。そうすれば、わたしはあなたがたの神となり、あなたがたはわたしの民となる。わたしがあなたがたに命じるすべての道を歩んで幸いを得なさい』と」(エレミヤ書　七章二十二節、二十三節)

事物の動きがユダヤ人をますます神の律法の完全履行のなかに、「正義」を求めるよう駆り立てたことがわかる。はじめのうちは、これとならんで、内面的な信心深さが求められたが、これらのものは後退し、きびしい合法性の形式主義に対して、その意味を失った。信心深いことと律法に忠実なことは同一の概念となった。さらにこのように律法に固執することは、民を最初はヘレニズム、つづいてキリスト教から守り、そして後には——第二神殿の崩壊後は——民に民族としての自立性を維持させるために、ラビたちが利用した一種の防衛手段であった。

ヘレニズムに対する闘争は、パリサイ主義を生み、規則ずくめの律法を廃し、その代わりに信仰を重んじようとしたパウロや使徒以後のキリスト教に対する闘争は、パリサイ主義をタルムード的ユダヤ教に変えさせた。「全生活を聖なる規則の枠内に閉じこめる」という聖書学者たちの古くからの傾向は、つねに一層の進歩を示した。政治的に孤立しているところから、ユダヤ人共同体(会衆)は完全に新しい教階制度に従属した。それは、聖書学者たちの「ノモクラティア」と呼ばれるものである。彼らはとくにユダヤ教の護持を目的とし、そのための手段に取り組んだ。学校と律法は、神殿と国家より長く生きのびた。パリサイ人的なラビに絶対服従すべしとの見解が、今や無制限に支配した。このときから「正義」は、正しい規則だった生活そのものを意味した。信心深さは、今や法律家となった聖書学者の影響を受け、完全に法的な、それも私法的な刻印が打たれた。宗教が市民法となり宗教法となった。「ミシュナ」のなかに、このきわめて法典的な、それればかりか法学的な性格が、すでにはっきりと現われていた。命令と禁止令、モーセの五書とそれに付随する規定こそが、一切粗探しをしたり、変更することが許されない神の命令であり、布告であると見なされた。これを手本にして、断固として履行せねばならなかった。外面的なことにいよいよ一層の重みがおかれることとなった。法律のなかにおける大事と小事の間の区別はますます小さくなった。「拘束する法律の方が、自ら規則を与えてゆく誠実さより一層なじみ深いものになった」とグレーツはのべている。[34]

そしてこの状態が、今日にいたるまで二千年つづいた。きわめて信心深いユダヤ人は、今日でもなお、この硬直した形式主義と規則遵守に固執している。いかなる変化も、ユダヤ人の信仰の基礎には起こらなかった。トーラーのあらゆる言葉が、モーセがそれを伝えた日と同様に、今日でも拘束力をもっている。

「イスラエルのトーラー。これはいわば、すべての倫理的、道徳的なるものの真髄である。その教育計画、教授要綱は、永遠の現実性をもっている。これは時代の流行や、そのときどきの改革にはけっして従属しない」[35]

そしてトーラーのなかに含まれる神の命令と禁止令は、その大小にかかわらず、またそれが意義深く思われようと、無意味に思われようと、敬虔な者たちによって堅く守られている。トーラーに書かれたことを、きびしく守る理由はただ一つ。それが神の律法だからである。したがって、ここではっきりと他律性が表明されている。

「あなたは命令を実行し、法の定める制限を尊重すべきである。それというのも、これは神の命令であり、神によって定められた制限であって、あなたがそれを正しいと見なすからではない。あなたには、その理由がわかっている命令だからではない——あなたはただ服従するのだ。そうすれば、あなたは神に服従することになる——神がそれをあなたに命令したが故に、あなたはそれを遵守すべきである。そしてすべての被造物と同様にあなたもまた、各被造物とともに、神の召使いであるべきだ。それがあなたの使命なのだ(36)」

そしてこの何も思いわずらうことのない律法遵守こそが、正しい人をつくり聖者を仕立てあげる。

「トーラーの説く意味で聖なる者とは、われわれに啓示された神のご意志を、それがまるでおのれ自身の意志であるかのようになんらのためらいもなく、しっかりと覚悟した上で喜んで、実行に移す能力をもっている者である。こうした信心深さ、このように神のご意志のなかに、おのれの意志を完全に没入させることは、ただ少数者のみが完全な形でこれまで到達したか、あるいは今後到達することになる崇高な目標である。

浄化の律法は、そのためにこうした清浄に向かっての努力にまず結びつく。しかしこうした努力は万人にとって可能である。それは絶えざる自己監視と自己陶冶《とうや》、それに低俗、下品なもの、感覚的、動物的なるものとの不断の戦いのなかにある。トーラーの規則の遵守は、われわれをつねにより高い清浄の段階に引き上げてくれる確実この上もない梯子なのだ」

この言葉のなかには、清浄と合法性という二つの基本的要請のなかに出現する状況が明らかにされている。われわれが学んだのは、イスラエル人の不変の最高努力目標とは、僧侶の民族であり、清浄な民族であることにつきるという事実、それとともに、この目標に達するもっとも確実な道は神の律法をきびしく守ることにあると思われている実情を理解することだ。そしてこの内的結びつきを、完全に明白にしたとき、われわれは、ユダヤ教が彼らの生活のすべての形成にとってもつ本来の意味をおしはかることができるであろう。とどのつまり、「外面的」合法性は、けっして表面的なものではない。それはつねに、持続的な影響を内的生活に及ぼし、そして内的生活は、硬直した法の形式主義をこうして遵守することによって、まさに一種独特の特徴をもつようになるのだ。

ユダヤ教の後期の考え方に導かれる心理的な過程は、したがって、次のようなものであると思われる。人はまず神の律法にのみ相対しており、その内容についてはとやかくいうことはないというのだ。しかしその後、しだいに当然のことながら、素材としての内容も、信者にきわめてはっきりと示されるようになったに違いない。きわめてきびしく規定された生活の理想が、神の言葉のなかから、信者に出現してくるようになった。この理想に向かって努力すること――「正しく」「信心深く」あること――は信者の憧憬となった。律法は信者にとっては三つの理由によって遵守されることになった。

⑴神が最高の要請として律法をつくったから。

⑵律法を履行するのは、そのなかに生活態度の理想を実現するよすがとなる様々な要求が含まれているから。

⑶律法そのものをきびしく守ることが、あの理想に近づく確実な手段として認められるから。


したがって、ユダヤ教の活動の本質を理解しようとするならば、われわれは――ユダヤ教の形式主義的、合法的性質を洞察することを越えて――（素材的に）「清浄」ということが敬虔な者たちによって、どのように理解されていたか、そして、今、理解されているかについてはっきりしたことを知らなくてはならない。このことを知ったあとはじめて、われわれはまたあの宗教上のとりきめが（そのことをわれわれは最優先の事項として知りたいのだが）、実際生活に及ぼす影響を理解することができるのだ。

ユダヤ人の敬虔さに基づく清浄な生活とは、そもそもいかなるものであるかは、ユダヤ教が疑いもなく備えている、前章に示したような、現世的な特徴を想起さえすれば、一般的表現を用いて容易にのべることができよう。そうしてみると、ユダヤ教でいう「清浄」とは、他の宗教、たとえば、仏教とかあるいは原始キリスト教のような、生の否定や生の抑制といった意味をもっていないことは確かであろう。超世間的な禁欲は、（前述したように）ユダヤ教とは無縁である。

「あなたに与えられた魂は、これを保持すべきで、けっして抑制してはならない」

これはタルムード[37]が生活態度規制のために打ちだした根本原則であり、あらゆる時代を通じてあてはまっていた。

したがって、生の否定はけっして清浄を意味しないが、衝動的人間の自然な生活もまた、清浄には導かれない。なぜなら、そうなると聖なる生活は正しい人によって充足さるべき課題とはならないからである。そこで浄化された生活として理解さるべきもので残るのは、自然を離れた規則にしたがい、理想的な計画に沿って、意識的に自然な生活と並行して、あるいは自然な生活に反して営む生活となる。清浄はひと言でいえば、生活の合理化である。それは自然なままの衝動的、動物的な生き方を熟考された目的にかなった道徳的生活に置きかえることだ。自然そのもののなかにも、根本的には、すべて自然な動機から誘導されるものをなくした道徳律が樹立される。

「たとえ善に向かうものであっても――人間の天然自然の素質ではなく、自然そのままの衝動から解放されたおきて、すべての自然なものを克服した道徳の創造が問題になるのだ」

清浄とは浄化されることを意味する。そして浄化とは行動に出ようとするすべての現実的な駆動力を道徳的服従の形式的要素によって克服することにある。純粋形式的な律法の遵守の意味は、次のことのなかにある。

「人間はしだいに自然と習慣の束縛から解放され、効用と快適をめざすだけの衝動から自由になり、日常的で下品で快適な感覚の満足を克服し、あらゆる行為と意欲を起こすさい、ひたすら理想的な関心に奉仕するだけのもろもろの行動によって囲繞《いにょう》されることになる」[38]

したがって、きびしい二元論――たしかにわれわれ全員の血のなかにひそんでいる、あのおそるべき二元論――が、道徳的に価値あるものについてのユダヤ人の考え方を特徴づけている。自然はたしかに不浄ではない。しかし自然はまた清浄でもない。自然はわれわれによって清浄になるのだが、まだ清浄ではない。自然のなかには「罪」に向かうすべての萌芽が含まれている。ヘビはエデンの園と同様、今でも依然として草のなかにかくれて様子をうかがっている。

「神は悪しき衝動をおつくりになった。神はまたこれに対抗しトーラーを、すなわち香料（救済手段）としての道徳律をおつくりになった」[39]

人間の全生活は、自然の敵対的諸力に対抗する唯一の大いなる戦いである。このことは、ユダヤ人の道徳神学を支配する指導的思想であり、したがって、この思想に適合するのは人間の生を放棄したり、抑制したりせずこれを合理化し、自然から脱却させ、浄化することを助ける模範、規則の集大成である。

ここで、キリスト教＝エッセネ派道徳と、ユダヤ教＝パリサイ派道徳との間の根本的相違が明らかにされる。前者は首尾一貫して俗世を捨てて孤独、修道院（たとえ死に直行するわけではないにせよ）へと導く。後者は信者を何千もの鎖で俗世の生活に、また市民生活にがんじがらめに縛りつけ、それでもなおかつ、おのれの自然の姿から脱却することを要求する。キリスト教の教義は、高徳な人を修道僧にまつりあげ、ユダヤ教の教義は、そうした人を合理主義者に仕立てあげる。禁欲というものが、人間のなかにある動物的なるものの克服というように理解されるかぎりでは、前者は世俗外の禁欲、後者は（よくいわれているように）、世俗内の禁欲で終わる。

ここで個別的な規則をじっくり吟味するならば、われわれはユダヤ教の「道徳律」の特性（これは何度もくりかえし強調されねばならないが、道徳律はつねにまた宗教のおきてでもある）をより良く認識することができるだろう。

律法の効果は二つの意味において考えられる。まずはそれが存在すること、次にその内容の作用である。

さだめとおきて、すなわち律法があるからこそ、これを良心的に履行する義務があるからこそ、そしてこれらの律法が、人間におのれの行為をじっくりと考え、それらを合理的に仕立てあげてゆくことを強制するからこそ、人間にそもそも、いかなる生活態度をとるべきかという意識が生まれてくる。あらゆる快楽に対しては警告が与えられる。あらゆる衝動的かつ刺激的な生の表現は、数百にのぼる指示の形で信者を囲繞する無数の里程標、道しるべ、警報機、そして信号機によって排除される。

「人間の自然なもろもろの努力のなかに、律法を通じて秩序、法則、それに尺度が導入される。形式的な合法性を奉ずることによって、人間は生を一つの全体的、統一的な偉大な生活目的と見なす。さらに、神のお気に召すような行為すら、すでにしっかりと固定されたものと見なされる」
「人間の志操が、つねに律法の履行に向けられている場合には、その者の生活はたしかにまだ組織的に整えられておらず、あるいはいかにも人工的につくりあげられているだけである。しかし、そうした生活は道徳的理念一本に貫かれている」

無数の律法の規則の履行——マイモニデスは、周知のように三百六十五の禁令（そのうち二百四十三が、今日でも有効である）と二百四十八の命令を打ちだした！——は、典拠の十分な知識なくしては不可能だが、それでも法にしたがうという義務は、聖書とくにトーラーの熱心な学習を含んでいる。そしてこの学習のなかに、人生航路を清浄なるものに仕立てあげようという手段がふたたび見受けられることになる。

「もしあなたが悪い衝動に駆り立てられるならば、その衝動をどうか学校まで引きずって行きなさい」とタルムードに書いてある〔キドゥシン　三〇六〕[39]。

命令と禁令がたくさんあることは、信者の生活を浄化するためだという考えは、あらゆる時代に普及し、今日でもなおすべての正統派のユダヤ人によって維持されている。

「神はイスラエル人を浄化しようとされた。そのために神はおきての数を増やされた」（マッコート二三[40]）

「命令は、人類を浄化するために神から与えられた」（ヴァイクラ・ラバ　十三章[40]）

「人間にとっては生まれない方がよかった。だがひとたびこの世にある以上、人間はしばしばおのれの行動を調べるべきである」（エルビン　一三a）[40]
「毎夜、人は終わったその一日中に行なった行為を調べるべきである」（マーゲン・アブラハム　二百三十九章七節）[41]
「思考されたもの、観察されたものは、一、つ、の発言のなかで表わされる」[42]

今日、敬虔なユダヤ人集団のなかにあって、合法性の道徳的意味についての考え方がどのようになっているかは、次の有名な人々の発言から判明するだろう。
「神への畏敬が……われわれの全生活のすべての意識、思考、それに感覚に浸透するように、宗教はその教えと真理を法的な規則のなかにかくしておいた。さらに、悪への余地が一切残らないように、イスラエル人のすべての思考と、感覚に浸透するように風俗、習慣のなかにこうした教えと真理を秘めておいたのだ」[43]
「宗教のおきてにかなった生活態度が、倫理的な教えと教育の源泉となる。まず最初にあげられるのが、すべての人間存在に法的秩序を編み込むことであり、すべての労働と、すべての生活の喜びに随伴する規則の履行を浸透させることである。ラビの教説が個人と全体を、法にかなった行為によって囲繞することによって、また日々の、そして歳月のすべての時間を、自然の出来事と人間の運命と体験が法的に包括することによって、さらには万人が、そして個人が、生活の活動と生活の享受にあたって祝福の言葉、すなわち、象徴的行為、あるいは一つの習慣の実践によって浄められることによって、すべての行為と欲求と作用は、同じような種類の包括的な統一となる(44)」

生活の活動と享受のすべて、そしてあらゆるものが宗教のおきてにかなった規則によってとらえられ、なんらの違反も認められないということは、本質的には命令と禁止令の列挙からなる今日でも普及しているユダヤ教の宗教書を一瞥すればわかることだ。「すべてのあなたの途上に」という言葉は、今日でもなお敬虔なユダヤ人にはあてはまる。こうした人は、王様にめぐり会うかもしれない。旅行中、廃墟の傍らを通るかもしれない。薬をのみ、風呂に入るかもしれない。あるいは嵐の到来を、疾風の過ぎる音を聞くかもしれない。こうした人は起床し、着衣し、トイレに行き、食事をとるだろう。家のなかに入ったり、出たりするだろう。友人にあいさつするかもしれないし、敵にあうかもしれない。ともあれ、敬虔なユダヤ教の信者には、あらゆる出来事について守らなければならない規則があるのだ。

全く特別にわれわれを浄化する影響とは、トーラーのすべての禁止令を正確かつ良心的に守ることである（前述したように、そのうち二百四十三個が今でも通用している）。これを通じて、われわれは、あらゆる思考と感情、あらゆる言葉と行動の表出にさいして、はたして神のご意志にかなって思考し、感じているか、そして話しあるいは行動しているか？　と自問することになる。だがわれわれは、これらの規則にただしたがっているだけでは、清浄であれとの命令を満足させてはいない。トーラーはむしろ、われわれに許されている領域においても節度をもってつつましくしていることを命じているのだ。

この最後の言葉によって、合法性の内容的な側面に、すなわち規則が実質的に信者から要求している事柄へと、すでに導かれている。われわれがユダヤ教の道徳神学について、すでに知っていることからすれば、こうした法の内容を規定するのは、そんなに難しくはない。明らかにすべての法の規則は、人間のなかの動物的なるものを抑圧し、その衝動のうごめきを束縛すること、さらには、自然な動機を目的を熟考することにとって代わらせることを狙っている。一言でいうなら、これらの規則は「人間を倫理的に調節する」ことをはかっている。

前もってその合法性を吟味し、その結果、浄化の目的に役立つことが認められるまで、一切考えたり、語ったり、行動したりしてはならない。したがって、それ自身のためのあらゆる生活活動は排除される。さらにすべての自発的行動は排除され、自然な衝動から出現するすべての行為は排除される。

慢然とした気分で自然に接し、喜んだりしてはならない！　人は神の賢智と善良を思うときだけ、快楽をもつことが許されるのだ。早春木々が繁るとき、信心深い者は次のように語るべきだ。

「この世の、いかにささやかなものでも、欠陥のあるままですまされることなく、人間が満足できるように、この世に美しい木々や、生物をつくられたあなたよ、讃えあれ！」

虹を見るとき、この人はヤーヴェとの契約を想起する。高山の上で、壮大な砂漠のなかで、あるいは壮大な河川を見るなど、心が躍動するときはいつも、この人はおのれの感謝の祈りを次のようにまとめる。

「はじめて、この美しいお仕事をなさったあなたよ讃えあれ！」

芸術作品を平然とした気持ちで感嘆してはならない！　造形芸術の作品は、それが第二の律法に違反するおそれがあることからしても、すでに忌避された〔第二の律法とは次のとおり。「あなたは自分のために、刻んだ像を造ってはならない。上は天にあるもの、下は地にあるもの、また地の下の水のなかにあるものの、どんな形をも造ってはならない」（出エジプト記　二十章四節）〕。しかし文芸作品も、それが神となんらかの関係がないかぎり、敬虔な信者にはほとんど問題にされなかった。そしてすべての読書は、それが少なくとも実用上の利益をもたらすときのみ有益とされた。

「もっともよいのはトーラー、あるいはそれに関係のある著作を読むことだ。もし気晴らしのために他の本を読むさいには、われわれの実用的知識を増進させてくれるような本を選ぶべきだ。娯楽のために、またただでさえ少ない時間をつぶすために書かれた本のなかには、罪深い欲望を喚起する傾きのあるような本がたくさんある。これらの本を読むことは禁じられている[45]」等々。

無害であっても世俗的な楽しみはいけない！

「嘲笑する者が巣くっている場所――それは異教徒の劇場とサーカスだ」

儀式的な祝祭に属していない歌謡、舞踏、宴会は禁じられる。ラビのドーサ・b・ヒュルカンは次のようにのべている。

「朝寝、昼酒、子供とたわむれること、それに下品な人々が集まる場所に御輿《みこし》を据えることは人間を短命にする」(46)

「快楽を好む者は貧しい人となり
酒と油とを好む者は富むことがない」（箴言　二十章十七節）

敬虔な者にとって無価値なもの、あるいは妨げになるものは、したがって、人間を「無思慮な」生活活動に導くようなすべての特性をもつ。たとえば、もしかすると何か不都合な事態を発生させるかもしれない熱狂や感激がある。(47) それに情け深いこと、あるいは心情の柔軟さだが――あなたはただ「好意の理念があなたを導くときだけ」善良となるであろう。

「あらゆる病的な傾向や苦しんでいる者を見ることによって、あなたの心を感動させることは避けるべきだ。理想的なおきてとさだめの高揚された威厳をつねに念頭におくべきだ」(48)。

官能的性質――情熱の源泉（したがって罪の源泉）は肉欲である。天衣無縫、簡単にいえば、自然なもののすべては、したがって不信心な人間を特徴づける。(49)

これに反し信心深い人々の主な徳目は、自制、熟慮、秩序愛、勤労、節度、倹約、貞潔、それに冷静である。

自制と熟考はとりわけ言葉の制御に表わされる。このことは次のように何度もくりかえし説教されている。

「愚者の口は、その者を破滅させる」

「おのれの唇を閉ざしている者は賢明である」

　こうした警告はとくにひんぱんに知恵の書のなかに現われる（ここでは次の個所を指摘しておこう。伝道の書1,8　箴言10, 8; 10, 10; 10, 19; 10, 31; 14, 23; 17, 27, 28; 18, 7; 18, 21; 21, 23　イエズス・シラハ4, 34（29）；5, 15（13）；9, 25（18）　カプの書19, 20, 22）

　ところで後の伝承も次のようにのべている。

「ラビはいわれた。『無駄な会話をするものは、律法に違反している』」。……またラビのアブラハム・b・ヤコブは「そうした者は禁令をおかしているのだ」といった。

「われわれを浄化する仕事は」と現代の宗教書の一つはいう。「まったく本質的には、われわれがおのれの発言にさいしてもつ能力、われわれの沈黙できる技術によって制約されている……発言する能力は、神聖かつ有益な目的のために（人間に）与えられている……しかしその目的のいずれにも役立たない無益なおしゃべりは、われわれの賢者によって、聖書のもろもろの個所を根拠に、禁じられている[50]」

　しかし、全く一般的に敬虔な者からは自制が求められている。

「強者のなかでも、最大の強者は、おのれの情熱を制御できる者である」（ラビ・ナータ

ン　二十三章一節）

「自分の心を制しない人は、城壁のない破れた城のようだ」（箴言　二十五章二十八節）

熟慮について。

「勤勉な人の計画は、ついにその人を豊かにする。すべて怠るものは貧しくなる」（箴言　二十一章五節）

「人が知識がないのは良くない。足で急ぐ者は道に迷う」（箴言　十九章二節）（ゾンバルトの引用文では「知識がなく貪欲なのは良くない」となっている）

勤勉と倹約。

ユダヤ人は太陽をめざめさすべきであって、太陽が彼をめざめさせてはならない。ラビはこれについて詩篇の五十七章九節を拠り所にしている。

「勤勉に彼は日を過ごさねばならない。怠惰は禁じられている」（これにあたる文章は詩篇の五十七章九節にはない）

「怠る者は自分の獲物を捕らえない。しかし勤め働く人は尊い宝を獲る」（箴言　十二章二十七節）(51)

「急いで得た富は減る。少しずつ貯える者はそれを増やすことができる」（箴言　十三章十一節）

「その仕事を怠る者は、滅ぼす者の兄弟である」（箴言　十八章九節）
「知恵ある者の家には尊い宝があり、
愚かな人はこれを、のみ尽くす」（箴言　二十章二十節）
「怒りに駆られて、計算もせず、金銭を浪費する者は、公共の福祉施設に入れられる前に死ぬことはない」（ラビ・ナータン『倫理学』Ⅲの二）

大切なのは人間のもっとも強力な衝動を制御し、それを規制された軌道内を走らせ、人間の原始的な姿を解体させ、熟慮された目的―手段の機構のなかに封じこめ、合理化することである。

ここで食糧需要の充足の問題が登場する。空腹も食欲が命ずるままではなく、肉体の要求に対応して鎮静させるべきである。たとえ飲食でも、賢人は神聖な模範にしたがい、神の栄光のために行なう。したがって、無数の食事に関する規則があるのだ。まず、祈りではじまり、祈りに伴われ、そして祈りで終わるという、食事のさい熟慮すべきことをさとしている。だからこそ、節食がすすめられる。だからこそ、飲食にあたって、ひたすら目的に奉仕することを考えないで、ただ喜びを感ずることに対し警告が発せられるのだ。伝道の書の十章十七節はいう。

「君主たちが酔うためでなく、力を得るために、この言葉は、栄養の摂取を「合理化」するために、しばしば道徳の文献として利用されている。たとえば、ラビ・ナータンの『倫理学』二十章三節を見てほしい。ここでは今日にいたるまで伝道の書のような、多くの宗教書が敬虔な者に、次のように呼びかけている。「あなたはまさに神のおかげで、神の被造物をおのれの食糧に用いる権利をもっているのだ。もしあなたが動物のようにガツガツ飲食するのでなければ、あなたの飲食も神に対する奉仕のための精力の蓄積として、ひたすら神に捧げられることになろう(52)」等々。「もしあなたが、食欲をそそるべく、それこそ喜悦のために食事するならば――そのときのあなたの飲食は純粋に人間のあるべき姿ではない……しかし、あなたが食事によって、神のお気に召すように強力な生命力と肉体を育成しようという意図で、適量の飲食をするならば、あなたの飲食は真の人間にふさわしく、あなたの行動同様、神への奉仕となる……したがって清浄な行動に対するのと同様に、あなたはおのれの食事に取り組むべきである(53)」「イスラエルびとは、栄養の摂取を神聖な行為として浄化し、おのれの食卓を祭壇と見なし、おのれの食事をおのれの義務遂行に必要な新しい力を得るために摂取する犠牲《いけにえ》と見なさなければならない(54)」(だが普段は、ユダヤ人の料理は、周知のように全くすばらしいものがある)

そして最後に――そしてもちろんこれが眼目だが！――空腹の処理と同様、性愛も「合理化」され、したがって自然からの脱却がはかられている。

性愛の分野におけるほど、最終的にユダヤ人を、全世界とはいわないまでも（キリスト教をその理念に感染させることによって）、文化的な世界で、ほとんど一般的に承認させる契機となったあの硬直した二元論が強力に表われているところはどこにもない。すべての以前の宗教は、性愛のなかに、神聖さを見出し、つねに敬虔なおののきをもって性行為自体を神の啓示と見なしてきた。これらの宗教はすべて、形式において粗雑、繊細の違いはあれ、男根崇拝を知っていた。これらの宗教にあっては、どれ一つとして感官の刺激を罪であると断じたり、女性を罪の代表者と見なすことはなかった。ではエズラ以後のユダヤ人の場合はどうであったろう。

モーセは威儀を正して主の前に現われるために、おのれの妻を遠ざけた。彼はこれによってわが身を清浄にした。

ヨブはいった。

「わたしの目とわたしは契約を結んだ。どうしてわたしはみだらな目付きで若い女を見ることができよう」

箴言も、女性を警戒する言葉に満ちている。

「遊女の唇は蜜をしたたらせ、
　その言葉は油よりもなめらかである。

しかしついには、彼女はにがよもぎのように苦く、
もろ刃のつるぎのように鋭くなる」(五章三十四節)

タルムードとラビの諸文献も、同じような精神が支配している。いうなれば、女性に対する不安である。

「脳裏に快楽の有様を浮かべる者は、追放される」(ニッダ　一三b、ファッセルの独訳より)

「姦淫の罪を犯すより死んだ方がよい」(ザンヘドリン　七五a)

死によってもつぐなわれない三つの大罪には、殺人、偶像崇拝と並んで、不倫があげられる。

「女性と仕事をしようとする者は、女性と単独で働いてはならない」(キドゥシン　八二a、ヴュンシェの独訳より)

すべての法典に、こうした不安が連綿としてつづいている。結婚の法典である「エーベン・ハ・エーゼル」(十九章)によれば、一般に危険な女と見なされている女性と同衾したものは、投石の刑に処せられる。こうした女性の衣服や指先ですら欲情をもって見ることは禁じられる。また一人の女性につきっきりで奉仕させたり、年頃の姉妹や、おばに抱きついたり、キスしたりすることは禁じられる(二十章)。また(危険なほど)一人の女とだけいることは禁じられる(二十二章)等々。

今日でも、ラビが信者に与える警告のきびしさはいささかも減少していない。

「あなたは姦淫へのあらゆる接近を避けよ……あなたの想像力を不純にし、不潔なものにな

じませるようなものを見たり、聞いたり、読んだり、考えたりしてはならない……街頭で女性のあとをつけていってはならない。全くやむをえないときでも、物欲しそうに女性を見てはならない。あなたの目は、欲情をたたえて女性やその毛髪を見てはならない。あなたの耳は、肉欲的に、彼女の声を聞いてはならない。あなたの目は女性の姿かたちを眺めてはならない。そればかりかあなたは女性が着たことがわかっている衣服を、まじまじと見てはならない。なにしろ機会をつくらないことだ！　二人の男女は、けっして他人の出現がありえない場所で一緒にいてはならない。男女は互いに冗談を交わしあってはいけない。またたとえ冗談でも、手を握りあったり、ウィンクしたり、抱きあったり、キスしたりするのは罪である[55]」

こうした警告が意味なく発せられたわけではなかったことは、おのれの苦悩について次のようにのべたヤーコプ・フローマーというユダヤ人の自己告白が証明している。

「わたしはこれまで女性を人格化されたもろもろの罪としてのみ知っていた。女性にふれ、女性を凝視し、女性の歌を聞くことは、犯罪であった。それに女性のことを考えるだけで魂は汚れた。すでに五歳の男の子であったとき、わたしは女たちに体がふれるのではないかと恐れて、女たちが座っている敷居の間を抜けて通ることができなかった……もしあなたが誘惑者（サタン）に街頭で会ったならば、どうか誘惑者をユダヤの聖典のおかれているところに連れてゆきなさい……もっともそこでも誘惑者はおとなしくしていないだろうが。その後わたしは女からの護身法について助言してもらった。もし人が女のことを考えざるをえないときは、ひとたびその女から皮膚をはぎとったなら、嘔吐をもよおすような見苦しい姿になることを想像すればよいのだ。街頭でみだらな女の視線から身を守るためには、人はたえずヤーヴェという文字を思い浮かべるべきだ[56]」

今やふたたび核心が現われた！　こうした性的な神経症的な不安状態には、他の宗教でもお目にかかることができる。「もろもろの罪」が女性の姿をとってひとたびこの世に現われて以来、すべての二元論的な宗教においては、生涯を通じて肉欲的なもろもろの表象を刺激し、それでいて女性から逃げまくるという異常性格者が続出した。ところが、他の宗教では、こうした心情の方式が、彼らの代表者を荒野のなかへ、あるいは修道院の密室のなかへ追いやり、とにかく性交を一切しないという意味での貞潔を強いるか、さもなければ、彼らを性的倒錯者に仕立てあげる半面、ユダヤ教では、同じような心情をもつ者がいたにせよ、男子なら十五歳、女子なら十二歳で結婚させるとの便法をとった。その必然的結果がどのようになるかは、容易に理解できよう。ふたたび一言でいえば、結婚における性的交渉の合理化である。たしかに性交は禁じられていない。しかしそうはいっても、性交は根本的には罪であり、その原則は全く変わらない。ところで性交を罪深い性格から脱却させるためには、その自発性を奪い、精神化、浄化する道をたどらせねばならない。このことは、男女が性行為を神の栄誉のために、賢人が打ちだした信心深い規則にしたがって実施することによって実現した。

「夫は妻なくてはすまされず、妻は夫なくしてはすまされない。しかし夫婦というものは、神の精神をこの結びつきのなかで支配させずにすますことはできない」

すでにタルムードは夫婦が――神のお気に召すように――そもそもどんな態度をとるべきかについて、数多くの規則をかかげている。

中世に道徳神学のこの部門が、特に強力に発展した。マイモニデスはきわめて精密な規則を打ちだした。その後十一世紀にはラビのエリーゼル・b・ナータン（通称ラーベン）は結婚に関する法典《エーベン・ハエゼル》を刊行したが、そのなかで彼は、この事柄の取り扱いについて各種各様の規定を（はじめて）体系化し、法制化した。十三世紀には、ラビのナハマンが結婚の神聖さについての著作を書いた。その根本思想によれば、夫婦はいついかなるときでも、おのれを浄化せねばならない。すなわち「神の偉大さとともに道徳的に神聖な世界の目的の実現という崇高な理念に満たされねばならない[57]」

結婚に関するラーベンの法典のなかに出てくる「結婚の法律」、すなわち当然のことながら、結婚生活に関係するもろもろの法規定を含むこの法律は、その後トゥールとシュルハン・アルフの一部をなした。これらのなかに取り入れられた形式は、したがって今日でも（注釈をも加えて）、敬虔なユダヤ人にとって拘束力ある法律となっている。ラーベンの法典の二十五条の規定（七十六条と並んで）が、ここで問題になるわけだが、それは文言もほとんど変えられずに現代の宗教書（たとえば、ファッセルやヒルシュらの著作）のなかに取り入れられている。その基本的な考え方は、われわれがはじめて見たのと全く同じである。夫は妻ともども軽率なことをしでかし、二人だけでいるときも、愚劣なことを語っておのれの口を汚してはならない。またその間に妻相手におしゃべりすべきではない。性交の最中でも、夫はおのれの楽しみを望んではならず、自分は債務を支払う者だと考えなくてはならない。なぜなら、夫には、そのさい、神の命令を履行する、すなわち、種族を増やし、子供をつくる義務があるからである。

「この目的のために行なわれるのではないような男女の性行為は、おのれに授けられたもろもろの力の乱用であり、人間を獣に格下げすることである。いやそればかりか、まったく獣以下の淫乱にすぎない」(ヒルシュ)

「結婚した夫婦は貞潔な方式で結婚生活をしなければならない。けっして過度の性交を行なったり、情欲に満ちた肉欲的な考えを性交のさいもってはならず、ひたすら、種族の保存という目的達成のために人間にふさわしい性交をせねばならない」(ファッセル)

この基本的な考え方に適合するのが、無数にある屁理屈である。わたしはこの主題を、自分の草稿のなかではきめ細かくあつかったが、印刷された言葉を見て吐き気をおぼえた。そこでわたしは読者のためにこうした個所を拙文から取り除いた。専門家であれば原史料から削除した部分をとりだし容易に補完することができるだろう。ラビの文献については、ここで一言ふれておくが、この分野では一方ではリグオーリやその仲間たちが伝える情欲的な僧が告解聴聞席で知りえたような性愛観があると思えば、他方ではピューリタンの道徳とも親近性がある。

敬虔な考え方によれば、アーロン〔モーセの兄弟・ユダヤの祭司〕はひそかに「最高の快楽の瞬間においてすらヤコブの息子はおのれの義務を意識せよ」という警告を与えている。「あなたは、おのれの肉体のもろもろの力を清浄に保ち、これを感官のつまらぬ快楽のなかで浪費したり、あなたの神のご意志に反して乱用したりせず、ひたすら神があなたにお与えくださった方式を用い、その目的に即して使うのだ。またあなたは、全き人間であり、全き神の召使いである。そして動物的な行為も世界をつくるという神聖な目的のための神聖な任務と見なすのだ。そしてあなたはこの神聖な目的のために動物的要求を制御するのだ。さらにあなたは、神への奉仕以外に浪費したり、あるいは、神のご意志にそむいて使ったあらゆる精力の片鱗にも、神が責任を問われることを銘記せよ――このことをアーロンの言葉があなたに呼びかけるのだ――もしあなたが獣になりたかったら、あなたは第一歩から迷走するがよい[58]」

二千年の長きにわたって、性交の本質と浄化について、ユダヤ人の考え方を左右したこれらすべての思考の動きは、トビア書〔旧約聖書外典。神への信頼、律法の遵守、それに隣人愛で傑出していたトビアとその父についての、いかにもユダヤ人好みの物語が書かれている〕の八章の四から九節を含めるすばらしい物語のなかに表われているように思われる。そこでわたしはその部分を引用することによって、この奇妙なくだりにふさわしい結末をつけようと思う。

「しかし二人が閉じこめられたとき、トビアは寝台から立ち上がっていった。『立て妹《いも》よ、そして主がわたしたちをあわれんでくださるよう祈ろうではないか！』。そしてトビアは身を起こして祈った。『わたしたちの先祖の神であるあなたよ、讃えあれ。あなたのお名前はとこしえに讃えられるであろう！　天とともにすべてのあなたの被造物は、あなたを讃えるに違いない！　あなたはアダムをお造りになり、そのそばに忠実な協力者、妻のエバをお与えになった。そしてこの二人から人間の種族が発生した。あなたは男が独身でいることはよくないからふさわしい異性の協力者をつけてやろうとおっしゃったのだ。

そこで今やおお主よ、わたしはわが妹を肉欲のためでなく、公正な意図からわが妻とするのだ。どうかわたしに恩恵を与え、わが妹とともに高齢に達せんことを』。すると彼女も彼とともに『アーメン』と唱え、二人は夜をすごした」〔わが妹とトビアはいっているが、彼女は実はいとこにあたる〕

ではなぜわたしは、とくにユダヤ教のこの側面をくわしくあつかったのだろうか？　それは、わたしが実際に、ユダヤ教によって影響された生活、とくに性生活の合理化をユダヤ人の経済生活に対する意味において、けっして過小評価できないと信じたからである。一般に、ユダヤ人の経済的態度への宗教の影響を主張しようとするときには、われわれはかならずや、生活態度の合理化こそこうした影響を行使するもっとも効果的手段と認識せねばならない。

まず考えられるのは、こうした合理化に、様々な特性、「徳目」の存在が依存しているということである。これらの徳目とは、秩序立った経済の実施には不可欠の勤勉、秩序愛、節約やそれに類似したものをいう。さらに、賢人が規定した生活のすべての様式においても、経済が重きをなしていることがわかる。冷静、節度、敬虔は明白に実業家に役立つ特性である。聖典、とくにタルムードやラビ文献において、生活態度の理想として絶賛されているものは、まさに有徳の香料商人の道徳と銘打つことができよう。おのれの妻で満足し、正確におのれの債務を支払い、日曜（あるいは安息日）に教会（シナゴーグ）に赴き、まわりの罪に満たされた世間を、無限の軽蔑をこめて見おろすのだ。

しかしこうしたタイプ——有徳な香料商人——の養成だけで、ユダヤの道徳学の功績が終わるわけではない。それればかりではない。そもそも、こうしたことはユダヤ教道徳独自の実践ではなく、また経済生活の成長にとってとくに重要な事業ではない。市民的な礼儀正しさはむしろ、ツンフトの仕事部屋のなかや商店の勘定台の背後で、養成されたのだ。わたしは、実際には今日しつけのよい市民の美徳として、評価され賞賛されているすべての美徳が、かならずや小市民的生活の狭い環境のなかで発展したに違いないということについての証明を別の個所で明らかにするであろう。小市民的生活のなかで美徳があてはまる領域は、きわめてはっきりときめられる。たしかに資本主義はとくに倹約、秩序愛、それに家政重視の感覚が資本主義経済の建設のための基礎をまず築かねばならなかった発生期においては、そうしたあの特別な香料商人の美徳によって促進されたこともあった。だが資本主義自体は、そうした特性から成長したわけではない。われわれは、何はともあれ、ユダヤ人がとくに資本主義的な発展に貢献したものが何であったかを、つねに確かめたいと思っている。

そういう意味からすれば、経済的エネルギーの発展のために家庭生活の育成が、疑いもなくもっている意味を考えるべきであろう。さらに、家庭生活のこうした育成と浄化が、実はもともとユダヤの賢人の仕事（もちろんユダヤ人の外的運命のなせるわざ）と見なすべきだと考えねばなるまい。なぜなら明らかに婦人は、まずはじめには、ユダヤ人の間では、大変尊敬されていた。そしてこのことのみが、男性の生活態度にも持続的な影響を与える内面的な家族生活の基礎をつくることができた。そして整然とした家族の幸福を生みだすための外面的な様々な規定や警告的な訓戒のすべてを、タルムード学者やラビたちは婚姻締結や夫婦の同居、子供の教育などに関する規則を制定することにより、できるかぎり実行しようとこれ努めた。結婚生活が、敬虔なユダヤ人にあっては、他の宗教の信者よりも、今日でもやはり「神聖に」保たれていることは、「外面的には」私生児の誕生についての統計が証明している。ユダヤ人にあっては、どこの土地でも、キリスト教徒とくらべて私生児の数がずっと少ない。とりわけ今日でも、正統派のユダヤ教が信奉されている地方では、まったくごくわずかしかいない。ここで実例をあげてみよう。(59)

人口千人あたりの私生児の数

地名	全住民	ユダヤ人

プロイセン王国（一九〇四）	二・五一人	〇・六六人
ヴュルテンベルク（一九〇五）	二・八三人	〇・一六人
ヘッセン（一九〇七）	二・一八人	〇・三三人
バイエルン（一九〇八）	四・二五人	〇・五六人
ロシア帝国（一九〇二）	一・二九人	〇・一四人

とりわけロシアに関していえば、正確な比較をすると私生児の数がユダヤ教信者の間では、各種のキリスト教の信者の間よりもはるかに少ないことがわかる（もっともここ数十年の間に、ユダヤ人の性道徳はすでにいくらか弛緩している）。

年	ギリシア正教	カトリック	プロテスタント	ユダヤ教
一八六八年	二・九六人	三・四五人	三・四九人	〇・一九人
一八七八年	三・一三人	三・二九人	三・八五人	〇・二五人
一八九八年	二・六六人	三・五三人	三・八六人	〇・三七人
一九〇一年	二・四九人	三・五七人	三・七六人	〇・四六人

ユダヤ人の家庭生活においては、男性はこれに最高の生きる価値を与え、これから力と新鮮さと勇気を、さらにはおのれの生活活動圏の保持と発展への関心を汲みだしている。こう

したユダヤ人が実践し、築きあげた家庭生活がはじめて、男性の活動力の核心をつくりあげると考えることができよう。この力はたいしたもので、そのおかげで、資本主義のようにきわめて巨大な力を要求する経済組織を運営できるようになった。この経済組織が要求するような巨大なエネルギーの放出は、男性の心のなかに、たんに社会的であるばかりでなく、とくに個人的―精神的―心情的にとらえられた個々の家族への関心をよびさます心理的な駆動力の仲介なくしては、十分に考えることができない。

しかしわれわれは、おそらく心理的動機づけの表層の下にある人間の生理的身体的な過程の深層のなかへいわば坑道を掘り進めてゆかねばならないだろう。思うに、ユダヤ人男性の構造が、全く特別に、結婚生活、とくに性生活のなかにもちこまれた合理化によって影響を受けたことをわれわれとしても熟考せねばならないであろう。われわれが直面している現象は次のようなものだ。その血液からして、普通の尺度以上に性的なことに打ちこむ民族――これをタキトゥスは淫蕩な一族に向けて下された運命と名づけた――はその宗教の規定により、性欲を強力に制限された。婚外性交は厳禁された。だれしも一生一人の女性で満足せねばならなかった。しかも妻との性交もわずかな回数に制限された。前述したことに、さらに付加していえることは、妻の体にふれぬ日が一月に五日プラス七日と定められた。それに妻は、息子を産んだ後は、七日プラス三十三日が、そして娘を産んだ後は、十四日プラス六十六日が「不浄」であるとされ、夫は妻の体にふれることが許されなかった――したがって毎年、（もし一年に一度子供が生まれるとしたら）四十日から八十日の不自由を忍ぶ日（待命期）の他に、毎月十二日、妻にふれない日が加わった。

この独特な状態に基づいて、ユダヤ人の男性のエネルギー経済にとって、全く固有な結果が発生したに違いないことを、ずぶの素人でも、即座に見抜くことができよう（そしてこのことは、医学の専門家がきわめて精密な調査をした結果、学問的に確かめられている）。

思うに、性交の制限により蓄積されたエネルギーは、別の方向で威力を発揮することになった――別の方向というのは、周知のように西暦紀元後のユダヤ人が特別の状況におかれていたためもあって、経済活動の方向を意味していた。しかし百尺竿頭一歩を進め、たんにごく一般的に、性欲の制限と経済的エネルギーとの間の関連ばかりでなく、あの部分的な性生活面の禁欲と、利益獲得衝動との間の特別な関連を確定すべく努めることが、このさい必要であろう。さしあたり、この面ではまだ必須の学問的裏づけが不足している。わたしの知るかぎりではこの――すべての現代社会学の基礎となるべき――問題に取り組んだ唯一の研究者はウィーンの精神科医ジーグムント・フロイトである(60)（一八五六―一九三九年。ユダヤ人、精神分析学の創始者。ウィーン大学医学部を卒業後、パリに学んだ。心理現象を性欲と自我との葛藤とみる彼の理論は、たんに心理学ばかりでなく広く人文社会科学にも影響を及ぼした）。彼の「衝動の抑圧」理論のなかで、時折、性欲を金銭獲得の方向へ押しやることが少なくとも可能であることがほのめかされている。だがこの面については、専門の学問的な調査を待たねばならないだろう。なぜなら、素人考えに基づき、われわれは日常生活で次のようなことを確認しているからだ。すなわち、王侯貴族といった連中が好んで、恋愛三昧と金銭の浪費を結びつける傾向がある半面、けち、貪欲、物欲、それに金銭の過大評価は概して、貧弱な、あるいは変質した性生活に結びついているということだ。だがこのような日常生活のなかでの観察をもとにして、こうした深刻な問題にあえて回答しようなどと思いあがってはならない。それでもとにかく――さしあたり仮説の形をとるだけだが――わたしの立証の連鎖のなかに、この論拠を組み入れる権利が、拒まれるとは思われない。ということは、ユダヤ人の特別な資本主義的能力の大部分は、ユダヤ人の男性がその宗教の指導者たちから強制された部分的な性的禁欲に帰せられるという主張を打ちだすことだ。

これと同様に、とくに人種衛生学ならびに人類学的傾向の最近の学問的調査は、次のような事柄を確定するはこびとなった。すなわち、生活態度の総体的合理化はユダヤ人の肉体的、精神的能力にいかなる影響を及ぼしたか、この方向において性生活のきわめて理性的な規制（すでにかなり以前から、ユダヤ法においては、肉体的あるいは精神的に劣った人々が結婚生活に入るのを制限している）が、栄養の完全な合理化（食事のおきて、節度の規則！）や類似の事象にいかに作用したかということである。[61] わたしはこうした調査が、一層大がかりな、組織化された仕事になることを期待している。

ところで、本節を終えるにあたってわたしが確かめたいと思っていることがある。生活態度の合理化は、自然に反する（あるいは自然と共存する）生活になじむことによって形式的には、卓越した姿をとることになる。それというのも、やはり自然に反する（あるいは自然と共存する）資本主義制度のような経済組織は、これによって建設され、発展、あるいは促進されることになるからである。そこでわたしが確かめたいのは、生活態度の合理化が、こうした事情からしても、当然のことながら経済分野におけるユダヤ人の活動に、きわめて大きな意味をもっていたのではないかということである。

営利の理念は、経済的合理主義の理念とともに、根本的にはユダヤ教が一般にユダヤ人に課した生活規則の経済生活への適用に他ならない。資本主義が発展できるようにするためには、自然な衝動的な人間をまず完全に体質改善させねばならなかった。さらに原始的本源的な生活の代わりに、まず特別に合理的な魂のメカニズムを備えさせ、生の価値づけ、生への思慮を、いわば逆転させねばならなかった。資本主義的人間《ホモ・カピタリスティクス》は、こうした逆転からついに出現した人工的、技巧的な形成物である。もちろんこの変化の過程は、その大部分が資本主義自体によって成就された。しかしこの過程は、あらゆるユダヤ人が、おのれの生活の過程において、ユダヤ教の影響の下に体験した新しい生の動きによって促進され、そしておそらく本源的に刺激されたのであろう。ユダヤ人と資本主義的人間は、両者が合理的、技巧的人間であることからしても、同じ種類に属している。

しかしこういった事情がある以上、宗教によるユダヤ人の生活の合理化は直接、資本主義のためのユダヤ人の能力を、たとえ生みださなかったとしても、必ずや、向上させ増加させたに違いない。

VI　イスラエル人と外国人

ユダヤ人にとってその経済的経歴の上でプラスになった外的なもろもろの状況を想起するとき、われわれは、特別に重要な要素として、ユダヤ人のなかに何世紀にもわたって生きてきた異邦人性を主張せねばなるまい。これは心理的、社会的意味において捉えられた異邦人性である。ここで確定すべきことは、まず、異邦人性の根源がユダヤ教のもろもろの規定のなかに求められるべきこと、それにまさにこの宗教が、あらゆる時代において、ユダヤ人の異邦人性を尖鋭化し、また固定したことである。

われわれはユダヤ教がノモクラティア（律法遵守）へと発展した有様を追究してきた。そしてまさにこの発展とともに、当然のことながら、ユダヤ民族の隔離が促進された。「法が、彼らに派閥の精神を与えた」と一般にユダヤ史のこの側面をきわめて適切に記述したルロア゠ボリューがのべている。この律法があるというたんなる事実が、律法信奉者を、まわりの人々とのすべての交流から隔てた。おのれの律法をきびしく守ろうとするならば、ユダヤ人は不信者《ゴイム》から隔絶された生活をしなければならなかった。ユダヤ人自身が、非ユダヤ人の立場からすれば、もともとは認可、特権であって、けっして敵対を意味しないゲットーをつくりあげた。

彼らは、周囲の低級な民族よりもすぐれていると自負し、自ら選ばれた聖職者の民族であると感じていたために、隔離されて生活することを欲した。ラビたちはこの誇りを助長すべく、努力してきた。エズラは、異教徒他民族との結婚を、高貴なユダヤ人の血を汚すものとして禁じてきたが、これは今日までつづいているならわしである。それというのも信心深いユダヤ人は、「主よ、讃えられ、あなたはわたしを不信者になさらなかった」と祈るからである。

そして彼らはディアスポラ〔離散〕以後すべての世紀を通じて、分散にもかかわらず（律法が彼らをしばる強力な紐帯によって）いやそればかりか分散のおかげで隔離されたまま生活してきた。隔離されたがために結束したともいえるが、むしろ、結束したがために、分散したといった方がいいであろう。

結束、これはまさに本質的にユダヤ人の積極的な国際主義を基礎づけたバビロン捕囚〔紀元前五八六年〕からはじまる。多くの、とくに裕福な人々は（注意してほしい、自発的に！）バビロンにとどまった。しかし彼らはユダヤ教を捨てることなく、熱心にこれを維持した。彼らは故郷の土地に戻っていった同胞と活発な交流を保ち、彼らの運命に深い関心を寄せ、彼らを支援し、時々彼らに新移住者を送りこんだ。[62]

ヘレニズム時代にディアスポラが本格化したときも、こうした結束はけっしてゆるがなかった。

「彼らは個々の都市内で、そして全世界で結束した。滞在しようとしたいかなる土地でも、彼らはユダヤ教を信じてたじろがなかった。荒地のただなかでも、彼らはアット・ホームな気分になれる故郷をもっていた。ヘレニズム時代の諸都市で、彼らはたしかにおのれのユダヤ的本質をおおう衣服としてではあったが、ギリシア式生活用式とギリシア語を採り入れた」（ヴェルハウゼン）

その後のすべての世紀を通じ、追放先で生活する間中、ユダヤ人は同じ状態を維持した。それどころか、ユダヤ人全体を結びつける紐帯は一層緊密になった。

「あなたは、彼らがどんなに結束しているかを知っている！」

とキケロは叫んだ[63]。

ところで、ローマ帝国時代から伝えられるところによると、西暦一三〇年の反乱にさいし、「国内および国外の全ユダヤ人は活動し、多かれ少なかれヨルダンの反乱者を支援した[64]」今日でも、ユダヤ人がロシアのどこかの都市から追放されたときは、文字どおり同じことがあてはまるであろう。

結束、そしてそれがための隔離。ユダヤ人が抱く外国人に敵対的な考え方や、彼らの自ら隔絶する傾向は、古代以後もつづいていった。証明されるかぎりでは、アブデラのヘテテウス（紀元前約三〇〇年）によって非難された「異民族との結婚拒否」がかねがね諸民族を驚かせていた。その後古代の多くの著述家がこのことを論じたことがわかっている[65]。それもつねにほとんど同じ言葉でのべられている。もっとも有名なのは、タキトゥスの次のくだりである。

「ユダヤ人同士は互いにきわめて忠実である。そしてつねに同情を示す用意がある。しかし、他のどの人々に対しても、彼らはひたすら憎悪と敵意を示す。彼らは食事のとき離れたところに座り、また離れた場所で眠る。種族としては彼らは肉欲にふける傾向があるが、外国人の女性との性交渉を避ける」（『歴史』五巻五章）

　ユダヤ人のために書かれたユダヤ側の弁明はタキトゥスのこの批判にけっして反論を加えようとしなかった[66]。したがってこれは理の当然とされた。

　たしかにユダヤ人は結束が堅かったし（また今でもそうである）、たしかに彼らの居住地の元々の住民が、その法律によって、また敵対的態度をとることによって、ユダヤ人を排斥しているためにしばしば結束を固めたことはある。しかしもともと、本質的には、ユダヤ人自身がそのように望み、運命に他ならない彼らの宗教にしたがって生きなければならなかったからである。このことが事実であったことは、ユダヤ人が快適に暮らしていけた土地、住民が当初彼らに対していたって同情的であった土地に住んでいたユダヤ人の態度からはっきり察知することができる。この状況は古代の多くの時代にあてはまる。そのためにわたしは意図的に、彼らの孤立傾向に関する証拠をもちだしてきたのだ。このことは中世にもあてはまる。たとえば西暦一世紀のアラビアの有様がそうだ。その頃でも、アラビアのユダヤ人にとって、ユダヤ教は伝承されてきた形式のなかで、タナイト、アモレーアの人々が彼らに与えた特色をとり入れながらも、きわめて神聖であった。彼らはきびしく食事の規則、祝祭日、それにキプールというユダヤ教の断食日を守った。また安息日を遵守した。

「彼らは客人を大歓迎する土地に住み何一つ文句をいうことはないのに、彼らの父祖の神聖な土地に帰ることに憧れ、毎日、毎日、メシアの到来を待った……彼らはパレスチナのユダヤ人と連絡をとりあっていた」(67)等。

これと同じ状況がムーア人〔八世紀にスペインを侵略したアラビア人〕のいたスペインでも見られた。イスラム教徒のもとで暮らしていたキリスト教徒が、アラブ的性格の世界のなかで、おのれの固有性をあまりにも失ってしまった結果、自分たちの母国語であるゴート人系のラテン語を忘れ、信仰告白の書物をもはや読めなくなり、キリスト教そのものすら恥ずかしく思うようになったのにひきかえ、スペイン在住のユダヤ人は、教養を高めるにつれて、ますますおのれの母国語、聖書、父祖伝来のユダヤ教への愛情と感動を高めていった(68)。

この感動は、彼らの思想家や詩人の作品にも反映している。ユダヤ人が中世に生みだしたもっともすぐれた詩人たちは——長い間彼らは尊敬されて生きてきた——スペイン—アラブの世界のただなかで、きわめて「民族的」であり、したがって、厳格に宗教的であった。そして彼らは彼らの詩的な力を、メシアへの期待から汲み取り、恩寵に満たされた都市シオン(69)〔エルサレム〕への抵抗しがたい衝動に駆られた。そのなかでも最大の詩人エフダ・ハレヴィーを考えてほしい。彼の「シオン賛歌」は新ヘブライ語文学の精華であり、まったく民族的なユダヤ精神に満たされている。

ちょうど青空のなかを進む凝縮された暗雲のように、ユダヤ人は歴史のなかを歩んでいった。彼らはあの太古の神聖な時代を生き生きと想起し、新鮮な息吹きを浴びて、つねに活性化し、かつ精神を高揚させた。今日でも信心深いユダヤ人は「神はお前を、エフライムやマナセのような人にしてくださるだろう」といって子供たちを祝福する〔エフライムはヘブライ語で豊穣の意味。ヨセフの息子のこと。後にはイスラエル十二種族のなかの一種族の名前となる。マナセはヨセフの長男、イスラエル人の父祖〕。

この宗教によって影響を受けたユダヤ人の民族的結束と、他民族からの隔離が、経済生活に及ぼした重要な結果は、われわれがすでにその意味内容を分析した、あの異邦人性であった。ゲットーから一歩外へ出るや否や、ユダヤ人のすべての交渉は、外国人相手の交渉となった。なぜこの個所でわたしが再度この点にふれるかというと、それは前述したように、異邦人であるという状態から当然生じた独特の関係が、ユダヤ教の規則からも意識的に認可され、それが全く首尾一貫した発展の道を歩んだことを示すためである。さらには、ここでは元々の住民に対する外国人としてのユダヤ人の態度が神の律法にしたがうことでもあったということを示すためである。したがって、ユダヤ人の特別な態度は、宗教上命ぜられた律法遵守のためというお墨付きをもらっており、技巧的につくられた対外国人法のなかで、厳格に要求されたわけではないものの、はっきりと容認されている。

このユダヤの対外国人法のなかでもっとも重要な、そしてもっともひんぱんに論じられている規定は、利息の禁止、あるいはもっと正しくいえば利息の許容である。(70)（われわれが知ることができるかぎり）文化の初期にあるあらゆる土地と同様に、古代ユダヤの共同体にあっては、「利息のつかない貸付（今日の法律用語を用いれば）だけが、相互扶助の許された形式、あるいはむしろ自明の形式であった。しかし早くも最古の法律（これも一般に遵守されてきた慣習であったが）のなかに、「外国人」（非同胞のこと）からは利息をとってもよいという規定がみられた。

このことがのべられている主な個所は、申命記の二十三章二十節である。利息の取り立てに関するトーラーの別の個所は、出エジプト記の二十二章二十五節とレビ記の二十五章三十七節である。こうしたトーラーの規定について、タナイムの時代から今日にいたるまで、いたるところで活発な論議がくりひろげられた。そのなかの核心となったのは、ババ・メツィア七〇b以下の有名な論争である。わたしは、この議論の大部分がもっぱらトーラーによってつくられたきわめてはっきりした事態（しかもこの事態はさらにミシュナのなかでもほとんど変わっていないことがうかがわれる）を、ありとあらゆる詭弁を用いて曖昧にしようという目的に奉仕したとの印象を受けた。ただ兄弟には利息を取って貸してはならない」といっている。もちろん曖昧さがすでに、この原テキストのなかにもうかがわれる。それというのも、ヘブライ語では、未来と命令が同一形をとるので、この個所は「あなたは外国人から取ることができるだろう」どころか「外国人からあなたは、高利を取るべきだ」と読むこともできる（「高利を取る」はつねに利息をとることしか意味しない）。

われわれの疑問にとっては、ただ次のようにはっきりさせるだけで十分である。すなわち、ユダヤ教の信者は、聖書のなかで（不信者との交易において）利息を取ることが、少なくとも許されるとの条項を見出したことである。そのおかげで、ユダヤ人は中世全期を通じて、キリスト教徒がひたすら嘆息したあのおそるべき利息禁止令からは解放されていた。しかしこの法はわたしの知るかぎり、ラビたちの教義のなかでは、けっして真剣に問題にされなかった。[71] だが疑いもなく、利息を取ってもよいという規定が、外国人相手なら高利を取るのは義務だというふうに解釈し直された時代もあった。こういう時代には、したがって高利を取れとの厳密な読みとり方が愛好されたわけだ。

こうした時代というのは、この問題が実際生活面で焦眉の急となった中世後期以後の数世紀であった。現代において、この対象をあつかっている著述家たちは、外国人に関係する申命記の二十三章二十節は、イスラエル人の生活を規制するおきてであること、それに、外国人には高利で貸付けるべきだということが伝統を通じて教えられていったことに注意を払っていないように思われる。この方式で、このおきては――一九八条として――シュルハン・アルフにも伝えられていった。（このあまりにも明白な！）[72] ユダヤの対外国人法の諸規定が不都合になったとき（そもそもなぜか?）、近代のラビたちは一九八条のような諸規則の意味を、ここでいわれている外国人とは、すべての非ユダヤ人ではなく、ただ「異教徒」「偶像崇拝者」をさすと主張することによって緩和しようと努めている。だが、だれが前者に属し、そしてだれが後者に属するかということについては、つねにはげしい論争が行なわれた。そしてたとえば一九八条のおきてをしっかりと記憶にとどめていた信者は、おそらく、学識のあるラビによる微妙な区別ができなかったであろう。こうした信者にとっては、自分が利息をとって貸付けた人物が、ユダヤ人でも、同胞でも、隣人でもなく、ただの不信者であるということで十分であった。

ところで、ここで読者にじっくりと考えていただきたいことは、ヨーロッパで金銭の貸付がさかんになり、しだいにこれを母体に資本主義が生まれようとしたとき、敬虔なユダヤ人が敬虔なキリスト教徒と、そもそもどんなに違った状態におかれていたかということだ。まず、「高利貸し」をしていた敬虔なキリスト教徒は、死の床にあって、良心の呵責にたえかねて煩悶し、臨終をひかえて突然おのれの全財産を喜捨する構えを見せたが、それというのも不正に獲得した財産がおのれの魂を焼きつくす業火のように苦しめたからだ。その半面、敬虔なユダヤ人は臨終にさいし、彼が長い一生の間に、不幸なキリスト教徒（あるいはまたイスラム教徒）の民衆から搾取した大金がいっぱいおさまっている金庫や長持ちをほくそ笑みながら眺めることであろう。このユダヤ人にとっては、敬虔な彼の心を安らかにしつつ眺められる情景である。なぜなら、ここにおさめられている利息の金銭は、彼が神に捧げた犠牲《いけにえ》のようなものだからである。

しかしユダヤ教の（聖なる）法のなかにおける「外国人」の地位が、その他の点でも例外的なものであったこと、彼らに対する義務が「隣人」すなわちユダヤ人に対するそれと比べてあまりきびしくなかったことを否定するのは、無知あるいは悪意でしかないであろう。たしかに、外国人をいかにあつかうかという方式についての法（ならびにとくに慣習）の考え方は、数世紀を経るにつれて、いろいろと変化していった。しかし「あなたは同胞にくらべ、外国人に対してはそれほど顧慮する必要はない」という基本的な考え方はトーラーの頃から現代にいたるまで、全く変わっていない。聖書（とりわけトーラー）、さらにはタルムード、それに、応答歌のなかの外国人に関する法を、とらわれのない気持ちで研究すれば、つねにこうした印象が残るものだ。今日でもなお弁護的な著作のなかでは、ユダヤの法律が、外国人に対して友好的であったことを証明するため、トーラーのなかの有名な個所、すなわち出エジプト記の十二章四十九節、二十三章九節、レビ記の十九章三十三、三十四節、二十五章四十四—四十六節、申命記の十章十八、十九節が援用されている。だがまず第一に、ここでまさに中心的問題になっている「法規」的な記述においてはもちろん「口伝」の伝統に無頓着であるわけにはゆかなかったし、第二にトーラーのこれらの個所においてすら、「なぜならあなたたちもエジプトでは外国人であったから」という理由から外国人をていねいにあつかえという警告（もちろん、古代パレスチナにあっては、後のユダヤ人分散の時代とは違って、外国人といっても、全く別の意味をもっていた。それでもゲル〔外国人〕とゴイム〔不信者〕とは全く違った意味をもっていた）はなされていたものの、それとならんで、外国人をより少ない権利をもつ者としてあつかえとの指示（あるいは許可）がすでに与えられていた。

「……すべてその隣人に貸した貸主は、それを許さなければならない。その隣人または兄弟にそれを督促してはならない。主の許しが示されたからである。外国人にはそれを督促することができるが、あなたの兄弟に貸した物は許さなければならない」（申命記 十五章二、三節）

利息を取ることについての状況はいつも同じであった。ユダヤ人と非ユダヤ人を全く区別してあつかったわけである。しかも、当然のことながら、非ユダヤ人が、ユダヤ人よりも少ない権利しかもたないという法律上の事件が、数世紀の間に、ますます多くなり、最後の法典ではその数は実に多くなった。わたしはホーシェン・ハミシュパト法典から、次の諸条項をあげておく(これらが外国人の異なった法的状態が明確に表明されている場所のすべてではないことは明らかだ。一八八、一九四、二二七、二三一、二五九、二七二、二八三、三四八、三九八と次項以下)。

対外国人法の経済生活に対する重要な意味は二面あると、わたしは思っている。

まずはじめに、ユダヤの商工業に関する外国人に敵対的な規定によって、外国人との交易はたんに遠慮会釈なく行なわれたばかりでなく(したがってすべての外国人との交易のなかにみられるこの傾向が尖鋭化したばかりでなく)、そのように表現するのが許されるならば、商業道徳もいたって弛緩したという一面がある。

わたしは、さっそく、この作用はなにも必ず発生するわけではないが、きわめて容易に発生することがあるし、とりわけ東欧のユダヤ人の間では、ひんぱんに起こることを認めておこう。たとえば、(これまでしばしば論じてきたように)対外国人法のある条項は「異教徒(外国人)自身によってなされた計算上の誤りはイスラエル人の利益になるように利用できるが、そのさい、ことさらこのことを指摘する義務はない」とのべている(この条項は、トゥールにははじめは入っていなかったが、のちにカロの法典にはおさめられていない。またカロの法典にははじめは入っていなかったが、のちにイッセルレの注釈を通じて導入された）。そうなってくると、こうした法思想（しかも、他の多くの法の条項もこの思想によって満たされる）は敬虔なユダヤ人の心のなかに、「そもそも外国人との交易にあたっては、お前はそんなに几帳面に振る舞う必要がない」という考えを、かならずや植えつけたに違いない。したがって彼は主観的には、一切不道徳な言動をしたとの責任を負う必要はない。彼は同胞を相手どる場合は、きわめてきびしい、正しい尺度、重量に関する法律の規則[73]を、しっかり守ることができた。彼は、自分が外国人相手にいくらか、「儲け過ぎても」安心して行動することができた。たしかに多くの場合、彼はきびしく「お前は、外国人を相手どっても公正であらねばならぬ」とさとされた（たとえばシュルハン・アルフ　二三一）。しかし問題は、これをはっきりいわねばならなかったということである！　しかもこれにつづいて次のような非難の表現がみられる（ホーシェン・ハミシュパト　二二七の二六）。

「非ユダヤ人を相手どったときには、儲け過ぎてもよい。なぜなら、レビ記の二十五章十四節が『あなたの隣人に物を売り、また隣人から物を買うとき、互いに欺いてはならない』と書かれているからである（ここで問題になっているのは欺くことではなく、外国人から取得する高い金額のことだ）。

外国人を相手どるとき、あなたは多少だましてもよい。彼らと交易するさいは五度くらい、適当なことをやってもよい（これによりあなたはけっして罪を犯したことにならない）」

こういった全く曖昧な見解は、多くの東欧のユダヤ人共同体のようにタルムード学習のさいに形式的で、ゆがんだ法解釈が促された土地でしっかり根をおろした。これがどんなにユダヤ人の業務態度を弛緩させるような影響を与えたかについては、グレーツが、まのあたりに見るように、はっきり描いている。(彼はこの問題では、非難する余地のない証人であることからしても)わたしは彼の文章をそのままそっくりここで引用しようと思う(というのも、彼の発言は、東欧のユダヤ人の経済活動の特徴の多くを解明してくれるからである)。

「曲解や、こじつけ、三百代言のような奸計、自分たちの視野のなかにおかれていないものを茶化したり性急な拒絶反応を示すこと……これがポーランドのユダヤ人の根本的性格である……まじめさや正義感は、単純さや真理に対する感覚と同様、彼らから消滅した。従者も親分たちの奸策に満ちた性質を受け入れ、自分たちほどずるくない者をだますために活動する。こうした連中は、偽ることとだますことに快感を見出し、一種の勝利の喜びにひたるわけだ。もちろん同族の仲間に対しては、彼らも利口なのだから、こうした奸策を利用するわけにはゆかない。だが、こうした連中が交易相手にしている非ユダヤ人の世界は、自分たちに損害を与えるポーランドのユダヤ人のもつタルムード精神のおそろしさを痛感している。……ポーランドのユダヤ人の腐敗は、血なまぐさい方式で、彼らの身の上に報復してきた。そしてヨーロッパの他のユダヤ人もポーランドのユダヤ人の性質に、一時的に感化された。(コサックによるユダヤ人迫害の結果)ユダヤ人がポーランドから流出したことによって、他のユダヤ人もいわばポーランド化されたのだ」[74]

ユダヤ法のなかで、外国人を異なってあつかう規定が生みだしたおそらく一層重要な第二の影響は、全く一般的に、商工業経営の性質についての考え方が変化したこと、それも後述するように、早くから、営業の自由と自由貿易の方向に変化していったことである。ユダヤ人が自由貿易の元祖（そしてこれによって資本主義の開拓者）として認められることになった以上、ここではっきりさせたいことは、彼らが、早くから自由貿易を促しつつ発展した産業法（これはつねに神聖なおきてと見なされる）をとくに用意したこと、さらに、こうした自由主義的な法律は明らかに対外国人法によって強く影響されたことである。なぜなら、外国人相手の交易においては、個人的に結びついた法の原則がまず弛緩し、自由経済的な思考によって置きかえられることを、かなりはっきりと追究できるからである。

わたしはここで次の諸点を指摘したい。

価格法（あるいは価格政策）は、同胞のユダヤ人との交易においては、タルムードや法典のなかでは全く公正価格の理念（ちょうど中世全体がそもそもそうであったように）の勢力圏内におかれており、したがって価格形成の慣習化が、生業の理念に則って追求されている。ところが非ユダヤ人を相手どるときは、公正価格が取り下げられ、「近代的」価格形成が当然なことと見なされるようになる（ホーシェン・ハミシュパト　二二七の二五、ババ・メツィア　四九b、および次節以下を参照してほしい）。

だが、こうした考え方が、たとえどこから現われたにせよ、すでにタルムードのなかで、そしてもっとはっきりとシュルハン・アルフのなかで、中世のすべてのキリスト教の法とは全くもって異質な営業の自由や、自由貿易の考え方が、展開されているという事実そのものが、きわめて重要である。根本的組織的に研究することによって、原典の資料を文句のつけようのないほど、一つひとつ確定することは、ふたたび、賢明な法律ならびに経済の歴史家にとって大いに感謝される仕事になるであろう。わたしはここでまた、わずかないくつかの個所を引用することで満足せねばならないが、それらの個所だけでも、すでにわたしの主張の正しさを立証するのに、十分であるように思われる。

まずはじめに、商人の間の自由競争を根本的に是認したタルムードと法典のなかの個所がある（したがって他の関連で見てきたように、礼儀正しい商人の本質に関する前資本主義ならびに初期資本主義のすべての考え方に矛盾する業務態度も是認されたわけである）。

ババ・メツィアの六〇ａｂ以下は、（ザムターの独訳によれば）次のとおりだ。

ミシュナはいう。「ラビのエフダは、小売商人は店に年中来るようにさせるため、子供たちに歌を教えてやったり、クルミなどを進呈してはならないとさとしている。しかし賢人たちはそれを許容する。次に普通の価格以下で売ってはいけないとされている。しかし賢人たちはそれについて、価格変動はよいことだという。人は割れ目の入った豆をえりだしてはならないとされている。ところがアバ・サウルはこれに反し、賢人たちはそれを許すと断定する」

ガマラは聞く、「おたずねします。その根拠は何でしょう？」

その答え、「それはラビが人に、『わたしがクルミを分配するように、おまえもスモモを分配しろということだ』」（！）

ミシュナには、次のように記されている。

「また価格を下落させてはならないといわれる。これに反し賢人たちは価格変動への留意はよいことだという。質問、ラビの根拠は何ですか？　それはラビが門戸をひろげるからだ(価格を下落させるからだ)」

「小売商人は彼らのもとに買物に来る子供たちを引き寄せるために、クルミなどを贈り物として与えることが許されている。また彼は、市場価格より安値で売ることができる。しかし市場の人々はこれに文句をつけることができない」(ホーシェン・ハミシュパト　二二八章の一八)

ホーシェン・ハミシュパトの一五六章の七も似たようなことをのべている。おのれの商品を都市のなかに運ぶ商人は、各種各様の制限を受けている。「しかし外国人が、都市の人間より安く売るか、よりすぐれた商品を売った場合でも、都市の人間は、ユダヤ人がこれにより利得を得るからという理由で外国人の商売を妨げることはできない」等々。あるいは、ホーシェン・ハミシュパトの一五六章の五の「ユダヤ人が非ユダヤ人に低利息で金を貸そうとしても、他の者はこれを妨げることができない」。

それと同様に、われわれはユダヤの法律のなかでは、「営業の自由」のために(少なくとも、シュルハン・アルフでは)、営業独占のかたくなな原則が打破されているのを見出す。ホーシェン・ハミシュパトの一五六章の三によると、ある街路の住民のなかに一人の手工業者がおり、他の者はこれに反対していないという状況がある。ところが住民のなかの別の者が、手工業者と同一の仕事をはじめようとするとき、第一の手工業者はこれを妨げることができない。たとえ新参の手工業者が他の街路の住民であったとしても、「あの男は、わたしからパンを奪ってしまう」などということはできない、等々。したがって、なんら疑う余地はない。神は自由取引を望まれている。神は営業の自由をお望みなのだ！　これを経済生活のなかで、実際に活用させることは、なんとはげみになるだろう！

Ⅶ　ユダヤ教とピューリタニズム

わたしがすでにこれまでに何回ものべたように、マックス・ヴェーバーが行なった資本主義にとってのピューリタニズムの意義に関する研究は、わたしのユダヤ研究を大いに刺激した。それというのも、とりわけ資本主義の発展にとって意義あるピューリタニズムの主な理念が、実は、ユダヤ教のなかで、一層きびしく、そして当然のことながら、はるか早期に形成されていたという印象を受けたからである。わたしはここでは、この見解がどのくらい正しいかをきめ細かく立証することができない。もしそうした仕事に取り組むならば、わたしはこの章全体の成果を、ヴェーバーが苦労して引きだしたピューリタニズムの根本理念と比較せねばならないであろう。しかしこうした比較は、少なくとも、ここで調査されている状況のもとでは、ユダヤ教の考え方と、ピューリタニズムの考え方の事実上ほとんど完全な一致が明らかにされるに違いない。すなわち、宗教的関心の優位、試練の考え、（とくに！）

生活態度の合理化、世俗内的禁欲、宗教的観念と利益獲得への関心との結合、罪の問題の数量的なあつかい、その他もろもろの事柄が両者にあっては全く同一なのである。

とくに重要な点をことさらとりあげるならば、性愛の問題に対する独特の立場と性的交渉の合理化は、ユダヤ教とピューリタニズムの両者では、全く細部にいたるまで同一である。わたしはアメリカ、フィラデルフィアの一流ホテルの客室で、プリントされた次のような掲示を見た。

「尊敬すべきお客様、ご婦人と仕事の打ち合わせをなさるときでも、ご婦人がいらっしゃる間は、客室のドアは開放しておくよう是非お願いします」

そしてタルムード（キドゥシン八二a）では次のように表現されている。

「婦人と仕事をする者はだれしも、婦人とだけ一緒にいてはならない……」

イギリスの日曜日は、ユダヤの安息日であることを両者の比較がすぐに教えてくれる、等々。

それに、ユダヤ教とピューリタニズムの内的関係——たとえこれで十分だというほどの成果が現われなくとも——は、別の面で、研究の対象になった。ジョウ・G・ダウの「ユダヤ人とピューリタン」（「ジュー・コータリー・レヴュー」第三巻〔一八九一〕五二および次頁以下）がそれである。また、わたしは慧眼なハインリッヒ・ハイネが、ピューリタニズムとユダヤ教との間の親近性をかなり以前に洞察していたことを想起したいと思う。「ユダヤ人で「プロテスタントのスコットランド人は」」と彼は『告白』のなかでたずねる。「ユダヤ人ではないのか？　彼らの名前は、いたるところで聖書からとられているし、その上信心深そうな言葉は、どこかエルサレム的パリサイ人的だし、宗教もブタ肉を食べてもよいというだけのユダヤ教ではなかろうか？」

　ピューリタニズムはユダヤ教である。

　ヴェーバーとわたしの記述に基づけば、両者の精神的関連、いやそればかりか両者の精神的一致を確定させることは、もはやそれほど困難ではないと思われる。

一層困難なのは、他の問い、すなわち「ユダヤ教によるピューリタニズムの外面への影響を証明できるか？」、さらに「あるとすれば、たとえばどんな種類の影響か？」という二つの問いに答えることである。宗教改革時代に、ユダヤ教と多くのキリスト教の宗派との間に形づくられた密接な関係はよく知られているし、当時ヘブライ語やユダヤ教の研究が、流行の学問として愛好されたことも周知の事実だ。しかし、とりわけ十七世紀にユダヤ人がイギリス人、とくにピューリタンに熱狂的に尊敬されたことも、よくわかっている。それはたんに、オリヴァー・クロムウェルのような指導者の宗教的な考え方が、全く旧約聖書を足がかりにしていたということばかりではない。クロムウェルは、旧約聖書と新約聖書との和解、ユダヤの神の民と、イギリスのピューリタンの神の会衆の内面的結合を夢見ていたのだ。ピューリタンの説教師ナサニエル・ホームズ（ホメシウス）は多くの預言者の文言にしたがって、ユダヤ人に平身低頭してつかえるために、ユダヤ人の従者になることを切望したほどだ。公的生活と教会の説教は、まさにイスラエル的色彩を帯びていた。もし国会議員の演説がヘブライ語でなされたりしたら——さすがにこれはなかったが——人々はまるでわが身がパレスチナにおかれたような気持ちになったであろう。一切平等論者は、自ら「ユダヤ人」と称し、国が法律でトーラーを断固としてイギリスの規範なりと宣告することを望んだ。クロムウェルの将校たちは、彼にユダヤの模範組織シンヘドリストの構成員の数にならって七十人のメンバーからなる国家評議会をつくるよう提案した。一六五三年の議会には、トーマス・ハリソン将軍が議席を得たが、彼は再洗礼派で、自分の宗派とともにモーセの律法がイギリスに導入されるという事態が実現するのを望んだ。一六四九年には日曜日の安息日を土曜日におきかえる提案がなされた。「ユダヤの獅子」は、連戦連勝のピューリタンの旗印であった。(75) だがそれとともに、その頃は旧約聖書のみならず、ラビ文献がキリスト教の聖職者とキリスト教の平信徒のサークルで、熱心に読まれていたという事実がある。したがってピューリタンの教義が、ユダヤ教の教義から直接導かれたということも十分にありうる。このことをはっきりさせるためには、教会史の専門家の努力を待たねばならないだろう。ここでは、いくつかの指摘を行なうだけに甘んじなくてはなるまい。

最後にわたしは一六〇八年に刊行された奇妙な小冊子に注意を喚起したい。この本の内容は、おそらく対症療法的といってもよく、その頃支配的であったピューリタニズム（あるいはカルヴィニズム）の考えとユダヤ教を互いに結びつけた密接な精神的な共通性を示していた。小冊子のタイトルは『カルヴァン的なユダヤ人の鏡』で、三三頁にわたってこの二つの宗教共同体の関係を次のような愉快な語り口であつかっている。

「わたしが宣誓した上で、なぜわたしがカルヴァン派となったかその理由と真の原因をのべよと命ぜられたとすれば、わたしは、すべての宗教宗派のなかで、カルヴァン派ほどユダヤ教と調和するものがないという事実にひたすら心が動かされたからだと告白せねばなるまい。またわたしがカルヴァン派になった理由は何かという疑問への回答は、両者の信仰と生活の同一性に基づいている。〔ここにかかげられた理由の一部は真面目であり、また一部は皮肉めいている〕

ユダヤ人はマリアの名を憎み、ただマリア像が黄金製または銀製であるとき、あるいはマリア像が貨幣の面に刻印されているときだけ、これを愛する。われわれも何もマリアの名前をもはや大げさにあがめたりしていない。しかし、マリア像の刻印されたグロッシェン貨幣や、クローネ貨幣をわれわれは、喜んで頂戴し、たとえ金銀の貨幣がその後小売店で使われるようになろうとも、これを大いにあがめて貯めておく。

ユダヤ人は民衆を欺くために、あらゆる国に御輿を据えている。われわれとても同じである。だが後にわれわれは、祖国を離れて他国に赴く。それというのも、われわれが策略と巧智を駆使し、いかさま専門の流浪者のように、愚劣な連中を迷わし、欺き、いいなりにさせるためだ。われわれは新しい土地では知られておらず、それに利口なのだから……」というわけである。

(1) M・ラザルス『ユダヤ人の倫理』(一九〇四) 六七、八五頁、その他

(2)　ヘルマン・コーエン『ユダヤ倫理学の問題』。これは、ついでながらいっておくが、ラザルスのユダヤ倫理学に対する痛烈な批判である。なお「ユダヤ人の歴史と学問のための月刊誌」第四十三号三五八と次頁以下、三九〇と三九一頁を見よ。
(3)　「オラーハ　ハイーム」八節
(4)　F・ヴェーバー『古代シナゴーグの神学』(一八八〇)　二七三頁に引用されている。
(5)　I・ヴェルハウゼン『イスラエルとユダヤの歴史』　三四〇頁
(6)　グレーツ『ユダヤ人の歴史』第二版　第四巻　四一一頁。さらにそこでは当然のことながら、たしかに一面的かつ楽観的ではあるものの、タルムードとそのユダヤ人に対する意味についてのすばらしい評価がみられる。
(7)　J・フローマー『ゲットーから近代文化へ』(一九〇六)　二四八頁
(8)　M・カイザーリンク『クリストファー・コロンブスとユダヤ人の関与』第四巻(一八九四)
(9)　『ロスチャイルド家』初版(一八五七)　一八九頁
(10)　ここは聖書の歴史、したがって近代の聖書批判の成果にきめこまかく取り組む場所ではない。そこでわたしは入門書として役立つようないくつかの著作を膨大な文献からとりだしてみることで満足したわけだ。まずツィッテル『聖書の発生』第五版(一八九一)、次にモーセの五書については、とくにアーダルベルト・メルクス『モーセの五書とヨシュア』(一九〇七)、および、E・マイヤー『ユダヤ教の発生』(一八九六)
(11)　L・W・フランケンベルク『旧約聖書の簡易解釈』のなかで、D・W・ノヴァックにより翻訳され、かつ解明された「箴言集」第二書第三巻第一部。この本(一六頁)には「賢智の書」について文献報告が見受けられる。また今のところ参考にしてほしいのは、アンリ・トラボー『モーセの律法　その起源と発達』(一九〇三)　七七と次頁以下である。トラボーはホクマをきびしい律法を緩和する試みの一つとしてとらえた。
(12)　これに反し、物事を分解、解明しようとするヘレニズム精神の殺到と、旧来のユダヤ教の戦いが今日ではユダヤ教の立場からくわしくあつかわれている。それはフリートレンダー『ユダヤ護教論の歴史』（一九〇三）だ。この時期のキリスト教神学的な記述はたくさんある。

(13) タルムードに関する文献は当然大図書館をいっぱいにするほどある。したがって、わたしは初歩研究に向いているいくつかの著作の名をあげるのにとどめる。そのなかでもとくにすぐれているのは、H・L・シュトラックの労作『タルムード入門』第四版（一九〇八）だ。この労作はくわしい参考書目録をのせている。次にとくにタルムードの「義務論」についての文献では（われわれの目的にとってとくに取り上げられるべきものとして）、包括的な労作であるザロ・シュタインの『タルムード道徳のための材料』（一九〇四）がある（よくタルムードを知っている者からは、その文献解題が疑問視されてはいる）。最近ではタルムードのみならず、聖書や後世のラビの文献にも旺盛な精神力で取り組んだJ・フローマーの興味深い著書『ユダヤ教の組織』（一九〇八）がある。これはフローマー自身によって企画されている大がかりで実用的なタルムードの用語索引の入門書として役立つであろう。次にとくにきめこまかく資料に取り組み、これを概括的な方式でまとめた、やや古い時代の宗教史的な労作として言及すべきものに、まずE・シューラー『イエス・キリスト時代のユダヤ民族の歴史』第三巻がある。第一巻（再版一八九〇）は、三節に、きわめてつっこんだ資料目録を含んでいる。その他の一般的なユダヤ人の歴史――とくにグレーツの著作――はユダヤの宗教文献への便利な入門書である。

(14) すでにタルムードの翻訳にみられるようなシュルハン・アルフの便利な翻訳は今のところまだ現われていない。依然として頼りにされているのはレーヴェの翻訳（一八三七）だが、これは不完全だし、それに偏向しすぎている（この翻訳の新版は全く無価値な通俗的すぎるまずい仕事である）。シュルハン・アルフとともにオラッハ・ハイム、ヨーレ・デーアに関するラビのレーデター師の著述（再版一九〇六、初版一九〇〇）があるが、これは完全に独訳されていない。

シュルハン・アルフについての近代語による文献は、ほとんど全部がパンフレットのような性格をもっており、反ユダヤ主義者たちはこれを好んで論争のための材料として利用している。そこでユダヤ人の学者たちは、反ユダヤ主義のパンフレット作者たちからの攻撃につねに反撃しなければならないと感じている。ともあれ、この関係の文献をあげれば、A・レヴィン『ユストゥス博士のユダヤ人の鏡』（一八八四）、D・ホフマン『ユダヤ人と異教徒との関係についてのシュルハン・アルフおよびラビたちの見解』（一八八五）がある。

そういうわけで、客観的、学問的な記述はあまりないということになる。だがシュルハン・アルフにはタルムード同様にたいへんきめこまかく取り組む価値があるだろう。この面できわめて厳密に学問的な性格をもっていると思われる唯一の労作は、わたしの知るかぎり、S・ベックの論文「十五世紀から十八世紀にいたる時期のユダヤ人の宗教史的文献」（一八九三）である。またヴィンター・ヴュンシェが執筆した『正典完結以後のユダヤ文献』二巻もある。この本は、すべての解釈と応答聖歌とともに著作集と補遺を含んでいる。材料が膨大なのに、本自体がいかにもこぢんまりとしていることからしても、この本はもちろん本質的にはたんなる素描の域を出ていない。

(15)　パウル・フォルツ『ダニエルからアキバにいたるユダヤの終末論』（一九〇三）
(16)　ヒュルスト『タルムードとミドラシュの伝承に従う旧約聖書の正典についての探究』（一八六八）
(17)　L・シュテルン『イスラエル人が離散したさいに遵守せねばならなかったトーラーの規則――学校と家庭のための宗教の教科書』第四版（一九〇四）二八と次頁。他の類書の典型と見なされるこの本は、きびしいユダヤ教の信者の現代の考え方を表わしており、ラビのヒルシュ師や、地方担当ラビ、ヒルデスハイマー師によって承認されている。わたしは今後もしばしばこの本に言及するつもりだ。
(18)　ユダヤ神学の独断論が不可能であることについては、たとえば、ラビのS・マンドル『ユダヤ教の本質』（一九〇四）一四頁がある。マンドルは、この問題を当然のことながら全く箴言風にあつかった。この他、F・グートマン『ユダヤ教のドグマ形成』（一八九四）に準拠している。参考すべきは、S・シュレヒター「ユダヤ教の教理」（これは「季刊ユダヤ評論」第一号〈一八八九〉と次頁以下、一一五と次頁以下に出てくる）である。周知のように、モーゼス・メンデルスゾーンは、その作品『エルサレム』において、はじめてユダヤ教はけっしてドグマではない、という見解を鋭く表現した人であった。
(19)　シュテルン　前掲書　五、六頁

(20) J・デリンガー『異教』(一八五七) 六三四頁
(21) ルティルス・ナマティヌス「帰還について」はテオドール・ライナッハ「ユダヤ教に関連するギリシア、ローマの著述家の文章」(「ユダヤ教誌」第一号〈一八九五〉三五頁)にのっている。
(22) シュテルン 前掲書 四九頁、S・R・ヒルシュ『ユダヤ人の義務』第四版(一九〇九)七一節
(23) F・ヴェーバー『古代シナゴーグの神学』(一八八〇) 四九頁。ヴェーバーはまさしく契約に即したユダヤ教の側面を、もっとも鋭く表現した。本書テキストの記述はこの点においては彼の労作に大きく依存している。さらに出典個所もしばしばこの労作に準拠した。
(24) 『アボト』二巻のはじめ(グレーツの翻訳による)
(25) 出典はF・ヴェーバー 前掲書 二七〇と次頁以下、二七二と次頁以下
(26) F・ヴェーバーの補足 前掲書 二七〇と次頁以下、二七二と次頁以下
(27) R・J・アルボ『イカリムの書――モーセの宗教の基礎的宗教論』(十五世紀のもの)。独訳者はW・シュレージンガーとL・シュレージンガーの二人(一八四四)。四六と次章以下。この本ではこの問題があらゆる方面にわたって論じられている。アルボのこの本にはわたしが知るかぎり、もっともくわしい報復説の記述が見られる。
(28) S・R・ヒルシュ『ディアスポラにおけるユダヤ人の義務についての討論』第四版(一九〇九)十三章。とくに一〇〇と一〇五節
(29) J・F・シュレーダー『タルムードとラビのユダヤ教』(一八五一) 四七頁
(30) グレーツ『ユダヤ人の歴史』第二版 第二巻 二〇三と次頁以下、それに注釈の一四。新しい(キリスト教関係の)文献からは、J・ベルクマン『新約聖書時代のユダヤ教護教論』(一九〇八)一二〇と次頁以下。古代ユダヤ教の教義については、I・ヴェルハウゼン『イスラエルとユダヤの歴史』第十五章
(31) H・ドイッチュ『タルムードとミドラシュの見解に基づくソロモンの箴言』初版の序論(一八八五)
(32) J・F・ブルッフ『ヘブライ人の賢智の教え』(一八五一) 一三五頁
(33) ラビ・シナイ・シッファー『コヘレトの書――タルムードやミドラシュなどの賢人の見解に基づく』

第一部（一八八四）

(34) ノモクラティアへのユダヤ教の発展については、すべての宗教史関係の著作、それに多くの一般史的な著作でも、十分な解明を与えてくれる。たとえば、I・ヴェルハウゼン『イスラエルとユダヤの歴史』第二版　第四巻　二三三と次頁以下、二五〇頁、三三九と次頁以下、グレーツ『ユダヤ人の歴史』第二版　第五巻　一七四と次頁以下があげられる。さらに、ミュラー、シューラー、マルティらの有名な労作がある。

(35) ラビ・S・マンドル『ユダヤ教の本質』（一九〇四）一四頁

(36) S・R・ヒルシュ『イスラエル人の義務』第四版（一九〇四）四四八節

(37) 類似の一連の箴言をタルムード、ラビ関係の文献からまとめた本がある。それはS・シャッファー『タルムードの道徳論、法律論に基づく法とその道徳に対する地位』（一八八九）二八と次頁以下

(38) この個所をM・ラザルス『ユダヤ教の倫理学』（一九〇四）二二頁からとりあげたわけだが、彼は「神聖というのは、衝動的な人間のいき方を克服することだ」というユダヤの道徳（とりもなおさず宗教）の教えの根本思想をうまく浮き彫りにしている。もちろん、ユダヤ教の倫理学をカントの倫理学と同一視するというきわだった偏向がみられないことはない。

(39) キドゥシン　三〇六　B一六a

(40) シャッファー『タルムードの道徳論、法律論に基づく法とその道徳に対する地位』（一八八九）五四頁、で訳出されている。

(41) ヒルシュ・B・ファッセル『タルムードの道徳論と法律論』（一八四八）三八頁に訳出されている。

(42) J・アルボ『イカリムの書』二四と次頁以下でくわしく論じられている。

(43) S・ベック『ユダヤ人の宗教史上の文献等』（一八九三）のまえがき

(44) M・ラザルス『ユダヤ教の倫理学』（一九〇四）二〇と次頁以下

(45) L・シュテルン『トーラーの規則』第四版（一九〇四）ナンバー一二六

(46) R・ナータン『倫理学』第二十一章　五頁

(47) G・F・オーラー『旧約聖書の神学』第三版(一八九一) 八七八頁
(48) M・ラザルス『ユダヤ教の倫理学』四〇頁。ラザルスはこの根本原則を(ベルリンのユダヤ人支持団体の一つである)「ミーシャン・ヤベリム」の二つの支払いに関する風習の分析によって明らかにした。
(49) R・ナータン『倫理学』第六版 第十六章 翻訳本では、七六頁
(50) L・シュテルン『トーラーの規則』(一九〇四) ナンバー一二七のa
(51) ユダヤの宗教書で労働が賛美されている個所。L・K・アミタイ『ユダヤの法に基づく社会学』(一九〇五) 九〇と次頁以下
(52) S・R・ヒルシュ『イスラエル人の義務』(一九〇四) 四四八節
(53) S・R・ヒルシュ 前掲書 四六三節
(54) L・シュテルン 前掲書 二三九頁
(55) S・R・ヒルシュ 前掲書 四四三節。ほとんど同じ文言を用いているのが、シュテルン 前掲書 ナンバー一二五、一二六他
(56) J・フローマー『ゲットーから近代文化へ』(一九〇六) 二五と次頁以下
(57) ラビ・ナハマン『イゲレット・ハ——コデシュ』はまず一五五六年に刊行され、ガファレリによってラテン語に訳された。グレーツ『ユダヤ人の歴史』第二版 第七巻 四六頁
(58) S・R・ヒルシュ 前掲書 二六三節、その他二六四、二六七節を参照のこと。
(59) これらの数字は、フーゴー・ナータンゾーンによってまとめられた。ユダヤ人の私生児誕生については「ユダヤ人の民主主義と国家についての雑誌」第六号(一六一〇) 一〇二と次頁
(60) ジークムント・フロイト『神経症についての小著作集』続編(一九〇九)
(61) ホッペ博士「ユダヤ人の犯罪とアルコール」(「ユダヤ人の民主主義と国家についての雑誌」第三号〈一九〇七〉 三八と次頁以下、四九と次頁以下)。H・L・アイゼンシュテット「ユダヤ人の社会衛生のルネサンス」(「人種と社会生理学のための文庫」第五号(一九〇八) 七一四と次頁以下にの)、これは「人種と社会生理学のための文庫」第五号(一九〇八) 七一四と次頁以下にのっている。L・ハイニッセ「ユダヤ人にみられる人種病理学とアルコール中毒症」これは前述の雑誌六

号（一九一〇）一と次頁以下
これまでユダヤ人がアルコール依存症、および梅毒にかからないようにしてきた源泉が実際に宗教であったことが、確かめられている。たとえば、流入してきたばかりの（したがって外国から来た）ユダヤ人と、元々の住民との症例の比較をした病院の例をみるがよい。このことを、ツァードック・カーン博士がパリで行なっている。
(62) I・ヴェルハウゼン『イスラエルとユダヤの歴史』一一九頁
(63) キケロ『フラッコ擁護論』二八頁
(64) モムゼン『ローマ史』第五版　五四五頁
(65) フェリックス・シュテーリン『古代の反ユダヤ主義』（一九〇五）にまとめられている。ライナッハ『フォンテス』参照。
(66) J・ベルクマン『新約聖書時代のユダヤ教護教論』（一九〇八）一五七と次頁以下
(67) グレーツ『ユダヤ人の歴史』第二版　第五巻　七三頁
(68) グレーツ　前掲書　第二版　第五巻　三二一頁
(69) グレーツ　前掲書　第六巻　一四〇と次頁以下、一六一頁
(70) J・ハイクルがこのほどまとめた古代ユダヤ法における利子の立法の記述を参照してほしい。その題名は「旧約聖書による利子の禁止」となっている（O・バルデンヘーヴァー編「聖書研究」第十二巻第四号〈一九〇七〉）。
(71) シュモッラー編「探究」第一五二巻でホフマンによってふたたびまとめられた多くの応答聖歌を参照してほしい。
(72) 参照してほしいのは、たとえば、ヒルシュ・B・ファッセル『タルムードの道徳論と法律論』（一八四八）一九三と次頁以下、E・グリューネバウム『他宗教に対するユダヤ人の道徳論』第二版（一八七八）四一四と次頁以下、同著者による「ラビの観念に基づく異邦人」（これはガイガー編の「ユダヤ人に関する雑誌」第九巻と第十巻にのっている）、D・ホフマン『シュルハン・アルフとラビたちな

ど』(一八八五) 一二九と次頁以下、M・ラザルス『ユダヤ教の倫理学』一四四と次節以下。

これらの記述はすべて驚くほど不完全だ。部分的には著者たちが色めがねをかけて偏向したまま書いていると信じたくなる。たとえばラザルスが異邦人に対するユダヤ人の義務を、その『倫理学』の第三章で書いているくだりは、たしかに彼のヒューマニズムの精神が立派なことを示すものの、歴史の真実を勝手に歪曲している。自分が擁護している見解とは逆のことを示すすべての資料の個所をあっさりと無視するのはどうもいただけない。

(73) 「天国の審判官の前に現われるとき、人間はなによりもまず『お前は業務上の交際のさいに公正、誠実であったか?』とたずねられる」(サブ・三一a)。このタルムードの文章は彼が、信頼と信仰に関係のある資料の個所について論ずるとき、まずは彼の著作のモットーとしてかかげられた。ラビ・シュタルク『聖書とラビの商法』(私家版)

(74) グレーツ『ユダヤ人の歴史』第十巻 六二と次頁以下、八一頁

(75) グレーツ『ユダヤ人の歴史』第九巻 八六と次頁以下、二一三と次頁以下、第十巻 八七と次頁以下、A・M・ヒャムソン『イギリスにおけるユダヤ人の歴史』(一九〇八) 一六四と次頁以下、「季刊ユダヤ評論」第三号 (一八九一) 六一頁

第十二章　ユダヤ人の特性

I　問題

学術書として、この章の題名のなかに表わされた問題をあつかうのは、実際に並大抵の克己心を発揮してもできはしない。しかし、ごく一般的にいって、このところ民族心理学流に行なわれる物の見方のすべては素人気分を丸だしにしたお遊びとなってしまった。とりわけ、ユダヤ人の本質への論及を、粗雑な考え方をする連中が、これまた粗雑な本能に駆られながら、政治的なスポーツとして行なうようになった――現代のように、粗野な時代においては、冷静な態度を保持しようとする者すべてにとって、これは吐き気をもよおすような不快な事態である。民族心理学のもろもろの概念を平然と駆使する無責任きわまりない科学の悪用が、あまりにもさかんになったので、集団的心理学による解釈は学問的にはできないことを証明するため、もろもろの根拠が総動員されることになった。フリードリッヒ・ヘルツ、ジャン・フィノらの本を読みさえすれば(1)、当然のことながら、多様な人間のなかに心理学的一致を確認することは、実際にはほとんどまったく見込みのない初歩的研究であるかのような印象をもつことになろう。まるで、これまで民族心理学という学問を樹立しようと努力してきた人々すべてが、ただ幽霊を追いかけていたかのように見える。美しい建物が、瓦《が》礫《れき》のままに横たわっているようだが、そもそもこの建物はいつ再建されるのかと疑いたくなってくるであろう。

しかしそれでも、なおかついいたい！　われわれは、依然として、批判的書物のなかにまとめられた様々な証明の言い分をそのとおりだと確信しているかもしれない。われわれは、また一日じゅう、あるいは一週間かかりっきりで、以前の著述家たちが、ある民族、あるいは、ある人間たちの共同体について繰り広げた幻の形象を破壊してしまおうと努めるかもしれない。あるいはわれわれは、（たとえば）ジャン・フィノが、フランスの精神《エスプリ》という神話を、寓話の国のなかに追放し、それこそきめ細かく、心を傾けてこれを解説する優雅な方式に接して、たいへん愉快になるかもしれない。もしかすると、フランス人など存在しないのかもしれない。いや、フリードリッヒ・ヘルツといった連中などいないのかもしれない。ユダヤ人などいないのかもしれない。だがそう思ったあと、ひとたび街頭に出て刮目《かつもく》すれば、われわれが今しがた埋葬したばかりのあの人物が堂々と立っているではないか。またたとえば一冊の本を読んだり、一枚の絵を観察してみるがよい。われわれは突然、これは真にドイツ人的、小市民的だ、あるいはフランス人的だという思いに駆られるであろう。そしてわれわれの精神の目の前に、今しがた自ら何千もの理由をつけてこの世から論理的に追放したばかりのこうした特別なタイプの人間が、生き生きとした姿を現わさないであろうか？

この姿はたんに空想が生みだした幽霊現象なのだろうか？

しかしこれはたんに、われわれをあの群像にしっかりと結びつける本能的感情ばかりではない。冷静に考えても、たとえば民族的特性のようなものは、人間の運命に関するわれわれの因果的な観察の連鎖のなかに組み入れることができる。わたしがいいたいのは、すべての社会科学は、個々の事実の多彩な混乱した状態のなかに秩序をもちこむためには、たとえば民族心理学的仮説のような補助構造を絶対に必要とすること、それに集団的精神（あとですぐ説明するこの言葉の使用を認めてほしい）をいわば社会という場のなかの本質として受容せねばならない、ということである。それというのも、ふだん千々《ちぢ》に乱れて空中に浮揚している様々な社会のうごめき、それに、われわれが研究対象にしているすべての大衆にまつわる現象が、この言葉、すなわち、集団的精神に関係しているからである。したがって集団的精神の具体化は、社会理論をあつかう者にとって思考上必須の事柄である。

本書の内容が示すように、このことを実例を用いてはっきりさせておきたい。われわれが、たとえばユダヤ教について語るとき、その信奉者としてユダヤ人以外のいかなる民族を考えることができようか。ユダヤ人の特性はユダヤ教の独特な構成――ユダヤ教の宗教的な観念の構成――に全く些細な点にいたるまで一致している。互いの関連は明らかであり、素人目にも一目瞭然である。

しかし、われわれが経済生活の発展へのユダヤ人の影響を、「客観的状況」から説明するはこびになったときでも、その説明は、これときまったユダヤ人の特性を受け入れることなしでは全く欠陥だらけではなかろうか？　ところでわたしが思うには、われわれの調査結果を一瞥するだけで、この疑問をはっきりと肯定することになるに違いない。経済史の歩みにとって、中世末期以後西欧の諸国家で、ユダヤ人の代わりに、他の民族が、いやそれどころか、ゴリラが移住してきたところで、事態は一切変わらなかったと考えるのは不合理ではなかろうか⁉

　それでは個々の客観的状況を、順番にとりあげてゆこう。まず地理的離散がある。離散（ディアスポラ）の発生を、主観的なもやもやした気分をぬきにして、説明できないのと同様、その固有の作用も、やはり主観的要素なしでは解明できない。そうはいうものの、一民族の離散だけでは何事もなしえないこと、こうした離散から、つねに経済的あるいは他の文化的な意味のある作用が必ずしも発生するわけではないこと、むしろこうした離散が下手《へた》をすると、一民族の絶滅、消失を招きかねないことを銘記すべきである。

　これは正しい見解だが——ユダヤ人は国際的に離散したので、通訳としての才能にみがきがかかったといわれている。だが、こうした通訳者から古来、王侯御用の相談役、仲介者が生まれたのか？　このような要職に就くには、その他の特別かつ固有の素質が、なにはともあれ必要ではなかったか？

　われわれは、すんなりとユダヤ人の地理的離散が、国際的な貿易、信用面の交流における彼らの成功の原因となったとしてきた。そのとおりである。——しかし、こうした効果の前提には、ありとあらゆる国に離散したユダヤ人が、こうした離散の後も結束を固めたという状況があるのではないか？　もし彼らが、内的、外的なもろもろの関係を維持していなかったら、どうなったであろう？　全世界に離散した他の多くの種族、民族のようになってしまったであろうか？

わたし自身は、ここ数世紀におけるユダヤ人の離散は、彼らがちょうど、資本主義の発展のためにはこれで十分というほど成熟していた諸民族の下で暮らすようになったという事実によって得た意味を指摘しておいた。しかし、このさいふたたび熟慮すべきなのは、ユダヤ人が、オランダ、イギリス、ドイツ、オーストリア＝ハンガリーで生みだした（あるいはまた今も生みだしつつある）効果、それも彼らがスペイン人、イタリア人、ギリシア人、あるいはアラブ人の下でつくりだした効果よりも、明らかにはるかに強力であったのは、その大部分が、ユダヤ人と新しく移住した国の元々の住民との間の対照《コントラスト》に帰せられるということだ。まわりにいる住民が、重厚かつ鈍重、しかも事業にはうといという度合が大きければ大きいほど、それだけますます経済生活へのユダヤ人の影響が強くなるように思われる。だがやはり何といってもユダヤ人のもつ、これときまった特性のおかげであろう。

ユダヤ人が経済生活にとって特別の意味をもつようになった彼らの内面的な異邦人性が、そもそも何に由来するのかという問題も、ユダヤの特性を容認するのでなければ、やはり到底考えられないであろう。ある民族、あるいはある民族の一部が、憎悪され、迫害されるということは、それが契機となって、彼らにきわめて緊張した活動を生じさせるとの理由にするのは不十分である。逆に、大多数の場合、こうした軽蔑、虐待は、道徳的な荒廃と抑圧を生みだす作用があるだろう。ただこうした不幸、不運に対抗できる特別な性質が、人間のなかに見出される場合には、災いが転じて福となり、強力な行動力の源泉となるだろう。

そしてさらに、市民生活のなかにおけるユダヤ人の冷遇（あるいは優遇）がひきおこす作用がある。それがユダヤ人の経済活動を刺激するとしても、そもそもユダヤ人の特性を前提することなくして、そんなことがありえようか？　彼らがなんらかの外的状況によって放出するはこびとなったエネルギーが、はじめからもともと存在していたとするのは自明の理ではあるまいか？　外的な事件がある人の野心をあおるとき、実はすでにその人が特別な心理状態にあったと見るのは当然ではあるまいか？　同一の運命が一人の人間を乞食やこそ泥にする半面、もう一人の人間を英雄、豪傑にすることがある。これなどいかにも通俗的な事柄であろう。

逆に、重要な点においては、前述したようにユダヤ人の法的地位は、様々な国において、また異なった時代において、それぞれ違った状態であった。たとえば、個々の職業への参入許可をめぐる規定は変わっていった。イギリスのようないくつかの国では、再流入が許されて以来、ユダヤ人はほとんど完全な平等権を享受した。それにもかかわらず、前述したように、彼らはいたるところで同一の職業に就くべく努めた。まさにイギリスにおいてもアメリカと同様、彼らはまず金銀をあつかう商人、あるいは店主となり、その後はいたるところで大幅な商業活動に取り組むようになった。こうしたことからしても、われわれはふたたび、ここに特別な性質がひそんでいたと推量せねばなるまい。

ところで、経済的な大事業を実現するためには富だけでは十分でないこと、富者は、おのれの富を資本主義的な意味で活用するためには、むしろ一定の精神の特性をもたなくてはならないことなど、ここでことさらくりかえし「証明」する必要があろうか？

将来の人類が、現代についていかに評価しようとも、現代ではユダヤ人が、ズールー族、カフィル人とは違った性質をもっていることが、大真面目に疑われている。それに現代では、そもそも一定の民族の性質について、あえて語ろうとするときは、まずはじめに自己弁護が必要である！　ところが、いたるところで意見をまくしたてている多くの人間、無知な歴史解説者たちは、われわれにこのような煩雑な仕草を強いるのだ。

だがわたしは、他の方面からも、民族心理学的な探究の学問的必要性が、ますます声を大にして主張されていることに言及せずにすますつもりはない。その方面とは、人種論者、人類学者、それに頭蓋学者をさしている。ここで安心していえるのは、ここ数年にわたる調査によれば、少年期からけっして抜けでることができなかった人類学的頭蓋学が、やっと今日の安定した形態をとるようになったということだ。今日では真面目な人類学者なら頭蓋の構造、あるいは他の肉体的な特徴から、これときまった精神の状態を引きだすことなど、もはや思いつかないであろう。低級な円形の頭蓋をもつ者と、長い頭蓋をもつ戦闘的貴人について、さらにあらゆる文化を頭蓋の指標《インデックス》と結びつけるようなあやしげな夢想は、今日ではいよいよ最終的に追放されたであろう。今日の人々は、なんらの証拠もないのに、頭蓋の指標は人間の精神の性質を規定するなどといった珍説を打ちだす厚顔無知な態度をほとんど理解できないであろう！

だが、今日でも、以前とくらべ肉体上の特性と、精神の特性との関連の確立を断念する者が減ってきているどころかむしろ、こうした関連のための証拠が、しきりに求められている。そうしたことからしても、なにはともあれ、民族心理学的な認識にこのさい、立ち戻らねばなるまい。やがて、いったん足を踏み入れた道を、また逆戻りせねばならないことが判明した。さらに、まず探究せねばならないのは、一定の人間集団のなかのこれときまった精神的特性を見出すことであり、そのあとはじめて、同じ集団のなかで観察される肉体的な特徴を精神的な特徴と対比させ、両系列の持続的な比較を通じて、おそらく、合法的な相関関係に到達できるであろうということがわかってきた。だが、学問的には非のうちどころのない処置を適用する前提となるものは、当然のことながら、しっかりと基礎づけられ、学問的にも文句のつけようがない集団心理学の存在である。

ところで、これはほんとうに回答不能の問題なのか？　わたしはけっしてそうは思わない。これに対して打ちだされたもろもろの抗議を、とくにくわしく吟味するならば、すべての憂慮は、欠陥だらけの実施方式に対してであって、けっして原則的に集団心理学一般に対して向けられていないことがわかる。ただここは、集団心理学の可能性をこと細かく証明しようという場所ではないので、わたしは特別のケースについていわねばならないことを、よりよく理解してもらうために、少なくとも集団心理学という学問について考えておかねばならないことは何かについて、いくつかの指摘をしようと思っている。

われわれが知りたいのは一群の人々の精神的特性である。そのために、わたしは個人心理学に対立する集団心理学について語ろうと思う。だが、このところ社会心理学といわれているものと、集団心理学とを混同してはならない。ここ数年、注目すべき業績をあげ（オイレンブルク！　ジンメル！　それに他の術語を用いているにもかかわらずヴントがいる）、そして先輩格の学問よりも、ずっと年代は新しいのに、学問的成熟度からいえばすぐれている前者は、社会化の事実から生ずる様々な精神的現象を分析するという課題をもっているが、これに反して後者はグループのすべての精神的特性を把握しようとしている。そこでこのさい、一群の人々のこれときまった精神的特性を表明することにいかなる意味があるのか、という最初の重要な疑問が浮上してくる。したがって、われわれが、ドイツ人は情緒豊かである、スラブ人は音楽的である、プロレタリアは合理的である、さらに大都市居住者は……ゲルマン民族は……教授連中は……ユダヤ人は……等々を判断するとき、それはいったい何を意味するだろう。われわれはその上いつも、仲間や同僚が集団の精神的特性の確認に対して打ちだす反論にさらされている。彼らはとくに死んだ伯母さん、あるいは、官房顧問官ミュラー氏、あるいはその他もろもろの人物は、われわれがいう集団の人々とは「全く別種」の人々であると反論する。彼らは今あげた人々のすべてと深い親交があったろうから、彼らの発言もおそらく正しいであろう。

ではいったい、どのような具合になっているのだ？　「民族心理学」の古手の代表者たちは、容易に難点を切り抜けるすべを知っている。彼らはおのれの研究をほとんどの場合、諸民族（あるいは彼らの見解によればそれに属する者）に限定する。そして彼らはこれら諸民族に、彼らが「民族精神」と銘うったところの特別の精神を備えさせる。そして今や当然のことながら、個人の精神のすべての特性も、この特別の精神によって表現されることになる。この不思議な民族精神は、今日でも依然として「精神調律の標準音」という名で登場し、とりわけ、たとえば学識豊かなルロア゠ボリューが、ユダヤ人の特性を分析するさい(2)、「個人としてのユダヤ人とユダヤ民族」「国民的独創性と個人の能力」「集団としてのユダヤ人と個人としてのユダヤ人」などを互いに対比させることにより、現代の大多数の民族心理学者の関心をひきつける。

われわれはまず、この心理学の分野を「諸民族」に限定させて満足するだけでなく、あらゆる任意の人間集団をそれぞれの精神状態において探究したいと思っている。したがって、われわれが研究したいのは民族心理学でなく、集団心理学である（これは、むしろ社会心理学の特別の分野である大衆心理学よりすぐれている）。

そうはいうものの、われわれにしてみれば、すべての「民族精神」は神秘的に思われる。こうしたものは、ひとたび煌々とあかりがつけられると、雲散霧消してしまう幻かおぼろな形姿のように見える。ともかく、これはけっしてなんらかの現実ではなく、たかだかわれわれの観念の世界のなかで、思考の補助手段としての地位を占めているにすぎない。

唯一の現実は、むしろ集団を構成している生きた人間たちであろう（あるいは集団をつくった、そして――一定の条件下に集団をつくるであろう人たちだ）。彼らの傍らに、二番目の現実を容認することが考えられる。これは、なんらかの具体性のなかに表わされたそれぞれの個人の労作であって、ある民族の建築物、文学作品、音楽作品、それに技術上の業績などがこれにあたる。疑いもなく、これらの労作は――それをつくった者からも、それを享受する者からも切り離された――自立的な生命をもち、その本質については独自に把握されることになる。だが外面的には、その「精神」に基づいて把握されるようである。たとえば、ギリシア建築について、これは高貴な調和に満たされており、エジプトやバビロニアの建築は他のもの（たとえば、巨大さの具体化）によって特徴づけられているなどといわれる。だがこれらの労作の「精神」を感じとろうとするや否や、われわれは、それを生きた人間との関連の下に把握しようと努め、彼らの表現、彼らの活動として、それも労作の作者ではなく、むしろ思考された理想的人物の表現、活動として理解すべく努力する以外に道はない。したがって集団心理学はつねにくりかえし、この心理学がその本質を確立すべき唯一の現実の基盤としての、個々の人間に取り組むことになる。

しかもこれらの個人は、いずれもそれぞれ全く異なっている。どうしてわたしは全集団に付随する一定の性質を陳述できようか？

そこで、いやしくも「学問的」に取り組もうとするならば、きわめて入りくんだ観察方式と抽象方式の道をたどらざるをえないであろう。その個々の構成要素は、次のとおりだ。

まずはじめに、できるだけ多量の、できるだけ信頼のできる資料を蒐集することが大切だ（だが集団心理学に役立つ資料は個人の心理学的事実である）。このためには、多種多様な方法を活用することができる。原則的に重要なのは、直接的ならびに間接的な二つの調査方式の適用である（ここで個人心理学を問題にするときは、つねに通俗心理学をさしている）。いわゆる「学問的」心理学は、われわれの目的にとって全く役に立たない。それというのも、この学問は今日にいたるまで、人間心理一般の考察にそもそも到達していないからである。

直接の認識法は、生きた人間と、そのすべての表現の観察に基づいて、しかるべき洞察を獲得する。この認識方式はさらに、誘導的あるいは統計的調査方式を採用する。誘導は個々の観察に準拠するが、これもやはり直接および間接の二方式を用いることになる。直接方式は、人間それ自身とその生き生きとした作用を把握するべく努力する。これはやはり、おのれ自身の個人的体験に準拠するか、あるいは、他人の個人的体験、あるいは過去の生物学的報告の調査に基づいて実施される。間接方式は材料的に確実な作品、労作のたぐいからその創造者の精神を推理する。たとえば日記からゲーテの精神を、そして「魔笛」からモーツァルトの精神を、それぞれ忖度《そんたく》するわけである。

統計は、大衆の精神の観察結果を提供する。あるいは（ほとんどの場合）、住民の動き、犯罪、読書傾向など、精神的特性の一定の兆候を教えてくれる。

この種の研究の収穫は、まずはじめには、（できるだけ多量な！）独特な素質をもつ個人の群像の出現である（それは個人的に知っている人でもいいが、未知な人の場合は番号をつけておかねばならない）。さていよいよ、これらの個人に、これまで正確にわかっていた一定の性質が、それぞれ確認される。そうした性質をここで、a、b、c、d、e、f、g、h、i、という記号で表わすことにする。観察された一連の個人を並列させることによって次のような表が出現する（ABC……は各個人をさす）。

Aのもつ性質は　a b c d e f g
Bのもつ性質は　a b c d h i k
Cのもつ性質は　a b c e f g
Dのもつ性質は　a b f g h
Eのもつ性質は　d e f g

今や計算がはじまる。五人（五百人、五十万人）の個人調査からわかったことは、性質のうち、a b f g……はそれぞれ四人いるので全体の八〇パーセントの人、c d eは三人いるので六〇パーセントの人、h kは二〇パーセントの人が占めていることになる。生存中の人間についての、この直接の観察は次に（その創作者から分離された）労作に基づいた間接的認識によって補完される。前述したように、これらの労作は物質的性質をもつ場合もあるし、精神的性質をもつ場合もある。が、なかでもとくに重要なのは、ここから、一定の「民族精神」を汲みとることである。

まずその幅でいえば、言語、法律（風習）、宗教（神話）、経済、伝統的技術。

次にその高さでいえば、哲学、文芸作品、造形芸術、芸術的音楽、建築、合理的技術。

そしてその深さでいえば、民芸品、民謡、ことわざなどである。

これらの労作の内部で、いったいどのような特性が、しばしば、あるいは、たえずくりかえし登場するかが調べられる。そしてその特性から特定の精神の性質が誘導される。これらの労作の有効な分析は、もちろん課題解決のためにきわめて重要な貢献をする。

ついでながらいっておくが、わたしは大物の労作、仕事を資料として用いるのは、全く誤っていると思っている。こうした大物はほとんどの場合、特別の集団（民族、人種、階級）に属することなく、おのれ自身だけの、全く独特の性質を示しているか、あるいはせいぜい時代全体を表現しているからだ。民族性を推論しようとするなら、ドイツ詩人ではゲーテでなくしてウーラント〔一七八七―一八六二年。シュヴァーベンの後期ロマン派を代表する詩人〕を、ユダヤ人哲学者では、スピノザでなくして、マイモニデス、メンデルスゾーン、あるいはジンメルを、そしてイギリスの作家では、シェイクスピアでなくして、ディッケンズを取り上げるべきだ。

そういうわけで、結果としてもろもろの性質がそれぞれ互いに一定の数量関係にあることがわかった。八十のa、六十のbという具合だ。これは以前に行なった個人的観察についてもいえる。

そしていよいよ総合的な方向転換が行なわれる。こうした多様な性質をわたしは、今や一つの全体のなかにまとめてみることにする。その際（化学的原子構造の方式にしたがって）、この全体（したがってこれは単位を表わす）のなかに、すべての性質が、わたしが以前に個々の人物を観察することによって調べたのと同じ数量関係が見出されるようにするわけだ。おそらく、こうしたまとめの際には、わたしはごくわずかしか存在していない性質を、無視しうる数量として消去してしまうかもしれない。したがって、われわれの図式では、たとえばｈとｋという性質が消去される。そして全部まとめて１になるようにａｂｆｇｃｄｅという要素だけをもつ単位が出現するというわけだ。実際に生きている人には全く適合しない、ともかく適合することを要しない。この奇妙な形態を、創造主であるわたしが、生き生きとした姿をとらせることになるのだが、その際わたしは、この様々な性質を一定の混合の割合で備えている人物を念頭におき、さらにこの思考の産物である形態に、集合体の名を今後与えることにする。そしてその集合体の内部で、わたしは探究を続けるが、これはドイツ人、これは教授、これはユダヤ人といった集合体の性質が明らかになってくる。しかしおそらく、こうしたドイツ人、教授、ユダヤ人はけっして現実には存在しないであろう。

だが、新しい人間のタイプをつくることは、われわれの学問的創造活動の全く合法的な行為である。ただわれわれは、この新しいタイプの純粋に精神的な性質を見誤ってはならない。したがって、われわれはいついかなるときでも、次のことを意識していなくてはならない（この確認がきわめて重要であると確信するわたしは、もう一度くりかえしていう）。すなわち、こうしたタイプは、けっして実際の世の中の現実と合致するものでなく、集合体のなかのどの人間も正確に、われわれのホムンクルス〔人造人間のこと、ここでは集合体人間をさす」のようにつくられていないこと、それに集合体に属する多くの者がおそらく、われわれの思考の産物である人間とは、どこをとっても、なんらの共通点をもっていないだろうということである。こうしたわれわれの思考の産物は、社会的集団の大衆的な活動を理解する上での、われわれの思考の補助手段にすぎないことを銘記せねばなるまい。われわれは先達たちが、民族精神を認めた場所に一つの補助構造を見出さなくてはならない（どうしても個人的現実性の基盤の上にとどまりたいのであれば、この集団のなかでは、この特徴があの特徴よりもひんぱんに多くの個人に見受けられるとか、他の様々な特徴は、別の集団におけるよりもずっと少ないとか、なかには弛緩した将校もいれば、きびしい態度の教授もいるという具合に、つねにいうことができる）。

この理想的な集合的人間の、純粋に精神的性質は、この集合的人間についていわれた性質が、もはや同一集団の構成員ではなく、他の任意の集団の構成員に関係づけることができたさいに、とくにはっきりと現われる。そうなったときには、精神、すなわち、はじめの集団の観察のさいに確認された性質が、他の集団にも適用させられること、結局一見きわめて奇妙なことながら、たとえばユダヤ教徒がキリスト教徒に、そしてキリスト教徒がユダヤ教徒になるといったことも起こってくる。チェンバレンが次のような文章を書いたとき、そのことを期待していたのである[3]。

「ユダヤ人となるためには、何も本物のヒッタイト人式の鼻をもつ必要はない。むしろ、この言葉（ユダヤ人）は、感覚と思考の特別な方式をとくにさしているのだ。人はイスラエル人（ユダヤ人）でなくしても、きわめてすみやかにユダヤ教徒になれる。そうなりたい人はひたすら熱心にユダヤ人と交際し、ユダヤ人の新聞を読み、ユダヤ人の生活観、文学や芸術に親しみさえすればよい。他方、真正なイスラエル人が、エズラとネヘミヤの束縛から解放され、おのれの頭脳にモーセの律法を、そしておのれの心の中に、他民族軽視の気持ちを全くおさめないようになったならば、その人を『ユダヤ教徒』と呼ぶのは無意味である……。純粋にヒューマニストになったユダヤ人は……もはや本来のユダヤ人ではない。それというのもこうした人物（！）は、ユダヤ教の理念を拒み、様々な観念の複合体、『信仰』によってもたらされる関連、すなわち民族性から、行為そのものを通して離脱するからである。使徒パウロとともに、われわれは『外面的にユダヤ人である者がユダヤ人ではなく、内面的に心に秘めたユダヤ人こそ、真のユダヤ人である』ことを洞察せねばならない」。右手、左手——すべてが交換される。

わたしがここで素描したことは、民族心理学的な判断を得るための「学問的」方式である。だがこれを実施するのは、きわめて困難であり、われわれがこの方途をたどって最初のしっかりした成果に達するまでには、まだまだ長い間、待機せねばならないことは明らかである。このためにあの学問的方式の他に、状況によっては、すばらしい結果をもたらしてくれる他の方式もあるということが、大いに慰めになってくれる。これを「簡略化」された、あるいは、「人工的」な方式と名づけることができよう。この方式を採用することによって、素質のある人間であれば、例の学問的な方途をたどり、苦心してつくりあげられた思考の産物を、内面的洞察力を生かして十分に観察することができる。こうしたことが可能なのは、よくいわれているように直覚の助けをかりるからである。こうした天才的人間の内面的観察のおかげで、われわれは社会的集団の本質を十分に洞察することができる。そして一定の独自性を特徴づけることによって、われわれはその方面からもたらされる、もろもろの回答をできることなら、資料全体の基礎とするために喜んで役立てることになろう。しかも、われわれはこうした資料全体を冷静な学問的方式の助けを借りてはじめて改良し、完全なものに仕立てあげることになる。ところで、何が「一人のユダヤ人」であるかを知りたいときは、われわれはシャイロック〔シェイクスピアの『ヴェニスの商人』に出てくるユダヤ人の悪徳高利貸し〕の口上とともに、熱心に銀行の歴史、あるいは精神の疾患に関する統計を学習することになろう（しかもそのさい、あまりにも頭脳明晰な連中が主張しているように、「近代的非開化論者」であるとは自らけっして認めることはないだろう！）。

また直覚的方式によって得られた見解が、つねにひたすら非現実的な、具体性を欠く（だが、もちろん本書には属さない形而上学的見解よりは具体性があるだろう）タイプの形成を問題としていることは、最初に言及した学問的方式の場合よりも一層明らかである。

集団心理学的問題は、その特別な性質を確認すべき社会集団、したがって固有の精神をもつと考えられる（あるいは無理にそのように考えられる）個人がきわめて多いということによって、ますます複雑になる。この集団となった個人が、古い思考方式に基づくたんなる

「民族」であるということは、すでに誤りであるとされた。むしろ、多くの人間集団は、それが共通した統一的特徴を示すときには、精神的特性にしたがって調査することができるといわねばなるまい。それによれば、次に示すような図式が明らかにする集団心理学単位の一つの全体的組織が生じてくるであろう。

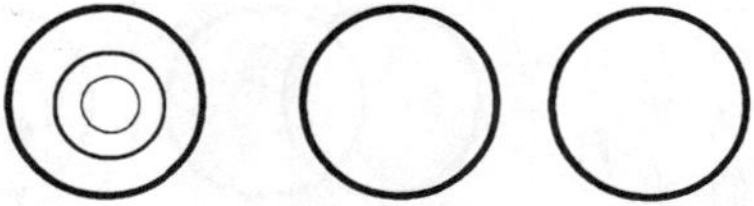

I集団（円環）が互いに、並んでいる。フランス人―ドイツ人、靴屋―仕立屋という具合だ。

II同心円状に円環がおかれている。たとえば、国際的プロレタリア―ドイツのプロレタリア―ドイツの工業プロレタリア―ドイツの工場労働者―ベルリンの機械工業の労働者―ジーメンス、シューケルト工場の労働者。

Ⅲ大きな円内に二つの小さな円が入っている。フランスの芸術家―フランスの学者。

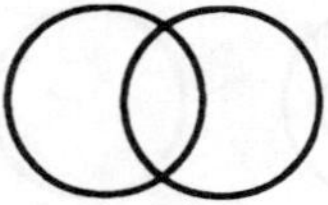

Ⅳ二つの円が交叉している。国際プロレタリア―ドイツ人。

Ⅴ Ⅰから Ⅳまでの形は、いずれも単一で、あるいは複合して現われる。

（いわば）自立した精神をもつ集団を形成するものは、もちろん、きわめて多様な性質をもっていよう。すべての一般的に集団を形成する要素のなかで、前もって知っておくことができないのは、個々の要素である。それというのも、われわれは、個々のどの集団をつくりあげる要素についても、それがまた精神を形成する力をもっているかどうか、前もって知ることができないからである。

社会的集団とその相互関係の形成について、ジンメル〔一八五八―一九一八年。ドイツの哲学者、社会学者。『貨幣の哲学』『社会学』などの著書がある〕が多くの適切な表現をしたので、わたしはここではこの対象について立ち入ったことをのべるのを断念する。ただわたしは（ここであつかわれている特別な主題にとって重要なので）、個性豊かにつくられた集団は、したがって独自の集団心理は、現実的（客観的）ならびに理想的（主観的）要素によってつくられるということを指摘したい。前者に属するのは、共通の血、共通の職業、共通の言語、それに共通の政治団体などである。他方、後者は、なんらかの種類の結束、団結の感情（客観的状態によってもたらされたのではない）、共通性への意志によってつくられる。主観的要素と客観的要素は、しばしば、共同体形成のさい協力しあう。

つづいてわたしは統一的な精神状態を備えた社会的集団は、たんにこれときまった瞬間、時間的、空間的に互いにそれぞれ区別できるばかりでなく、時代的に次々に区別できるということに注意を喚起したい。「ドイツ民族」は、ある特定の時期に、「フランス民族」と対立する特定の集団であるばかりでなく、他の時代にはおのれ自身と対立する集団であった（ところで、正しい時代区分が、また難問を抱えている）。いいいいい統一体としてのユダヤ人を把握するために、われわれはもちろん、彼らを結束させた宗教共同体を考えることになる。

しかしわたしは、ここで意図されている研究のために、モーセの宗教によってつくられた集団を、一方では制限し、他方では拡大しようと思う。制限とは、わたしがここでユダヤ人を、たとえばスペインとポルトガルから追放されたユダヤ人、すなわち中世末期以後のユダヤ人のみを観察することである。また拡大とは、ユダヤ教信奉者の系統を、たとえ彼らがユダヤの宗教共同体に属していなくても、わたしの調査研究の圏内に入れることである。こうして限定された集団が、共通の特別な精神的特性をもっているかどうかは、前に指摘したように、前もって証言することはできない。ただわたしは、一般的にユダヤ人的性質があるということ自体に反論しようという人の根拠はあてにならないことを指摘したいと思う。

(1)西欧とアメリカのユダヤ人は広い範囲において、それぞれの現地の住民の国民的特色を受け入れたのではないかと指摘される。たとえなんらかの特別なユダヤ人の性質が認められたとしても、この指摘を否定する必要はない。とくに前述したように、人間そのものと人間の集団とが、異なった、しかし互いに交差する共同体に属することもしばしばありうることだ。わたしはすでにあげた実例の他に、きわめてはっきりとドイツ人でもあり、かつまたスイス人でもあるドイツ系スイス人を想起する。

(2)ディアスポラつまり離散期のユダヤ人は、彼らが政治的、文化的、言語的にも共同体をつくっていなかったことからしても、普通の意味での[4]「民族」でも「国民」でもないと主張されている。これに対しては、全く確実に、他の性質をつくりあげる契機があること（わたしはここで血統の共通性、あるいは集団形成の理想的諸要素を想起する）をのべて対抗することにする。とくに、概念規定の意味を過大評価してはならないことを力説したい。

(3)ユダヤ人（これはわたしが打ちだした概念規定による）の内部では、なんの同質性も支配しておらず、むしろ彼らはおのれの意識のなかで対立する様々な要素を、峻別しているといわれている。たとえば東方のユダヤ人と西方のユダヤ人、セファルディム〔スペイン、ポルトガル系のユダヤ人〕とアシュケナジム〔東方、東欧系のユダヤ人〕、正統派と自由主義者、日常のユダヤ人と安息日のユダヤ人（これはマルクスの表現方式）などである。このこともやはり、あっさりと認めてもよいだろう。しかし、共通したユダヤ人の性質の可能性に反対する論拠はない。わたしはふたたび、少し前に描いた円環図を想起する。大きな円のなかには、小さな円がいくつも入るが、それらの円はふたたび同じ円をなしていたり、あるいは交わっているかいないか、のいずれかである。ここでたとえば次のようなことが、考えられる。ドイツ人の各集団への帰属はきわめて複雑多岐にわたっている。カトリックあるいはプロテスタント、農民あるいは教授、北ドイツ人と南ドイツ人、ゲルマン系とスラブ系、その他いろいろあるが、それでもすべてが、ドイツ人というわけである。したがって、総合的、ユダヤ的な特性が、全ユダヤ人内部の個々の集団の多くの対立と並んで存在することもつねにありうるのだ。

この一般的なユダヤ的特性の確定に努める前に、わたしは、この研究の枠内では、すべてのユダヤ人的特性ではなく、経済的過程の説明に必要なだけの彼らの特性を記述することをあらためて、はっきりと強調しなければなるまい。いうまでもないことだが、そのさいわたしは、これまで普通に行なわれてきたように、ユダヤ人の「商業精神」「荒かせぎの精神」「商業へのユダヤ人の適性」等々について語ることはできない。

わたしは、たとえば「利益獲得欲」を特定の人間集団の特別な性質として証明しようとするのは無意味だ、といったことを語るつもりはない。こうしたことは人間的であり、あまりにも人間的であるからだ。

わたしは、これまでのユダヤ人精神の分析のすべて（それが経済生活との関係で浮上するかぎり）をむしろ次のような理由から拒否してきた。

(1)ユダヤ人の特性が、いかなるものに適しているかという問題は、今でもつねに曖昧なまま放置されている。「経済生活」に向いていると思うかとか「商業に適している」とかいうのは、何事もいっていないのに等しい、あまりにも漠然としたいいまわしである。そのためにわたしは、特別の一章を設け、そもそも全くこれときまった経済活動の圏内において、ユダヤ人の活動（そしてこれにより、いよいよユダヤ人の主観的能力）、いいかえれば、資本主義的経済組織の連環において出現する、もろもろの努力や活動をくわしく確定したいと思った。

(2)次に物事をいくら書きかえてみても、これはけっして説明にはならないということを銘記しなければなるまい。もしわたしが、ある一人の人物の特性が、全く特別に証券取引所の投機に向いていることを証明しようとするならば、その人は相場師のすばらしい才能があると言明するだけでは十分ではない。たとえば、ブレージヒおじさんという人がいた。彼はおのれの貧乏を大物のポヴェルテ氏がいたせいにした。ユダヤ人の経済的才能の批判者はつねにこのブレージヒおじさんのような方式を採用している。だが、われわれがむしろ探究せねばならないのは、まずは資本主義的経済機能の上手な実施を保証する精神の一定の素質であり、次に、これときまった価値観念と目的設定、一定の行為と活動、それにこれまた一定の機能としての観念、および意志の複合体に適応する精神と性格のもろもろの特徴である。

こうしたことをユダヤ人について確定するのが、次にかかげる記述の課題であるが、それを実施するにあたっては、われわれの学問的良心は、次節に充満しているすべての疑念によって十分に裏づけされているとわたしは期待している。

II　解決への試み

問題が困難であり、いかがわしいと考えられたときでも、ユダヤ人とその特性の評価については大幅な意見の一致がみられる。文学においても、実際生活においても、すべてのいわゆる偏見をもたない人々は、少なくとも、重要なこまかい点については同じ意見である。ユダヤ人の性質の分析については、イェリネークであろうとフローマーであろうと、チェンバレンであろうとマルクスであろうと、ハイネであろうとゲーテであろうと、ルロア＝ボリューであろうと、ピキオットであろうと、デューリングであろうとラテナウであろうと、それに敬虔なユダヤ人であろうと、そうでないユダヤ人であろうと、反ユダヤ主義者の非ユダヤ人であろうと、哲学的な非ユダヤ人であろうと、彼らの著述を読む者はユダヤ人には何か独特なものがあるとの印象を受ける。ユダヤ人のある現実性が彼ら全員によって感じられている。そうはいうものの、ユダヤ人の精神を言葉で、いい表わそうとするときは、すぐには排除できない大きなわだかまりが生じ、これをなくすのはけっして容易ではない。人々は、おそらくたとえば別方向から照射してみたり、別の言葉を使ってみたりするだろうが、すでに他の人々が見聞したこと以外をのべることができない。そこで、ユダヤ人の総合的状態、ならびに彼らの個人的素質、および資本主義的経済組織との間に見受けられる様々な関係を示す事柄をわたし自身の考えとしてつけ加えておこう。だが、わたしはそのさい、まずユダヤ人の性質について関連のある事柄を描くべく努め、そのあとはじめて、そうした性質と、その資本主義組織との間の関連の解明に取り組むという方式を探ることにする。

　他の批評家とは違って、わたしはユダヤ人の性質の観察から出発することにする。ユダヤ人の性質は、たしかに以前にもしばしば強調されてはきたものの、そのなかにうかがわれる中心的な意味は、指摘されないままであった。思うにそれは、卓越した精神性である。あるいは、多少古臭い、あまりはっきりしない外来語的表現でもいいというのであれば、ユダヤ民族の主知主義である。この言葉によってまず理解されることは、肉体的（手仕事の上の）関心や能力を精神的関心や能力が支配することだ。ユダヤ人にあっては、「知性は肉体にまさっている」。これは日常生活のなかで、つねにくりかえし見受けられる事実であり、その正しさは多種多様な兆候によって確かめられている。どの民族でも、ユダヤ人の間ほど、あらゆる時代において「学者」が尊敬されることはなかった。タルムードはのべている。

「賢人は王侯よりも先に歩む。賢い私生児は無智な高僧よりも先に歩む」

　この「知識」「学問」の過大評価は今日でもユダヤ人学生の間でふたたび見受けられる。「賢人」たることができない者でも、少なくとも「教養」を積むべきである。古代イスラエルにおいてはいつも教育は義務であった。宗教の実践そのものが、学習を意味していた。シナゴーグは今日でもなお東欧では学校をさしている。この民族にあっては教育と礼拝は同一であり、無智は大罪である。物を読むことができない者は、この世ではふらち者であり、あの世では永遠の罰が定められた者である。民衆の言葉で、愚鈍ほど非難攻撃されることはない。

「わたしにとって不正の方が愚鈍よりまだましだ。愚者は、災難である」

これはゲットーで生まれた有名なことわざである。(5)

価値ある人とは知的な人である。最高の人間性は、最高の主知主義である。今やふたたび、ある疑いもなく利口なユダヤ人が文字どおり、あけすけな素朴さをまるだしにして、次のような（他の素質をもつ人々にとっては全く驚くべき）理想的人間像、超人像、それに将来の人間像を描きだすときも、このことがあてはまる。

「盲目的な本能の代わりに……文化的人間にあっては、意識的につくられる知性が登場する。この人にとっては本能を消滅させ（！）衝動の代わりに、目的を設定する意志を、たんなる知覚の代わりに反省を打ちだすことが、まさに課題となる。個人は、おのれの理性の活動が、すべてのこれまで備っている素地を解体させ、これにとって代わるとき――すなわちおのれの本能を消滅させたとき――はじめて完全な人間となる。徹底的に本能から解放されたとき、われわれは絶対的独創力をもち、自然法則（！）からの絶対的、内面的な自由を得る。文化生活の課題は、すべての神秘説から本能的生活のすべての暗愚な衝動からおのれを解放し（!）、純粋で合理的な知性の形式を促進することである（!!）」[6]

考えてほしい。どうか考えてほしい！　天才（したがって、まさに依然として衝動的な本能が充実した性質）が、合理と知性の最高の表現として捉えられているのだ！

ユダヤ人の卓越した精神性は、彼らの場合あらゆる時代において、それぞれの職業は、精神的業績に対する要求が大きければ大きいほど、逆に肉体的業績に対する要求が少なければ少ないほど、それだけますます価値ありとされる、という事情と関連がある。たしかに困難な肉体労働に嬉々として従事するユダヤ人が、昔もいたし、今でもいるであろう。だが現代のヨーロッパのユダヤ人については、このことはあてはまらない。そしてタルムード時代のユダヤ人も、肉体的な能力への要求がより少ない職業を好んだ。前述したように、ラビたちによれば、次の見解がまかりとおっていた。

「この世では香料の小売業者も、鞣皮工《なめしがわ》も不可欠である。したがって香料の小売業という職務をもつ者は祝福される……」

「ラビのメイアはいった。『つねに人はおのれの息子に清浄で容易な手仕事を教えるべきだ』」（キドゥシン　八二b）等々。

ユダヤ人はこのような彼らの卓越した精神性を、つねに痛感しており、そして彼らの独自性をつねに不信者《ゴイム》の荒々しい暴力と対比させた。次のようにのべたいくつかのポーランド系ユダヤ人のことわざは、ふたたび、気のきいた洒落を提供してくれたことになる。

「神よ、不信者の手とユダヤ人の頭を守ってください」

い。

た。　こうした精神的関心の優位は、とりもなおさず、精神的諸能力の向上を促したに違いな

それにしても、ユダヤ人のように素質のある民族は、どうしても他の状態になじめなかっ

題の核心をついていることになる！

このことわざをのせた本の題名は「頭脳と体力」であり、二語だけですべてのユダヤ人問

「神よ、ユダヤ人の頭脳と、不信者の体力を守ってください」

「ユダヤ人について人が何といおうと、ユダヤ人はけっして愚者ではない」

「優雅なギリシア人、愚かなユダヤ人、誠実な放浪の民族は、けっしてありえない」。このようにゲットーの壁の内部、外部に住むルーマニア人はいっている。

「馬鹿なユダヤ人もなければ、怠けもののウサギもない」とスペイン人はいう。(7)

ユダヤ人と親しく交渉した者はだれしも、彼らが他の民族よりも、平均を上まわる悟性の鋭さをもっていると保証しないだろうか？　わたしはわざと「悟性の鋭さ」といったが、その代わりに「明晰」といってもよいだろう。

「たいへん鋭い才覚、才覚の鋭さがある」と数百年前にユダヤ人の最良の観察者(8)がすでにのべているが、これはおそるべきほど適切な特徴づけである！　この人はさらに、ユダヤ人が「今世紀の事柄に対して、敏感でかつ大いなる才覚をもっていた」ことを見出した。もちろん彼は、その才覚が以前よりずっと少なくなったと思い次のようにのべた。

「千年前ほどには、現在は智恵も才覚も働かないのは本当だ」

「ユダヤ人の精神は、精密機械である。それは、正確さとバランスを保持している」

このようなルロア＝ボリューの判断にはだれしも、すぐに与《くみ》することであろう。さらにチエンバレンが、ユダヤ人の「悟性」は、とくにあまり発達していないと見なしたとき、彼のいう「悟性」とは、われわれが考えているような、物事を迅速に思考し、鋭く分離、分解し、かつ結合し、さらに中心点をさぐりだし、類比を行ない、同義語を区別し、そして最終結論を出す能力という通例の言葉の意味での悟性をさしているのではない。ユダヤ人の性質のこの側面を、正しくもとくに強調したA・イェリネーク(9)は、すでにヘブライ語が活発な悟性が生みだした活動に対する表現を豊富にもっているという、実に教えるところの多い事実に注意を喚起した。ヘブライ語はなんと「探究する」については十一、「分離する」についてては三十四、そして「結合する」については十五のいいまわしをもっているのだ。

この知性の優位は、チェス競技、数学(10)、それに数理論の分野での彼らの疑う余地のない素質を示すもろもろの理由の一つとなっている。こうした活動は、強力な抽象能力と、（本質的には悟性と結びついた）特別な種類の空想を前提とする。こうした空想を、ヴントは芸術家の直覚的空想と対立した結合的空想といみじくも名づけた。部分的には、また彼らのしばしば賞賛の的となっている医師の能力（診断の才能！(11)）は、「電光のように、瞬時、暗黒を照明する」という計算能力のある分離、結合に巧みな悟性に根ざしている。

ユダヤ人のすぐれた悟性が、しばしば、屁理屈をいう、三百代言のような性格を示す（製粉機が穀物を碾《ひ》くことなく、ただ空まわりをする場合のように）ことはよく知られている。

しかし、ユダヤ人の精神を評価する上で一層重要なのは、悟性の活動があまりにも一面的に発展するために、他の精神生活の重要な側面が、悟性の異常なまでの発達にわざわいされて、歪曲し、硬直するという状況である。この点において、わたしがきわめて異色であるとして強調した悟性に劣らず、卓越したユダヤ人の精神性が、はっきりと表現される。

ユダヤ人にあっては、世界とのすべての感覚的、感情的な関係とは全く無縁な本能的な知性が、全く歪んだ姿を示すことがしばしばある。われわれは、たとえばヤーコプ・ベーメ〔近世初期、靴屋だったドイツの哲人〕のようなユダヤ人の神秘家を、ほとんど想像することができない。さらに、ユダヤのカバラ〔中世における神秘的なユダヤの教説。文字と数の象徴解釈がなされている〕がいかに一種独特の神秘論を意味しているかを脳裏に描くとき、ユダヤ人の特殊性が痛感される。すべてのロマン主義、すべての直接的な世界、自然それに人間のなかへの自己没入は、こうした純粋な論議一点ばりの世界観とは無縁である。ロマン主義者に対抗する「若いドイツ」〔ユダヤ人ハイネも加わった新文学運動〕推進者の反抗的態度は現世における直接的生き方と、反省的生き方との間の、直覚的世界観と、論議を重んじる世界観との間の、根の深い対立の文学的表現に他ならない。いくらか違った見方をすれば、これは夢想と冷静との間の対立でもある。

この特性とよく似ているのが、直覚力、それに受容しかつ創造する感性の力にユダヤ人がやや欠けていることである。わたしがブレスラウ〔現ポーランド西部の都市ヴロツワフ〕にいたとき、シベリア東部からあるユダヤ人の学生が、ひたすら「マルクスを学ぶ」という目的でわたしのもとにやってきた。彼はこの長旅にほとんど三週間を費やした。そして到着するや否や、その日のうちに拙宅をたずね、マルクスのある著作の借用を望んだ。数日後、彼はふたたびわたしのもとを訪れ、自分が読んだこの書物について、わたしと語りあったのち、これを返し、新しい本を借りていった。このような状態が、数ヵ月つづいた。その後彼はふたたび三週間かけてシベリア東部の古巣に戻っていった。彼はおのれの滞在した場所にそもそもけっして目を向けなかった。だれとも知り合いにならなかったし、わずかな散歩すらしなかった。彼は自分がその頃どんな都市に滞在しているのかすら、全然知らなかった。彼は全く知覚することなく、ブレスラウという都市で時を過ごした。その様子は、彼が以前の居住地で過ごしたときと少しも変わらなかった。そこで彼は、その後の年月も、まわりの世界を一切知覚することなく過ごすであろう。頭のなかにあるのは、ただマルクスのみという有様で。

これはユダヤ人の典型的例であろうか？　わたしはそのように考えている。われわれはこうした例を、毎日、新しく体験している。つねにくりかえし、この具体性を欠く気質、この感覚的には全く生彩のない精神的傾向、それにこの抽象的世界にすっかり沈澱したユダヤ人に遭遇して、われわれはただ驚くばかりである。ユダヤ人の文士、いやそればかりか教授（なかなかこの道での昇進が難しいにもかかわらず）とくらべても、ユダヤ人の画家の数がずっと少ないというのも、ただの偶然であろうか？　それに、ユダヤ人のなかの偉大な造形芸術家の最高傑作には、主知主義がこれみよがしに浮き彫りにされていないだろうか？　かつてフリードリッヒ・ナウマンはマックス・リーバーマン〔一八四七―一九三五年。画家、版画家。ベルリンで活躍した〕をスピノザと比較し、いみじくも「彼は頭脳で描いている」とのべた。

ユダヤ人はきわめて鋭く見るが、けっしてじっくり眺め、観察するということをしない。ユダヤ人はとくにおのれの環境を生きものとして感じていない。そのためにユダヤ人には、生きものという存在の特性、その全体の状態、その不可分性、それに有機的に形づくられたものや天然自然のまま育成されたものについての感覚が欠如している。一言でいえば、彼らには、個性的なるものについての感覚が欠けているということができよう。その代わりに――自分の経験から、じっくりと考えてみれば――他の関連でも高く評価しておいたように、ユダヤの法律の独自性ほど信頼のおける例証はない。他の法と違ってユダヤ法のなかには、抽象的な特性、抽象的な活動、または抽象的目的設定のなかに個性的なるものが、いわば溶解している状態が見受けられる。

ユダヤ人のなかには、人間についてのすぐれた学者がいる。彼らは鋭い悟性をもっているために、ありとあらゆる毛細血管のなかに侵入し、さらにいわばレントゲン光線を用いて、すべてを照射するために、万物の組織に秘められたあらゆる特性を探知することができる。彼らは人間の長所、短所を見抜き、そもそも特定の人間が、どの分業活動に向くか、あるいは、どの任務や地位に適しているのかを洞察する。しかし、彼らはしばしば人間そのものを見ない。人間の悟性ではつかめない特性や全体性を洞察しようとはしない。そのため彼らは人間のかくされた本性とは矛盾する行動に出ることを求める。さらに彼らは人間をめったにその人格の典雅さに基づいて評価することなく、むしろ、なんらかの外からも知覚できるその人の性質、あるいは特別の業績に基づいて、その人を評価する。

そういうわけで、彼らは全く純粋に個人的なものの上に築き上げられた拘束関係、コネクションとは無縁である。すなわち、個人的支配、個人的従属、それに個人的帰依などとは無縁だということだ。その深奥の本質からして、ユダヤ人はすべての騎士道精神、感傷性、義侠心、すべての封建制、家父長制には反対である。それに彼らはこうした関係の上に築かれた共同体を理解しようとはしない。すべての階級的、同業組合的な組織はユダヤ人には向いていない。彼らは政治的には個人主義者である。彼らの感覚に適合している体制は、すべての関係が、明瞭に記載された法関係に帰着させられる「立憲国家」である。彼らは生まれながら、「自由主義的」な世界観の代表者である。その思考圏内には血肉を備えた個性豊かな人々ではなく、もともと民族間の違いも定かでなく、それぞれ質的特徴をもたない量的単位の総計である抽象的国民しかいない、こうした抽象的国民は、権利、義務を主張する一つの巨大な人間集団をなしている。多くのユダヤ人自身が察知していないとしても——たとえ彼らが、おのれのきわめて明らかな特性を否定し、彼らとドイツ人や、イギリス人との間になんらの差違はないと主張したとしても——やはり、彼らは他者を生き生きとした人間としてではなく、法的主体、国民、あるいはその他の抽象的存在として見ている。彼らは世界を、血肉ではなく、悟性によって認識し、したがって、悟性の助けを借りて紙上に整理整頓されたものは、生きとし生ける者を相手どっても、そのまま通用するに違いないという考え方に容易に傾きがちである。しかも今でも依然として、「ユダヤ人問題」を、たんに政治的制度の問題と見なし、実際に「自由主義的」な政権が、ユダヤ人と現地住民との間の差別をなくすことができると確信しているユダヤ人が存在している。ユダヤ人問題に関する大著述家が大真面目に次のような意見を開陳しているのを聞くと、ただただ驚くばかりである。すなわち「ここ三十年間のすべての反ユダヤ運動の発生は、ひたすらマルクスとデューリングの著作の責任であり、この無責任な理論のおかげで数千人の生命が犠牲になった（！）。ユダヤ人迫害により数千人の犠牲者が出たことや、有能なユダヤ人労働者が、それこそ百万人もそれぞれの故郷から追放されたことも、ひとえに継続的な権力の象徴であるオイゲン・デューリングのせいである」[12]（!!）などというのだ。血肉の情に対する書類の冷たさ、本能に対する悟性、直観に対する概念、感覚に対する抽象化がこの言葉にまざまざと示されている。

このように純粋に精神一点張りの人間がつくりあげる世界像は、たんに構成がうまく整った悟性の所産にすぎない。彼らが世界を理解する上で有用な範疇《カテゴリー》は、合理的な解釈だけである。もっぱら理論的意味で用いると、こうした方式の世界観は、あっさりと合理主義と名づけられるであろう。

しかしユダヤ人はもちろんたんに理論的合理主義者であるばかりか、実践的合理主義者である。それも当然のことながら、多くの場合、同一人物のなかに合理主義のこうした二つの側面が統合されている。

卓越した精神性が、強烈な自我の感情と結合されるや否や、次のようなことが容易に生じてくる。まず、思考する人間は、悟性によって解釈された世界を、いわば天然自然の中心点であるおのれ自身のまわりに結集させる。次にこの人はすべての現象をこの関心に基づいて調整する。ということは、この人は世界を、目的という観点の下に、つまり合目的性の範疇の下に注視する。これによってこの人の性質は、目的の顧慮、あるいは、目的論、あるいはまた実践的合理主義として記述されている新しい特徴を獲得する。しかもユダヤ人の性質のなかで、この目的の顧慮、この目的論的性向ほどはっきりした特徴は見受けられない。これについては、すべての批評家が、奇妙なほど見解の一致を示している。わたしが、ほとんど大多数の人が行なったように（そしてわたし自身が以前の著作で行なったように）この特徴を冒頭に据え、これを基にして分析を展開してゆくという方式をとらなかったのは、わたしが目的論自体を、現在そう思われているように、ユダヤ人の他の全性質を育成した彼らの卓越した精神性の必然的結果と見なすようになったからである。しかしわたしがこの特徴をおくればせながらもちだしたからといって、けっしてこの重要な意味を過小評価したわけではない。そればかりかこの特徴は、わたしの見解によれば、ユダヤ人の精神の内部に見受けられる厳密な目的の留意、首尾一貫した目的論にぴたりと適合している。

　ユダヤ人の性質のどのような表現を観察しても、つねに遭遇するのは、明白な主観主義と命名されるこの特徴である。はじめに、ユダヤ人とインドゲルマン人の偉大な民族群をそれぞれ主観的精神方向の民族、客観的精神方向の民族として区別したのはラッセンである。[13] この人種による分類がどれほど信頼がおけるかはここでは問わないでおこう。ただ疑いもなく、ユダヤ人は主観的精神方向をもつ民族のなかでも、もっとも主観的な傾向がある。ユダヤ人はとらわれざる平然とした態度で外界に接することはない。彼らは自己を否定して大宇宙の深奥のなかに沈潜し、無限の空間のなかでおのれの思考の動揺に身を委ねることはない。彼らはイエリネークが適切な形象を用いて表現したように、ひたすら実用を求め、真珠を求めて深海に潜行する。彼らにとって最大の関心事は、「なぜ？」「なんのために？」「重さはどのくらい？」「どんな役に立つか？」といった疑問である。彼らにとってもっとも切実なのは、仕事への関心、事柄自体への関心ではなくして、実用的成果への関心である。

非ユダヤ的なのは――それが何であろうと――「自己目的」と見なされる活動である。非ユダヤ的なのは、生自体を目的なく、運命のまにまに生きることである。非ユダヤ的なのは天然自然を無邪気に楽しむことである。ユダヤ人の精神は、自然のもろもろの対象、現象、それに制度自体を「高度の倫理的生活を促進させるべき道徳の教科書の各頁」に仕立てあげた。われわれは、ユダヤ人の宗教が、全く目的論的に方向づけられた有様をくわしく見てきた。ユダヤ教では、ユダヤ精神のあらゆる活動と同様に、倫理優先がはっきりと見受けられるのだ。ユダヤ人の見解によれば、全世界は、自由な目的設定の仕事にすぎない。全く適切にも、ハイネはユダヤ人と異教徒の差違を次のように認識した。

「彼ら（異教徒たち）は、全員無限、永遠の原存在をもっていた。ところがユダヤ人にしてみれば、こうしたものは世界のなかにあり、世界と同一であり、そして世界とともにあって必然性の法則に基づいて発展した。ユダヤ人の神は世界の外部にあり、世界を自由な意志の行為を通じて創造した」（「思考と着想」）

いかなる言葉といえども、目的、目標、最終結果を意味する「タヒリス」（Tachlis）ほど、ユダヤ人になじみの深い言葉はない。「タヒリス」に準拠して人は物事を行ない、「タヒリス」は全活動のなかの、さらに個々の活動のなかの生の意味であり、「タヒリス」は世界の内容である。そこでユダヤ人は、生の内容、世界の内容を「タヒリス」でなくして「悲劇」であると反論する者を愚かな夢想家と見なすであろう。

どのぐらい深く目的意識がユダヤ人の性質に根ざしているかは、とりわけハシディム（十八世紀に発生した東欧ユダヤ人の宗教運動促進者）のように、生活の実際目的への顧慮を一切消失させたユダヤ人において、明白に看取することができる。それというのもこの人々は、日々の糧を得るために配慮するという「目的を一切もたず」おのれの家族を平然と飢えさせ、聖なる書物の研究にひたすら打ちこんでいるからである。彼らには魂の疲労、柔和な微笑を伴った理解と許容、それに現世を離脱した実り多い生活観が見受けられる。わたしが今、念頭に浮かべている現代のユダヤ人著述家のなかでは、ゲオルク・ヒルシュフェルト、アルトゥール・シュニッツラー、ゲオルク・ヘルマンがこれにあたる。彼らの著作にすばらしい魅力を与えるのは、彼らが生を観察するさいのあの柔和で明朗な方式であり、彼らのすべての作品のなかにただよう憂いに満たされたしなやかな特徴であり、かつよい意味における彼らの感傷性である。ここではたしかに意志を欠き、目的を喪失した状態に変化しているものの、これは実は彼らの全性格を支配する意志の強さと目的意識にマイナスの符号をつけたまでのことだ。彼らの作品のすべてのメロディーを通じて、きわめてかすかな嘆声をあげる苦悩の叫びが響いてくる。全く目的を欠き、しかるがゆえに悲しいのが現世である。自然そのものもこの悲哀に満たされている。たとえはじめに花が、庭や森のなかで咲き誇っていても、世はもともとつねに秋である。風は枯葉にたわむれ、太陽は「まもなく沈んでしまうのだ。まるで急いでいるかのように」静かな澄んだ空で黄金色にきらびやかに輝いている。

結局は同一物である目的意識と主知主義は、ユダヤ人の文芸作品から天衣無縫の態度や、自己忘却や直接性を奪いとる。それというのも、これらの作品の創造者は、世界の現象に——それに人間の運命や、自然の出来事に——無邪気に楽しみつつ、あるいは、無邪気に観察しつつ、取り組むのではなく、つねにこれらに接するにあたっては、熟考し、思慮し、企画し、考察するという態度をとるからである。彼らにしてみれば、どこでもサクラソウやスミレが芳香を放つことなく、どこでも霧雨が、新鮮な森のなかの小川に降りそそぐことはない(ゲーテの青年時代の抒情詩とハイネの『歌の本』の比較!)。しかしユダヤ人作家はその代わりに古いワインのすばらしい芳香の魅力や、なかば閉じられた美しくも悲しげな瞳の、愛らしい一瞥が生みだすような魔力をもっている。

彼らユダヤ人の目的意識は、強力な意志と、エネルギーの強大な基盤に結びついている(これが普通ユダヤ人に見られるケースである)ために、やがて、目標達成へと邁進するといわれるようになる。

なんぴとであれ、目標をしっかりと見つめてけっして目をそらさず、おのれの設定した目標からはいかなる抵抗にあっても、離脱することのない態度をとるならば、その人は目標達成のため、いつまでも粘り強くがんばる人間となる。あるいはハイネがおのが民族を特徴づけたように、強情な人間となる。

「ユダヤ人の性質とは、何か？　それはすべての基礎となるエネルギーと目的設定だ」（ゲーテ）

ここで第四のユダヤ人の性質の特徴として可動性をあげるならば、はたしてこの特性がユダヤ人一般にあてはまるのか、それともアシュケナジムにのみあてはまるか、わたしには判然としない。セファルディムの賛美者は、とくに彼らの外面的な業績の堂々たる内容や、彼らの態度にみられる抑制、控え目な気品をほめたたえる。

「ある種の傲慢な荘重と高雅な尊大が、ユダヤ人のはっきりした特徴をなしている」[14]

他方、ポーランド（―ドイツ）系のユダヤ人にあっては、以前から「活発でつねに刺激された状態にあって行動する精神」が観察された。[15]しかも今日でも依然として、とくにオリエントにおいては、スペイン系ユダヤ人の間に、多くの威厳があり、節度正しく、抑制を旨とする人々が見受けられる。とにかく彼らには、ヨーロッパに住むユダヤ人にはしばしば見受けられる肉体的、道徳的意味でのあの独特な「可動性」が備わっていない。ところが、第三の種類の可動性、すなわち精神の可動性は、ほとんどあらゆるユダヤ人にうかがわれる。これは、迅速に物事を受け入れ、ただちに事態に対処するという、しばしば賞賛の的となっている精神の活発さである。

わたしはこのように、四つの基本的特性を記述してきたが、これを哲学的には、主知主義、目的論、主意説（エネルギー尊重主義）、それに可動性と名づけることができる。これらはいずれも、ときにはきわめて複雑なユダヤ人の本質を表わしている。すべてのユダヤ人の特性は、これらの四大特質のうちの一つ、あるいはその二、三の混淆に、わけなく還元できるものとわたしは考えている。ただそのうちの二つ目の特性――ユダヤ人の経済的活動にとってとくに重要である――を、わたしはその独特な意味合いから、つまり、休まないこと、適応する能力のあることの二面から探究してゆきたいと思っている。

休まないことはユダヤ人の本性である。これを勤勉と名づけてもよいだろう。

「どんなユダヤ人でも、それこそ、もっとも貧しく、下積みのユダヤ人でも、断固とした努力を、それも世俗的、一時的、瞬間的な努力を表わさないことはない」（ゲーテ）

そして休まないということは、しばしば落ち着きのなさを表わすことになる。ユダヤ人は、つねに活動すべく駆り立てられている。つねに何事かを「管理」し、何か新しいものを引きだし、実行すべく駆り立てられる。ユダヤ人はつねに活動しており、できるなら、平穏のうちに暮らしたいと思っている者の邪魔をする。ヨーロッパの大都市におけるすべての芸術的、社交的性格の催し物を牛耳《ぎゅうじ》るのは、ユダヤ人である。彼らは生まれながらの「進歩」主義者であり、文化生活のすべての分野での宣伝家である。

しかもこの面において、彼らの目標へ向かって努力する姿勢が、その可動性と、すぐれた知的素質とに結びついている。とくに彼らの知的素質は深奥に達することを求めないので、この傾向はますます促進される。あらゆる主知主義は、結局物事をあまり深く掘り下げない者の特質である。主知主義はけっして物事の深奥に、魂や世界の奥底に到達しない。そしてそのために、彼らの精神が不穏な超自然的な力によって駆り立てられようとも、おのれが制御した事物を容易に一方向から他方向へと転換させることができる。したがってユダヤ人のなかには熱狂的な狂信と「啓蒙された」懐疑が共存している。両者の根源は同一である。だが、このように深刻さを欠く形の主知主義は、一方では、おそらくもっとも重要なユダヤ人の特性と結びつきながら、他方では、彼らの性質の他の根本的特徴によって制約されている。これこそが歴史上、唯一独自とされるユダヤ民族の適応性である。

ユダヤ民族が、その民族的特性と、すばらしい適応能力を保持できたのは、彼らが、しぶとかったからだといってもよいであろう。とくにその適応能力のおかげで、彼らは状況が要求すると、一見必然的な命令に服しながらも、ふたたび事態が好転すると、おのれ自身の独自性をまたもや発展させることができる。抵抗と従順は同時に昔からユダヤ人の特性であった。一時的な——実際にただ一時的な——互いに矛盾する性格の特徴、つまり頑固さと柔軟性をユダヤ人はきわめて大きな度合で身につけている。次のようにのべたとき、ルロア＝ボリューはこの事実を、実に適切に表現したことになる（『諸国民のなかのユダヤ人』第一巻、二二四頁）。

「ユダヤ人はもっとも抵抗すると同時に、もっとも従順であり、もっとも頑固であると同時にもっともおとなしい」

ユダヤ人の指導者と賢人は、あらゆる時代において、自立した民族共同体としてのイスラエルの持続のために、こうした弾力性と柔軟性がいかに重要であり、必要であるかを認識し、かつこれを宣伝した。ユダヤの文献はこの方面における様々な訓戒に満ちている。

「風のまにまにどの方向にも動く葦のようにしなやかであれ。なぜならトーラーはへり下った心の持ち主のもとにのみとどまるからだ。なぜトーラーは水と比較されるのか？　それは流出してゆくうちにけっして高い所ではなく、必ず低い所を求めてゆくのが、水の本性であることを教えるためである。そういうわけで、トーラーはただへり下った心の持ち主のもとにのみとどまるのだ[16]」

「狐が好調なときは、人は狐に対し身を屈しなくてはならない[17]」

「波が来たとき、身をかがめると、波は通り過ぎてゆくが、波のまん前に立ちはだかる者は、波に連れ去られる[18]」

また、十八番目の祈禱は次のように唱えられる。

「わたしの魂など、人々が踏みにじってゆく塵のようなものだ」

そのために、まさに理の当然というところだが、ラビたちは保護下にある者たちに、もし、それが土地に居住する条件であるならば、うわべだけ、その土地の住民の宗教の信者になったふりをするよう諭した。そしてこの忠告は、周知のように、広い範囲で守られていた。「一時的に死んだふりをする」（フローマーの表現）ことによって、ユダヤ人は、生存をつづけるべく努め、そして現に生きつづけることができた。

今日では、かくれキリシタンやかくれイスラム教徒はもはやいないであろう（たとえいたところで、ごくわずかであろう）。しかし外的条件に適応してゆくユダヤ人のすばらしい能力は、おそらく今日では、以前にも増して、一層確認されているであろう。現代では西ヨーロッパやアメリカのユダヤ人は、もはやおのれの信仰とおのれの民族的特性を維持しようとはしない。逆に彼らは――おのれのなかの民族意識が、ふたたびめざめさせられないかぎり――おのれの特性をできるだけ、完全に、そしてすみやかに消滅させ、居住地住民の文化にとりこませようとするであろう。そして見よ！　このことも、大がかりに、実にうまく実行されている。

おそらくユダヤ人の特性のもっともはっきりした確証は、ユダヤ人がイギリスではイギリス人に、フランスではフランス人に、というように、それぞれの国の人間になろうと努め、少なくともうわべではそのようにみせようとし、かつそれに成功したことに見出されるであろう。フェリックス・メンデルスゾーンがドイツ音楽を、ジャック・オッフェンバッハがフランス音楽を、さらにスーザがヤンキー・ドゥードル〔アメリカの流行歌の一つ、ヤンキーの歌〕をそれぞれ作曲したこと、ビーコンスフィールド卿がイギリス人のように、ガンベッタがフランス人のように、そしてラッサールがドイツ人のように振る舞ったことを見よ。簡単にいえば、ユダヤ人の才能ある人々は、しばしば、非ユダヤ民族的なものを身につけ、まわりの環境に調子を合わせていった。このことが奇妙なことに、ユダヤ人の特別な独自性などはないという証拠としてもちだされている。だが一方ではまことにこの特性こそが、ユダヤ人の特別な独自性を、とりわけそれが異常な適応能力のなかに現われるとき、もっとも明白に証明している。

ユダヤ人が地球を変革したという言葉は正しい。ユダヤ人はもはや、いつまでも自らを異質的存在と感じることはないであろう。彼らはすべてのなかに入りこみ、すべてに適応するであろう。彼らは、もしドイツ人でいたいならドイツ人であり、イタリア人の方が都合がよいと思えば、イタリア人になる。彼らはすべてを、おのれが関心を寄せる全体のなかでつくりあげる。しかもその仕上がりはなかなか立派だ。彼らの製品は、ハンガリーのなかでは原始的、マジャール民族的なるものであり、イタリアではイレデンタ〔自民族が少数民族として居住している地域を、自国へ併合しようという運動〕、フランスでは反ユダヤ運動をつくりだした（ドゥリュモン！）。彼らは、まだ萌芽の状態にあるなにものかを、迅速に開花させるすべを見事にこなしている。

「萌芽として存在するものを発展させ、現にあるものを完成させ、単独では見出されない理念のなかに秘められているものすべてを表現させる」[19]

これが、ユダヤ人に適応能力を備えさせたのだ。

わたしは、この奇妙な適応能力は、われわれがすでに発見したユダヤ人の素質の四要素に根ざしているとのべた。ユダヤ人の合理主義は、彼らの偉大な変身能力にとって、もっとも重要な前提をなしている。合理主義のおかげで、彼らはすべての事物に外側から接近していった。ユダヤ人の現在の姿は、彼らの血のつながりの必然的所産ではなく、彼らの知性を駆使してそうなるべくつくりあげたものである。合理主義はユダヤ人の深奥の本質から出現したのではなく、ただ頭脳がつくりだしたのである。ユダヤ人の立場は平坦な大地ではなく、人工的な空中楼閣である。それは、けっして有機的かつ始源的でなく、機械的かつ合理的である。感情、本能の母体に根ざすことはまずない。ユダヤ人は現状のままとどまることもできるし、全く別の姿に変わることもできる。ビーコンスフィールド卿や、フリードリヒ・ユリウス・シュタールが「保守主義者」であったのは、なんらかの外的な偶然、政治的な状況に合わせただけである。フォン・シュタイン男爵、あるいはビスマルク、あるいはカーライルが「保守主義者」になったのは、彼らの血がさせたことだ。もし、マルクスあるいはラッサールが、他の時代に、他の環境で生まれたならば、彼らは急進主義者になる代わりに、保守主義者になったかもしれない。すでにラッサールは、もう少しのところで「反動家」になるところであった。彼は社会主義の扇動家と同じようにプロイセンの封建主義者を巧みに演じたかもしれない。

目的に向かって努力することは、当然のことながらユダヤ人が設定した目標、すなわち彼らが合目的性のもろもろの根拠から、これなら利益があがるとみたなんらかの状況に適応するという目標を、実際に執念深く、持続的に追求させる上での駆動力となる。

そして彼らの可動性は、彼らにその目標を到達させる外的手段を提供してくれる。

特定の目的に奉仕したとき、ユダヤ人にいかに可動性があるかは、まさに驚くべきほどだ。おのれの肉体の状態にさえも、ユダヤ人はそのように他人が見てほしいような外観を広範囲に与えることができる。以前には、彼らはそれこそ「死んだふりをした」ように、今や（カメレオンのように）おのれの色彩をまわりの環境にあわせたり、あるいは別の種類の模倣術によって、おのれの身を守っている。このことはとくにはっきりとアメリカ合衆国において追究できる。ここでは、ユダヤ人はすでに二世、三世の時代になっており、しばしば彼らを非ユダヤ人と区別することはもはや困難になっている。ドイツ人、アイルランド人、スウェーデン人、それにスラブ系の人間なら、数世代を経たところで、まわりの大衆からすぐに区別して見抜くことができる。だが、ユダヤ人は――人種的な肉体の特色が、いわば許容するかぎり――もっともすみやかに、ヤンキー型のアメリカ人を模倣するすべを学んだ。だがもちろん、主として、衣服、髪型、態度などの外的補助手段が可能性を与えてくれるかぎりの話だ。

これよりもはるかにたやすく、当然のことながら、彼らの精神と道徳の可能性によって、ユダヤ人はまわりの環境の精神的態度をわがものにすることができた。

この精神の可動性――精神の迅速さ、知性の軽妙さ――によって、ユダヤ人は周囲の人々の精神の基調を察知し、その人たちが問題にしている事柄にすばやく目をつけて、それに調子を合わせ、迅速に、「感情移入」ができるようになった。では、道徳上の可動性とは何であろう？　ユダヤ人はまわりの状況に適応しようと努めるにあたって、ありとあらゆる倫理的、美学的な配慮が基になり、やっかいな障害がつくられることのないようにした。この道徳上の可動性は、ユダヤ人が目標に達することができるように、いわば進路を確保した。このさい助けになったのは、普通人格的威厳と呼ばれるものについて、彼らがあまり発達した感覚をもっていないことである。

ひとたび設定した目標に到達しようというとき、彼らにしてみれば、おのれを否定することぐらいなんでもない。

このユダヤ人の特徴づけは、実情に即しているのだろうか？　これについては彼らが、世の中の変化するもろもろの生存条件に、見ればすぐわかるように、はっきりと適応していることがすでに何よりの証拠である。しかしわれわれは、こうしてつくられた見解の正しさをユダヤ人の他のもろもろの特別にはっきりした素質によって裏づけすることができる。わたしはとくにジャーナリスト、弁護士、俳優になる上での彼らの卓越した本能を考えているのだ。これらすべての本能は、本質的にはユダヤ人の強大な適応能力に基づいており、そのなかで四つの基本的特徴が共通の効果をあげるために、しっかり結びついている様子がはっきりと示されている。この結びつきをイェリネークは、きわめて適切に、彼の評判になった小冊子のなかで証明している。

「ジャーナリストは、活気があり、可動性を備え、迅速に、情熱的に物事を解剖し、分解し、結合し、包括せねばならない。そして、事物の中心に突入し、時事問題の核心に迫り、論議の中心点に着目し、鋭い明確な輪郭のなかでおのれの対象をあつかい、警句、反定立、格言を思わすような簡潔な迫力ある文章のなかでそれを表現し、しかも、ある種の情念《パトス》と生命力、才気《エスプリ》と色彩、それに鋭敏さによって錦上花をそえなくてはならない」。まことにすべてがユダヤ的である。

これよりも、もっとはっきりと迅速に異質な理念の世界に身をおき、人間と事物の状態を、無理せずにしっかりと見通し、評価し、かつ利用する能力が、いかに俳優の長所や法律家の長所を形づくるかということが示されている。この点でユダヤ人には、その強力な主体性が役立っている。そのおかげで、ユダヤ人は他者の思想の世界のなかに侵入し、その場所に御輿《みこし》を据え、他者の名前の下に思考し、かつおのれを擁護できる。そこで法学がユダヤ人の文献のなかで圧倒的に大きな部分を占めているわけだ。

Ⅲ　資本主義に奉仕するユダヤ人の性質

われわれはまた、いかに、そしてなぜ、周知のようなユダヤ人の特性が、彼らに数学者、統計学者、医師、ジャーナリスト、俳優、弁護士として、さらにまた財政家、金融業者、一般に経済人として、資本主義経済組織の枠内で上手に活動させるようになったのかという疑問に直面することになった。さらに出現してくるのは、資本主義への特別な才能や、他のもろもろの才能が、ユダヤ人の性質の根本特徴に根ざしているのかという疑問である。

全く一般的には、すでにわれわれがユダヤ教と資本主義との間の内的関係について報告せねばならないと思ったことと同一の事柄をのべればよいであろう。すなわち、資本主義の根本理念と、ユダヤ人の本質の根本理念はまさに驚くべきほどの度合で一致しているために、われわれは、ユダヤ人の特性、ユダヤ教、それに資本主義との間には、意味深い対応があることをつきとめた。もしユダヤ民族のなかに、すべてを支配する特性として、卓越した精神性が見出されるとしたら、われわれはこれがまた、他者とは全く区別される資本主義的経済の特性であることを察知するであろう。ユダヤ人にあっては、組織し指導する活動がすなわち、つねに頭脳労働が手仕事から解放され、それと同時に、精神的—指導的な仕事が優先している様子が認められる。

「偉大な仕事を完成するには、何千本の手に対して一個の精神があれば十分だ」

純粋な資本主義的な性質が登場すればするほど、それだけますます純粋に、資本主義的性質の抽象性が姿を現わしてくる。これはその抽象性がはっきりと認められているユダヤ精神とまさによい対応をなしている。資本主義は、そのもっとも内的な本質からすれば、抽象的である。なぜなら、そのなかでは、すべての質的なるものが、純粋に量的な交換価値との関係に基づいて消滅してしまうからである。それに資本主義のなかでは、多くの生彩のある技巧的な活動の代わりに、ただ一個の商人的な活動が登場し、多くの色彩に富む枝葉に分かれた関係が、ただ一つの純粋な業務関係によって置きかえられるからである。その後資本主義が、いかにすべての文化現象からその具体性をはぎとるべく努めているか、さらに資本主義が、いかに風俗、習慣の多彩な状態や、すべての民族の色彩の豊かさを排除し、その代わりに、唯一の平均化されたコスモポリタン的都市組織をつくったかはよく知られている。こうした昔ながらのすべての多様性を単一化してしまう傾向のなかに、われわれがすでにユダヤ的だと認めてきた自由主義と、資本主義が内面的親近性をもっていることが示される。資本主義、自由主義、ユダヤ主義は実に密接に結びついていて兄弟関係にある。

さらに、世界から具体性をはぎとるあの過程を、資本主義がすべての現象を抽象的な金銭に従属させることによって成功させたという、もっとも重大な事柄をつけ加えるならば、われわれは実際にすべての資本主義経済の中核に——そしてすべてのユダヤ人の思想の本質のなかに入りこむことになる。この両者のもっとも内的な特性は、金銭によって完全に表わされる。

金銭は資本主義にとって、経済生活の量的な形式に成功するための手段である。しかし金銭はまた資本主義にとって、すべての出来事の出発点であるとともに終点でもある。われわれはすでに、資本を利用することが、利益獲得の理念によって支配されている資本主義経済の絶対的意味であることを見てきた。この経済の重要な特性は、これによりすべての価値を成果次第にすることである。仕事の評価は、成果の評価に置きかえられる。だが、これらのすべてはまた、ユダヤ人の性質とそもそも何の関係があるのかとの問いに対し、たいへん多くの関係があるとわたしは答えたい。

ユダヤ人にとっても、資本主義と同様に、金銭とその増殖は関心の中心点であるに違いない。それもたんに金銭の抽象的性質が、ユダヤ人の同じように抽象的性質と同質だからではなく、とりわけ金銭への高い評価が、ユダヤ人の別の根本的特徴である目的論的な考え方に即していからである。金銭は、絶対的手段である。そもそも金銭は、これによって実現できる目的に関してのみ意味をもっている。しかし、全く当然のことながら、つねに目的を考えている感覚方式、つねに目的の観点の下に整えられる生活は、やはり手段―目的の関係のなかでのみ価値がある。いやそればかりか、この関係ではすべてにまさる金銭をおのれの最高の努力目標として認めねばなるまい。

目的論的な見解も、その関心をちょうど資本主義のように、仕事の創造ということから、仕事の成果に置きかえる。ユダヤ人の性質の一特徴が、休まないことであることを想起するとき、これがまた資本主義の性質と密接に結びついていることがわかる。資本主義の性質は、必然的に永遠の更新、永遠の拡大、そして明日の利益のために、今日を永遠に犠牲にすることをせまるのだ。成功の追求、明日、明後日の過大評価とも名づけられるこの考え方（仕事第一主義）は、ユダヤ人がとくに得意とすることがわかっている信用取引によってつくられた一連の特性のなかでほど、はっきり現われるところはない。この信用取引のなかでは、後世になってやっと登場してくる様々な仕事が、明らかに当時も現実に効果をあげていた。人間の精神は今、生活している時期において早くも将来の体験や必要を予知する。そして信用は、現在の経済的行為によって、将来の経済的事実をひきおこす可能性を提供する。そして一般的な信用取引の拡大と強化は、後の時代をも含めた経済経営に対する一般人の参加を確認した。これによって利益獲得がねらわれた。しかしこのために、われわれは「目のあたりにあるものにすっかり身をささげる」幸福を断念せねばならなかった。[20] われわれはすでに目的意識が、合目的な行動方式をとろうと努める実用的合理主義に密接に結びついている有様を見てきた。ここでわたしが指摘したいのは、実用的合理主義が、ユダヤ人の精神と同様、資本主義経済の重要な構成要素となっていること、それに資本主義経済はまったくもって、すべての経済的事象の合理的形成の上に築かれていることである。したがってここにもふたたび、ユダヤ人の生き方と資本主義との間の目立った並行性が見られる。

もしわたしがこの形而上学的、イデオロギー的な二つの事象の本質比較の代わりに、もう一度全くあっさりと、なぜユダヤ人の様々な特性が、きわめて、資本主義的企業家になるのに適しているかをのべたとすれば、おそらく並の頭脳の持ち主にもずっとわかりやすくなるであろう。これによってわれわれは、これまでの様々な観察を通じてもたらされたのと同じ成果に、同一路線上で、無理せずに到達できるであろう（ユダヤ教と資本主義との間の関連の二とおりの根拠づけと、この二とおりの観察方式の並行性を、注意深い読者はおわかりのことだろう）。

ユダヤ人はとくに目標に向かって努力する態度と、強度に意志を緊張させることによって、良い「企業家」を養成した。彼らの精神の可動性のおかげで、つねに新しい生産、ならびに販売の可能性が見出されるようになった。組織づくりによってユダヤ人も、特別な目的のために一人の人間の特別な適性を発見させるような、部分的ながら人間に関する知識を育成できるようになった。「有機的なるもの」、自然なもの、成長するものに対するユダヤ人の感覚の欠如は、このさい何の障害にもならなかった。それは資本主義社会では、有機的、自然発生的なものはなく、あるのはただ機械的、技巧的、人工的なものばかりだからである。最大の資本主義的企業でも、随意にそれぞれの目的に応じて拡大し、分解し、変化させることのできる人工的機構にすぎない。これらのものは、つねに目的に沿ってつくられたものである。しかも（資本主義の、非常に頭脳明晰な解説者が考えているように）直覚的洞察から出た不可分な全体としてではなく、眼前の要求にしたがう個々の目的行動によって、各部が互いに相接してつくられるのだ。この意味で——巨大な資本主義的企業の創造者としての——ユダヤ人はまたおそらく天才的な組織者であろう。

ユダヤ人が資本主義的構造形成のもとになった、純粋な事物の関係を容易につくりだすことができるかぎり、この特性は特別な資本主義的組織者としてのユダヤ人に利益をも与えるのだ。前述したように、ユダヤ人には個人的なるものに対する感情や、個人的な従属関係に対する傾向があまり発達していないために、彼らは平然としてすべての「家父長制的なるもの」を断念することができる。彼らはまた感傷性に基づくあらゆる事柄の障害となる混乱した情熱を、労働契約の規定から排除し、顧客と労働者とのすべての関係をすみやかにもっぱら純粋に法的な、そして純粋に業務的基礎の上におこうとする。憲法に基づく労働法をめぐる労働者の闘争においては、ユダヤ人はきわめてひんぱんに労働者側に与する。

しかし「企業家の素質」よりもずっと多く、ユダヤ人は「商人」の素質をもっている。ユダヤ人はそれこそまったく、良い商人の素質を備えている。

前述したように、商人は数字のなかで生きている。そして数字は以前からユダヤ人の独壇場であった。彼らの抽象をうまく扱う素質は計算を容易にする。したがって、「計算」は彼らの長所である。卓越した計算能力に冷静な合目的性の意識が加わってくると、良い商人に求められる仕事の能率のよさの大部分が、すでに保証されることになる。有益、有効をねらう考慮は、すべてのチャンス、すべての展望、そしてすべての利益を慎重に考えるようにしむけ、すべての乱暴な企画や、すべての「無効」な行動を排除する。しかし計算尊重の態度は、これらすべての考慮に数量に基づく正確さを与える。ここで、こうした冷静に物事を考慮し、正確な計算をする人間に、前述したように、ユダヤ人には十分備わっている強力に事物を結合することのできる空想力を与えたあかつきには、われわれの面前に、完全な証券取引所の投機家が出現することになる。すばやく状況を見渡し、何千もの可能性を察知し、一発必中の確実さによって好目標をつかみ、決断力をもって業務に取り組んでゆく。前述したように、商人が行なうべきことはこれであり、その面ではユダヤ人はまさに完全な能力をもっている。わたしはここではっきりと巧妙な診断をする医師の活動と、これまた巧みな証券取引所の投機家の活動との間の内的親近性を指摘したいと思っている。両者ともに向いているのはユダヤ人だと思う。それというのも両者の類似の活動は、ユダヤ人の生活方式のなかにかっこうの土台をもっているからである。

「良い商人」であらんとする者は、だれしも、まず、「良い仲介者」であらねばならない。それではユダヤ人以上にだれがこの「仲介」の仕事を巧みに行なうであろうか？　彼らは昔から、つねに交易にさいし、巧みな仲介者であることが知られていた。市場の必要や、需要の特別な要求にしっかりと対応することが、まず求められていることである。だがユダヤ人は他のいかなる民族よりも、これこそ千倍もうまく、この仕事を行なう。さらに、暗示をする能力も、商人には不可欠の要素であるが、この能力もやはりユダヤ人が、卓越した度合で保持している。それも彼らの勤勉さ、可動性、一言でいえば、やはり彼らの感情移入能力のおかげである。

つねにくりかえし、同じ印象が与えられる、最高の資本主義的業績を生みだすには、ユダヤ人の特性ほど、適切な特性はない。わたしは、これ以上証拠を細かく取りそろえるのを断念してもよいと思っている。まだまだ証拠が不足していると思っている読者は、わたしが一方では資本主義と資本主義的企業家の側から、他方ではユダヤ人の性質の側から行なおうと試みた様々な分析を互いに比較することによって証拠の数を容易に増やしてゆくことができるであろう（たとえば、その内的本質からして、現状の変革を迫る証券取引の落ちつかない様子とユダヤ人の不安に満ちた休みのない様子との間の興味ある対応をみることができる）。だがこれで十分であろう。

わたしは他の場所で、もっとも適性のある企業家の性質、すなわち成功する資本主義的企業家を次のような標語を用いて特徴づけるべく試みた。それは、「彼は、精神的には、利口で洞察力があり、しかも精神内容が豊かでなくてはならぬ」というものだ。

利口というのは、物事を把握するのに迅速で、判断が鋭く、じっくりと考え、そして本質的なものに対する感覚を備えていることだ。これによってギリシア人が幸福と同じものと考えた「好機を捉える」ことができる。

洞察力があるというのは、人間の実情をよくつかみ、世間の事情に明るいということだ。人間の評価がたしかであり、したがって人間の取り扱いに巧みである。いかなる事物についても状況判断が適切であり、とりわけまわりの環境の弱点、欠点をよく承知している。精神の内容が豊富というのは、理念や着想が豊かということだ。

冷静というのは、情熱的な欲求や過度の肉欲から自由なことだ（もっとうまく表現すれば、自由であることが習い性となっていることだ！）。また感傷性や非実用的理想主義から自由だということでもある。

能率のよさ。企業家は業務上信頼がおけるし、義務に忠実で、節約をはかる人であらねばならない。わたしはこのようなわずかの記述を通じ、良い資本主義的企業家とユダヤ人が共に備えている重要な根本的特徴を明らかにしたと思っている。

（1）最近ふたたびするどい批判をはじめたR・S・ウッドウォースの「精神的特性のなかの人種上の差違」を参照のこと。これはソルヴェイ研究所の「月刊ブレッティン」第二十一号（一九一〇）にのっている。

（2）A・ルロア＝ボリュー『諸国民のなかのユダヤ人』（一八九三）二八九頁

（3）H・S・チェンバレン『十九世紀の基礎』第三版（一九〇一）四五七と次頁

（4）全く種々雑多で、あるときは排外的であり、あるときは団結する民族、国民、国民性などの言葉の意味をめぐる論争には、わたしはあまりかかわらないことにする。興味を抱かれる読者は、この問題に関連ある必須の知識をすべてフリードリヒ・J・ノイマンの民族および国民に関するすばらしい研究のなかに見出されるであろう（一八八八）。新しい価値のある、いわば改訂版を提供しているのは、オットー・バウアー『国民性の問題と社会民主主義』（一九〇七）、それにフェリックス・ローゼンブリュート「民族と国民の概念規定」（ハイデルベルク大学学位論文〈一九一〇〉）である。

(5) A・イェリネーク『ことわざに見るユダヤ民族』第二シリーズ（一八八二）一八と次頁以下、九一頁

(6) J・ツォルシャン『ユダヤ人の人種問題の理論的基礎を特別に顧慮した人種問題』（一九一〇）二九八頁

(7) A・イェリネーク　前掲書　第三シリーズ（一八八五）三九頁

(8) ファン・ワルテ・ド・サン・ファン「科学を利用した素質の試験」（『スペイン著述家叢書』第六十五巻　四六九と次頁以下）

(9) A・イェリネーク『ユダヤ民族』（一八六九）三七頁。有名なウィーンのラビが執筆したこの本は、ユダヤ人の性質について書かれた最良の書の一つである。ユダヤ人の性格について探究した著作のなかで、高い地位を占めるのはさらに、D・フヴォルゾンの小冊子『セム族の人々』（一八七二）である。この小冊子はとくにルナン『一般史とセム語の比較体系』（一八五五）と対決している。ユダヤ人の精神を深く、しかもはっきりとみつめた第三の書として、わたしはカール・マルクス『ユダヤ人問題』（一八四四）をとりあげたい。これらの人々（なんと三人ともユダヤ人だ！）以後、ユダヤ人の性質についてのべられたことは、反復でなければ、現実の歪曲である。

(10) 数学者としてのユダヤ人については、M・シュタインシュナイダーの論文がある。これは「月刊誌」第四十九―五十一号（一九〇五―〇七）にのっている。

(11) 医師としてのユダヤ人については、M・カイザーリンク「ユダヤ人医師の歴史」がある。これは「月刊誌」第八号（一八五九）と第十七号（一八六八）にのっている。

(12) J・ツォルシャン『人種問題』（一九一〇）一五九頁

(13) C・ラッセン『古代インド誌』初版（一八四七）四一四と次頁以下
(14) ピント『あるユダヤ人の手紙についての反省』初版　一九頁
(15) J・M・ヨースト『ユダヤ教とその宗派の歴史』第三版（一八五九）二〇七と次頁以下。ヨーストは、メシアへの期待に対して二つのユダヤ人グループがとった異なった立場が彼らの異なった「可動性」に帰せられることを確かめようとした。
(16)「デレヒエレン・ズッタ」第八章　A・タウロビ訳（一八八五）三八頁
(17)「メギラ」一六頁。イェリネークの前掲書　一六五頁に訳文が出てくる。
(18)「ミドラシュ・ラバ・ゲン」前掲書　四四頁、フローマーの訳文は前掲書　一二八頁に出てくる。
(19) M・ミュレ『ユダヤ精神』（一九〇一）四〇頁
(20) K・クニース『信用』初版　二四〇頁、第二版　一六九頁

解説

本書は、ヴェルナー・ゾンバルト『ユダヤ人と経済生活』Werner Sombart, *Die Juden und das Wirtschaftsleben*（一九一一年）の主要部分の邦訳である。テキストとしては、ドゥンカー&フムブロート出版社 Verlag von Duncker & Humblot（ミュンヘンおよびライプツィヒ、一九二八年）版を使用した。本書はその題名の大胆、かつ新鮮であることから、出版当時大いに反響をよんだが、ユダヤ人の活動、とくにその経済面での活動は今日ますます注目を集めていることからも、碩学のゾンバルトがこの問題に本書でどのように取り組んだかを再認識することも大いに意義があるものと思う。

生涯の素描

ヴェルナー・ゾンバルトは、一八六三年一月十九日、ドイツのライプツィヒ西方にあるメンゼブルク県の小都市エーメルスレーベンに生まれた。父アントン・L・ゾンバルトは貧しい土地測量士から、のちには農場主にもなった勤勉な人で、ゾンバルト出生当時すでにプロイセン王国の国会議員にも選ばれ、一八七一年のドイツ帝国成立後、帝国議会の議席も得た。ゾンバルトは幼少年時代は田園のただなかで育ったが、十二歳のとき父とともにベルリンに移り同地のギムナジウムに入った。そして、一八八二年にベルリン大学に入学した。彼は、社会政策の主唱者であるグスタフ・フォン・シュモッラーとアドルフ・ヴァーグナーの二人の教授から多くのものを吸収し、それと同時にマルクスの『資本論』のなかで展開された経済発展の理論を学習した。

一八八五年、ベルリン大学を卒業した彼は、ただちに斜塔で有名なイタリアのピサの大学に遊学し、イタリアの貧しい農村地帯の諸問題に興味を抱いた。彼が学界にデビューした処女作は『ローマのカンパーニャ』（カンパーニャは、平原、田舎などの意味、一八八五年）である。彼は一八八八年イタリアから帰って母校ベルリン大学から学位を授与された。だが、彼はベルリンで教職を見出すことができずブレーメンを経てシュレジェンのブレスラウ

ヴェルナー・ゾンバルト

（現在のポーランド西部の都市ヴロツワフ）に赴き、ブレスラウ大学で員外教授となり十六年間講義をつづけた。普通なら田舎の大学で、しかも正教授でなく教員活動をつづけることなど「左遷」とみられがちだが、ゾンバルトは研究心旺盛でマルキシズムに関する造詣を深め、労働関係の論文を新聞雑誌に次々に発表するとともに『社会主義と社会運動』（一八九四年）を著

し、その方面の権威と見なされるにいたった。

しかし、このことがあだになって一流大学の正教授になかなかなれなかった。たとえば、一八九八年、ハイデルベルク大学は、マックス・ヴェーバーの後継者として彼を招聘しようとしたが、バーデン大公国の議会が彼はマルキストだという理由でこれに反対したため実現しなかった。

しかし、ゾンバルトは『近代資本主義』（一九〇二年初版）の業績が認められて一九〇六年、ベルリン商科大学の正教授となり、ついで一九一七年、母校であるベルリン大学に招かれ、その年に死去した恩師アドルフ・ヴァーグナーの後任教授になった。一九三一年、ベルリン大学名誉教授となって退官したゾンバルトは、ふたたびベルリン商科大学に戻ってしばらく活動をつづけ、教職を去った晩年は『人間について』などの著述に専念した。彼は、一九四一年五月十八日ベルリンで没した。

『近代資本主義』と『ブルジョワ』

ゾンバルトの業績のなかで特筆すべきことはいくつかあるが、その一つは社会科学における価値判断の混入を排し、マックス・ヴェーバーとともに経済学を論理的、歴史的学問と規定したこと、また、若いときにはマルクスの強い影響を受けたとはいいながら、けっして真の意味でのマルクス主義者ではなく、逆に精神史観の学者として『近代資本主義』や『ブルジョワ』（一九一三年）といった大著を著したことである。それかあらぬか、彼の友人にも格調の高い理想主義者が多く、そのなかにはドイツの劇作家で『職工』『沈鐘』で名高いゲルハルト・ハウプトマンとその兄カール・ハウプトマン、哲学者マックス・シェーラー、政治家のヴァルター・ラテナウらの名があげられる。それというのも、ゾンバルトの学問的方法がこれらの理想主義的な人々を魅了したからであろう。彼は、総論としての『近代資本主義』とならんで、いわば各論として、『恋愛と贅沢と資本主義』（一九一三年。講談社学術文庫、二〇〇〇年）、『ブルジョワ――近代経済人の精神史』（一九一三年）、『戦争と資本主義』（一九一三年。講談社学術文庫、二〇一〇年）、それに本書『ユダヤ人と経済生活』を刊行した。これら各論的著作は、テーマをしぼっているだけに論旨の展開もわかりやすく生彩がある。ここではとくに、総論である主著『近代資本主義』と資本主義を促進した経済人たちの精神的態度をあつかった『ブルジョワ』のあらましを見てみよう。

ゾンバルトの主著『近代資本主義』の初版は一九〇二年に刊行されたが、一九一六年に再版が出たときに増補改訂された。さらに、一九二八年に続編ともいうべき『高度資本主義』が出版され、彼の資本主義についての歴史研究は完結した。

ゾンバルトは『近代資本主義』およびその続編のなかで、歴史現象を個性的にとらえることと、資本主義という複雑な経済的、政治的、文化的組織の全体を解明できる理念との総合をはかった。彼は資本主義について、まず、次のように規定している。

「これは流通経済組織であって、そこでは二つの別々の人間集団、つまり経済主体としての指導権をもつ生産手段の所有者と、経済客体としての賃金労働者が市場を介して結びつき、協調し、かつ、営利主義と経済合理主義の支配している経済体制である」

ところで、ゾンバルトは、資本主義の体制を前資本主義的、それに資本主義以後の三種に分け、さらに近代の資本主義体制のなかでは初期の資本主義の時代をおおよそ中世末期から十八世紀中葉まで、その後第一次世界大戦までを高度資本主義の時代、そして、それ以後の時代を後期資本主義の時代とよんでいる。

まず、初期の資本主義の時代においては、冒険心あふれるヨーロッパ人、それも主としてゲルマン人の企業家たちが「ファウスト」的精神に駆られ、資本主義の促進のために活動した。ファウストとは、十六世紀に実在したドイツの学者＝魔術師で、伝説によれば悪魔メフィストフェレスにおのれの魂を売ったことと引き換えにこの世の最高の知識と美女の獲得など最高の快楽を二十五年間享受したのち、約束通り地獄に落ちたといわれる。初期の資本主義の時代には、こうした「ファウスト」的精神に駆られた企業家、投機業者、大航海者、外国貿易会社員など一攫千金を夢見る人々が活動し、資本主義的経済体制の確立に一役買った。

他方、広い市民層のなかで冒険家とは違って、もっとまともな着実な方法で富を得ようという努力が生まれた。家政をきちんと整え、従来ともすれば支出が優先した経済を収入本位のみのりある経済に立てなおそうとする着実な態度がそれだ。その代表者は、十五世紀のフィレンツェの商人アルベルティであり、十八世紀のアメリカの政治家兼実業家のフランクリンであった。彼らは節約を説き怠惰と奢侈をきつく戒め、すべてをきめこまかい計算に基づくたくましい市民気質を育成すべく努めた。こうした堅実な市民精神は多くの国々に広がり資本主義企業の精神構造の中心をなすにいたった。これと引き換えに前述の冒険的企業精神は弱まって一部の少数者に宿るだけであり、資本主義の発展は一般に平凡な本能、能力を持つ大衆に依存しなければならなくなった。だからといって、冒険的な企業精神はその後もけっして消滅したわけではない。アメリカの実業家カーネギー、イギリス人のアフリカ征服者セシル・ローズなどはその好例である。しかし、近代の資本主義が発展し高度資本主義となって大いに躍進したものの第一次世界大戦の勃発をもってこれも終わりを告げ、その後の資本主義、すなわち、後期資本主義は発展の飛躍性がなくなり経済的弾力性を失い、人間でいえば老衰し肥満した有様を示すようになった。まさに「盲目の巨人の歩みに似ている」とゾンバルトは説いている。彼は、晩年は資本主義に背を向け計画経済促進を求めるような姿勢を示した。その点、彼の見方は後退したともいわれている。

『ユダヤ人と経済生活』第一部の要点

ところで、ゾンバルトは近代資本主義の促進にユダヤ人が多くの役割を示したことに注目し、そのことを『近代資本主義』などの著述でも強調した。しかしそれに飽きたらず、とくに本書『ユダヤ人と経済生活』に正面から取り組んだ。その成果が本書である。彼はマックス・ヴェーバーが『プロテスタンティズムの倫理と資本主義の精神』を著し、プロテスタンティズムが資本主義の発展に大いに関連があることを力説したのを読んで刺激され、本書を著したとのべているが、その結論はヴェーバーとは全く異なりプロテスタンティズムには資本主義をむしろ阻害する要素があり、むしろ、ユダヤ人の方が積極的に資本主義の発展促進につくしたとのべている。それについては後述することにして、まず、ユダヤ人の経済発展への寄与を扱った本書の第一部について見てみよう。

本書の第一部「近代国民経済形成へのユダヤ人の関与」は中心的話題としてユダヤ人と近代資本主義の関係をのべている。たとえば、ゾンバルトは、近代資本主義推進者、とくに王侯をファウストと見なしたが、そのさいメフィストフェレスの役を果たすのが宮廷に仕えたユダヤ人であるとして次のようにのべている。

「……たとえ近代国家の支配者のうちに一人のユダヤ人も見出しえないとしても、われわれはこれらの支配者、近代の君主らについてユダヤ人なくして考えることができない。それは、ちょうどファウストをメフィストフェレスなしに考えられないのと同じである。近世という処世術を君主はユダヤ人と手をたずさえて歩んできたのだ」

しかし、ユダヤ人がこうした役割を果たしたのはもっと以前からである。しかも彼らは王侯のみならず、あらゆる種類の大企業家にメフィストフェレスとして手を貸していた。それは、ユダヤ人が金銭を他人に貸し付けて利息を取るという仕事を早くから行なっていたからである。

もともと中世の封建社会では、キリスト教で他人に金を貸して利息を取ることは罪悪であるとされ、そのためキリスト教徒は大掛かりな金融業はできなかった。ところがユダヤ人にはこれが許されていた。もっとも、ユダヤ人であっても利息を取るのが許されるのは、相手が同胞ではなく異邦人の場合である。たしかに、古いユダヤ人の共同体では利息のつかない貸付のみが許され、無報酬で行う同胞の相互援助が当然とされた。しかし、異邦人からは利息を取ってもよいという規定がすでに最古の掟のなかに見出される。とくに、旧約聖書のモーセの五書の一つ「申命記」（二十三章の二十一）は次のようにのべている。

「外国人には利息を取って貸してもよい。ただ、兄弟には利息を取って貸してはならない。これは、あなたが出かけて占拠した地で、あなたの神、主がすべてあなたのすることに祝福を与えるためである」

この掟があるためにユダヤ人は、まず、バビロン、ついでアジア、ヨーロッパ、アフリカの各地に離散させられた後も、中世全期を通じキリスト教徒には課せられていた利息禁止の重荷から解放され、自由に金融業を営むことができた。

また、ユダヤ人はその他、商取引の各部門で資本主義の枠内で自由経済的な思考を進めることができた。これは、資本主義発展の基礎となった。近代の正直なキリスト教徒の企業家や商人にとっては市場獲得のための自由競争など到底考えられなかった。ところがユダヤ教の教師ラビのつくった掟では、それが公然と認められ、たとえば、こんなことも定められた。

「小売商人は、彼らのもとに買物に来る子どもたちを引き寄せるために、クルミなどを景品として与えることが許される。また、彼は品物を市場価格よりも安値で売ることができる。これには市場の人々は文句をつけることができない」

その後、キリスト教徒の企業家や商人も、ルネサンス、宗教改革、新大陸発見など激動の時代を経てようやく冒険的精神を抱きつつ、大幅な自由取引に乗りだすようになった。だが、何といってもこの方面の先駆者であるユダヤ人は持ち前の勤勉さを発揮して、金を儲け富豪となるものが続出した。そうしたユダヤ人の富裕ぶりが目立ったのは、まさに逆説的だがとくに十六世紀、カトリック教徒によってユダヤ人がイベリア半島（スペイン、ポルトガル）から追いだされるようになってからである。ユダヤ人はそのさい、多くの財産を売却したが、その代金を移住先の新天地の両替所で受け取り事業につぎ込んだ。たとえば、十七、十八世紀におけるオランダのユダヤ人の企業活動や富裕ぶりは有名で、彼らの豪邸はヨーロッパの有名な王公の宮殿にもけっして引けを取らなかったという。

もちろん、ユダヤ人のなかには貧しい者もいたが、ヨーロッパのみならずアメリカの新天地に移住したユダヤ人の生活は短期的に向上し、幼少時代に貧しかった者も成人する頃には金持ちの仲間入りをする者が多かった。

こうした傾向は現代まで及んでおり、とくにイギリスやフランスのロスチャイルド家が贅沢だったことはよく知られている。

ところでゾンバルトは、ユダヤ人の資本主義社会における活動のなかでも、とくに有価証券取引に取り組むさいの彼らの敏腕ぶりに注目した。この有価証券取引はユダヤ人の発明であり、今日でもその影響力は大きいとゾンバルトは説いている。

第二部の要点

第二部は、ユダヤ人が資本主義にいかに適合しているかを、とりわけ宗教生活との関連においてくわしくのべている。なかでも、ユダヤ人のきびしい性生活と食生活が近代資本主義の組織に適合していることをゾンバルトは重視している。ユダヤ教では性生活についてはきびしく、結婚以外の男女の性的交渉を認めていない。ゾンバルトも引用しているいくつかの掟は次のようにのべている。これらは何も古代ユダヤの掟ではなく、二十世紀に入ってからラビたちが説いたものである。

「商売女という定評のある女と同棲した者は投石して殺すべきだ」

「商売女の奉仕を受けたり、この種の女の衣裳を好色的な目つきで見てはならぬ」

「……街角で女のあとをつけてはならぬ。やむをえないときでも欲情をもってその女を見てはならぬ。また、好色的に女の毛髪を見たり、女の声を聞いてはならぬ。ともかく機会を避けよ。けっして男女が二人だけで同じ場所にいてはならない。また、異性間で冗談をいいあったり、ふざけただけにせよ手を握りあったり、ウインクしたり、抱きあったりキスしたりするのは罪深い」

「夫婦間の性行為はひたすら子づくりのためのみに行なわれるべきで、その目的以外のための男女の性行為は、与えられた精力の誤用であり人間をけもの並み、いや、けもの以下にする淫乱に他ならない」

ゾンバルトは、こうしたユダヤ教のきびしい掟のおかげでユダヤ人の私生児の数はきわめて少なく、たとえば、帝政ロシアではユダヤ人の私生児出産率は、ロシア正教、プロテスタント、カトリック、各信者の八分の一程度にすぎないと得意の統計的数字をあげて証明している。

しかし、自然衝動のなかでも強烈な性生活の抑制が進めば、当然、なんらかの捌《は》け口《ぐち》が必要になってくるだろう。これについて、ゾンバルトは次のようにのべている（本書第二部第十一章V）。

「思うに、性交の制限により蓄積されたエネルギーは、別の方向で威力を発揮することになった――別の方向というのは、周知のように西暦紀元後のユダヤ人が特別の状況におかれていたためもあって、経済活動の方向を意味していた。しかし百尺竿頭一歩を進め、たんにごく一般的に、性欲の制限と経済的エネルギーとの間の関連ばかりでなく、あの部分的な性生活面の禁欲と、利益獲得衝動との間の特別な関連を確定すべく努めることが、このさい必要であろう。さしあたり、この面ではまだ必須の学問的裏づけが不足している。わたしの知るかぎりではこの――すべての現代社会学の基礎となるべき――問題に取り組んだ唯一の研究者はウィーンの精神科医ジーグムント・フロイトである……彼の『衝動の抑圧』理論のなかで、時折、性欲を金銭獲得の方向へ押しやることが少なくとも可能であることがほのめかされている」

たしかにフロイトは、抑圧された性衝動を昇華する能力についてのべ、これによって人は性的目標から遠くはなれた社会的に有用な文化的な活動ができるようになったと説いている。ゾンバルトがユダヤ人の経済活動のさかんなことの謎を解く鍵として、このフロイト説を引用したのはまさに卓見であろう。

ところで、ユダヤ教のきびしい掟は食生活にもおよび、人は快楽のためでなく肉体保全のためにのみ食事せよとされている。そのほか、生活面における諸々のきびしい掟がある。たとえば、朝寝してはならない。それに、何よりも勤勉、節約第一の生活をせよというわけだ。昼間ワインを飲んではならない。それに、ユダヤ人の場合は政治、軍事、農業面などの活動がそれぞれ移住先の政府によって制限されたという事情があったために、自然衝動の抑圧によって蓄積されたエネルギーが、とくに経済活動となって噴出したとのべている。

第三部の要点

第三部は、経済論よりもむしろ人種論であるため、この文庫版では割愛したが、そのあらましは次のとおりである。

ドイツの学者の書くユダヤ人種論というと、どうしてもいまわしいヒトラー時代のナチス的人種論が想起される。周知のようにナチの人類学者はヒトラーの反ユダヤ主義に迎合し、世界には支配民族としてのアーリア系の北方民族と、被支配民族としてのその他の民族があるにもかかわらず、劣等民族であるユダヤ民族が金融資本を支配し、卑劣なあらゆる手段を用いて優秀な北方民族であるゲルマン人の地位を揺さぶろうとしているとのべ、ユダヤ人の絶滅を国策に掲げるにいたった。これによりアウシュビッツ強制収容所をはじめ欧州各地で六百万以上のユダヤ人が虐殺されるという痛ましい歴史がつくられた。

ゾンバルトは、こうしたナチ流の人種的偏見を一切持たなかった。むしろ「神ならざる身をもって、だれが『客観的』に価値ある業績とは何かとか、二つの民族、二人の人間のうち、どちらがより価値が高いかなどを決定できるだろうか？　この意味においては、いかなる個人も、いかなる個々の民族も、他人、他民族より価値ありとは見なされないのである」（本書「はじめに」）とのべ優秀民族、劣等民族といった国粋的な宣伝臭の強い言葉は一切排除した。

しかし、ゾンバルトも各民族の長所、持ち味はよくわきまえていた。彼は砂漠と大都市を同一視し、これに対照をなすのが森であるとしている。そして、かつては砂漠を放浪したユダヤ人は、今日、大多数が都市居住者となっているとのべたあと、「しかし、大都市は砂漠の直接の延長である――大都市は砂漠同様、靄が立ち昇る大地とは縁遠く、砂漠と同様その居住者に放浪者の生活を強いる」と説き、だから大都市居住者であるユダヤ人は強靭で抵抗力が強く、きびしい経済生活によく耐えられたのだといっている。

これに反し、北方民族（ゲルマン人）は森の人である。ゾンバルトによれば砂漠と森とは大きな対照をなし、それぞれの居住者も全く異なった性格をもっている。森の人は大地には親近感をもち森を切り開いて畑をつくり耕作して定住する。そこで彼らは森の木々や灌木、草原や鳥獣と一体化し、いわば自然と共存する。そのために実利一点ばりの砂漠居住者と違ってロマン主義的で理想主義的な心情を抱くようになる。こう説いたゾンバルトは、いわばユダヤ人と北方民族両者の性質、本質の止揚、統合を願っていたようだ。

ゾンバルトのユダヤ人論への批判

このようにゾンバルトは、資本主義は主としてユダヤ人がつくったものであり、資本主義の精神はユダヤ教に由来するところが多いと主張した。それに対して、かつての朋友マックス・ヴェーバー（一八六四—一九二〇年）が強い反論を唱えた。ヴェーバーは、前述したようにハイデルベルク大学を去るにあたって経済学教授の後任にゾンバルトを推薦したものの実現しなかった。しかし、二人が協力して「社会科学および社会政策年報」を編集発行した実績もある。

こうして二人は相互に学問的刺激を受け合ったが、とくに、ゾンバルトは、ヴェーバーが、まず、この雑誌に載せた『プロテスタンティズムの倫理と資本主義の精神』によって触発されて、本書『ユダヤ人と経済生活』を執筆したことを明記している。ところが、両者の見解は真っ向から対立したのである。

ヴェーバーは、職業統計および信仰統計の示す事実に基づいて、近代的企業における資本家および企業経営者のうちプロテスタントによって占められている数字はカトリック教徒よりも著しく高い比率を示していることをつきとめ、近代資本主義とプロテスタンティズム、とくにカルヴァン派の考えとの間に深い因果関係があることに着目した。

これに対しゾンバルトは、禁欲的なプロテスタントは当初は世俗的現世的な資本主義をむしろ憎んでおり、したがって、経済活動には冷淡であったとする。たしかに、プロテスタントはその後迫害を受け、とくに新大陸などに移住させられた者は彼らに許された唯一の活動分野である経済界で活動せざるをえず、これが、その土地の資本主義の発展に貢献したと彼はみている。しかも、そのさい模範となったのは以前から資本主義に適応する構えをみせていたユダヤ人であり、こうした意味からも資本主義の元祖はユダヤ人であるとゾンバルトは説いたわけだ。

これに対するヴェーバーの反論はきびしかった。ヴェーバーによれば、たしかにユダヤ教では同胞に対する対内道徳と異邦人に対する対外道徳の二元的対立があり、異邦人からの利子の徴収が認められたし、これに関連して租税請負、各種の国家金融が是認された。しかし、これは要するに貧民資本主義であって西欧で発生したような合理的資本主義ではない。その証拠に近代経済組織の創設者である大企業家のなかには、ユダヤ人はほとんどいないし、製造業者が登場したもののそれは最近のことである。ユダヤ人が合理的資本主義の成立に関してなんら貢献しなかったことは、彼らが同業組合の外にいたことからも明らかである。また、ユダヤ教の掟を集めたタルムードが示すようにユダヤ固有の倫理は特殊な伝統主義であり、敬虔なユダヤ人は経済活動であれ何であれ一切の革新を忌避するが、これでは資本主義の発展を助長しなかったのは当然である。このようにヴェーバーは、いわば資本主義の発展に関してはユダヤ人を重視したゾンバルトの立場を批判した。これは、もとをただせばゾンバルト、ヴェーバー両者が資本主義の精神について見解の相違があったからだろう。

ヴェーバーのいう資本主義の精神は、資本家（企業家）層と賃金労働者層、すなわち、近代経済社会の基幹部分をなす二つの社会層のどちらもが抱いている共通の心的態度であったが、ゾンバルトの資本主義の精神は資本家、企業家、つまりブルジョワの精神であってプロレタリアの精神ではなく、また、同じ企業家でもあまり近代的タイプとはいえず、それだけにユダヤ人がその先駆的存在となった高利貸しや平民的な小売商人や手工業者の営利欲までを小粒ながらも企業家のはしくれが抱く資本主義の精神と見なしたからである。それ故にゾンバルトにしてみれば、何も近代的大企業ではなく、こうしたささやかな「資本主義的」企業を促進したユダヤ人の功績を評価したともいえよう。

ルヨー・ブレンターノ（一八四四―一九三一年）は、さらにきびしくゾンバルトを批判した。彼はドイツの国民経済学のなかでも社会政策理論の代表者で、労働組合運動の鼓吹者として知られた大学教授であったが、ゾンバルトの『ユダヤ人と経済生活』を批判するためにわざわざ「ユダヤ民族と資本主義」という論文を著した。そして、そのなかで彼はユダヤ民族は、本来、ゾンバルトのいうような「商業民族」ではなく、むしろ「農耕民族」であったからけっして真の意味における資本主義の担当者ではなく、また、「資本主義の精神」もまったく他の起源より発展したもので、ユダヤ人は逆に資本主義の発展のさかんな地方に引き寄せられ、それが衰えた場合には他へ退去していったことを具体的な資料を示しつつ反論した。

彼によれば、ユダヤ人は砂漠の人、都会の人でなく北方民族同様の森の人となるわけで、商人的企業家的特性は一切なくなるわけだ。

ところで、現在のゾンバルトはどのように評価されているのであろうか？　ひとくちにいえば、死後五十年を迎えた一九九一年あたりから豊富な知識に基づく明解な彼の理論を再認識しようという動きが欧米各国でみられるようになった。本国ドイツでも『近代資本主義』『ブルジョワ』をはじめ『恋愛と贅沢と資本主義』（一九一三年）、『三つの国民経済学』（一九三〇年）、それに晩年の大作『人間について』などの著作が、最近次々と再版されるようになった。また、戦後の日本では金森誠也訳としては『恋愛と贅沢と資本主義』（論創社、一九八七年）と『ブルジョワ――近代経済人の精神史』（中央公論社、一九九〇年）『戦争と資本主義』（講談社学術文庫、二〇一〇年）、『人間について』（ＰＨＰ研究所、二〇一三年）などがある。その他の翻訳には『ドイツ社会主義』（一九三〇年、邦訳一九八二年、難波田春夫訳、早稲田大学出版部）がある。

そのなかでも、ゾンバルトの風変わりな資本主義史『恋愛と贅沢と資本主義』は禁欲、節約こそ市民的美徳であり、資本主義発展のもとと考えるヴェーバーの見解に対し、贅沢が資本主義の形成の条件であると説いた書として反響を呼んだ。これについては、経済主体としての企業家は節約せねばならないが、資本主義の成果を享受する王侯や成金はますます消費する必要があるわけで、ゾンバルトはこの二要素が同時に資本主義社会を構成すると説いた。

また、『ブルジョワ』にみられるように、資本家＝企業家の精神、即資本主義の精神と見なしたゾンバルトが賃金労働者層の独自な心的態度に冷淡であったこともマルキシズムの立場から批判された。だが、今日、マルキシズム自体が批判され動揺しているとき、ゾンバルト流の考えも再検討してみる必要があるのではあるまいか。たとえブルジョワのエゴイズムが社会を動かしてきたとの考えが不愉快でも、彼の分析に耳を傾けるべきだと思う。

ところで、ゾンバルトの『ユダヤ人と経済生活』についていえば、本国でも再評価の動きはあるようだ。本書を重要とみる経済関係者は多いという。それというのも、最近、ユダヤ金融資本の力の大きさが改めて痛感されるようになったからであろう。

たしかに、ユダヤ人といえば彼らが一九四八年に建国したイスラエルの政治的、軍事的な動きが依然として注目の的になっている。イスラエルのユダヤ人人口はわずか五百万くらいだが、ユダヤ人はこの国以外の世界各地に分散し活躍している。とくに、アメリカには全人口の三パーセント、およそ六百万人のユダヤ人が住んでおり、マスコミ産業、小売業、貴金属取引などに強い影響力をもっている。とくに、活躍が目立つのは投資銀行（証券受引業者）で、この他スーパーマーケットなどの流通業界、穀物メジャーなどの商社、販売代理業界、衣料、化粧品業界などがある。こうした経済面ばかりでなく、彼らは自然科学、社会科学の両面にわたる学界でオピニオン・リーダーとなっている。世界人口のなかの〇・三パーセント、イスラエルと世界各地の同胞を全部合わせてもわずか一千二百万人あまりにすぎないユダヤ人がなんとノーベル賞全受賞者総数五百五十八人のうちほぼ二〇パーセントの百四人（平成三年現在）を占めている。

このようなユダヤ人の現代資本主義社会における活躍ぶりをみるにつけても、なぜ、彼らがこのような素質と能力を獲得したかを知らねばならないであろう。この点、本書『ユダヤ人と経済生活』は、多少焦点が定まらないきらいがあるにしても、彼らの経済能力ばかりでなく内面的な思考や民族的特徴まで細かく描きだしている点において一読の価値があると思う。

おわりに、この機会に本書出版を実現させてくださった野村敏晴氏ほか当時の荒地出版社や関係者の方々に感謝したい。次に訳出のさい、大いに参考にさせていただいたのだが、昭和十八年に本書の一部を『ユダヤ人と資本主義』と題して国際日本協会から翻訳出版された長野敏一氏に厚くお礼を申しあげたい。

また、この解説執筆にあたっては小笠原真氏『ヴェーバー、ゾムバルト、大塚久雄』（昭和堂、一九八八年）を参考にさせていただいた。

金森誠也

一九九四年九月

学術文庫版訳者あとがき

本書の邦訳は今より二十年前に出版された。その間、ユダヤ人問題は、特にイスラエル国家とパレスチナの抗争によって、ますます注目されるようになった。また後述するように、この問題は、ゾンバルトがこの本を執筆した時代、すなわち、今より百年あまり前の、ユダヤ人にとっていわば平和だった時代からくらべると、きわめて深刻かつ複雑になっている。そうはいっても、ユダヤ人の経済問題に関する適性など、本書の中でゾンバルトが強調した彼らの性格は、本質的には変わっていないと思う。その点、現代の世界経済のさまざまな動向を考察するうえにも、本書がこのたび再刊されたことは意義深いことと思う。

しかし、何といっても本書の本旨は、「ユダヤ人の経済生活」の実情である。そのため、簡潔な本にして、より多くの方々に読んでいただくために今回、コンパクトな文庫の体裁をとって刊行したのである。

前回の訳書はあまりにも厖大であったが、今回の文庫化にあたり省略したのはまず、第一部の第六章、第七章である。これは、著者がユダヤ人論よりもむしろ、難解な有価証券論などを展開しているために、読みやすい文庫版として刊行するうえで割愛せざるをえなかった。

また、第三部は「解説」でも紹介したように、もっぱら人種論を述べており、ユダヤ人の経済生活とは関係のない部分も多いので、割愛する運びとなった。

それでは参考のために、割愛部分の章題を掲げておこう。

第一部　第六章　経済生活の商業化
Ⅰ　有価証券の発生
Ⅱ　有価証券による取引
Ⅲ　有価証券の創設
Ⅳ　工業の商業化
第七章　資本主義的経済志向の形成

第三部　ユダヤ的本質の誕生
第十三章　人種問題
Ⅰ　ユダヤ人の人類学的特性
Ⅱ　ユダヤ「人種」
Ⅲ　ユダヤ人的本質の恒常性
Ⅳ　ユダヤ人の経済活動の顕著な一特性

V　民族の特性の、人種に即した根拠
第十四章　ユダヤ民族の運命

＊

ところで、ゾンバルトが本書の原本を出版したのは、一九一一年、第一次世界大戦の前夜であり、すでに百年以上たっている。その間、ユダヤ人をめぐる国際情勢は大いに変化した。シオニズムによるパレスチナ移民の進行、イギリスがバルフォア宣言でユダヤ人国の建設を約したこと、パレスチナ人がユダヤ人の入植に反対し、そして、第二次世界大戦中、ナチス・ドイツによるユダヤ人大虐殺が行なわれた。

戦後は一九四八年、イスラエルが建国を宣言したため、アラブ諸国との対立抗争が続き、相次ぐ中東戦争が行なわれ、両者の対立は依然として続いている。

また、本訳書が荒地出版社から出版された一九九四年から、今回、講談社学術文庫の一つとして刊行されるまでの二十年間でも、イスラエルをめぐる情勢は大きな変化をとげている。

特に二〇一五年三月の総選挙によって政権継続をはたしたネタニヤフ首相はかねがね、パレスチナの国家樹立を安全保障のため認めない方針をとっており、今後の中東情勢はますます難航するものと見られるからである。

こうした現状とひきかえ、ゾンバルトが本書をあらわした約百年前のユダヤ人の生活は、いかにも幸福そうであり、他国民とくらべても、まったく恵まれているように思われる。ヒトラーの大虐殺の影響もあり、今日ではその数が少なくなったドイツにおけるユダヤ人も、当時は特にベルリンをはじめ各地で裕福な生活を送っていた。本書一七九―一八〇ページをみてほしい。

ユダヤ人の全住民がキリスト教徒と比較して六倍から七倍の金をもっていることを証明している。とりわけ教えるところが多いのは、ユダヤ人が他の住民よりも、約六倍富んでいる上部シュレジェンの諸都市とポーゼンの数字である。ではなぜ教えるところが多いかというと、それはこれらの土地ではいわゆる「貧しい」ユダヤ人が見られるからである

このようにゾンバルトは、ドイツには東欧系、西欧系の違いはあれ、ユダヤ人はキリスト教徒よりも裕福な生活をしていることを強調している。

こうしたゾンバルトの報告は、当時のドイツの文学作品にも描かれている。時代はややさかのぼるが、ヴィルヘルム・ラーベ（一八三一―一九一〇年）は、『飢餓牧師』（Der Hungerpastor 一八六四年）の中であるユダヤ人青年の次のような告白を伝えている。

……われわれユダヤ人は、長い間、不愉快な目にあってきた。しかし、いまは快適な状況が出現した。君たちキリスト教徒たちがあくせくと働き、苦しみ、不安になっていると

きに、われわれユダヤ人は悠然と生活をたのしんでいる。君たちの業績を、われわれも享受することができる半面、君たちの失敗については、われわれは無関係であり、悩むことはない。……われわれは君たちが最良の国家理念にむかって進めてゆく船の乗客である。だがもし、船が難破しても、溺死するのは君たちだけだ。われわれは、救命具をもっているから、悠然と泳いでゆけるのだ……。

このようなユダヤ人青年の言葉を読むと、生活のために必死に努力するキリスト教徒たち、ゲルマン民族たちよりも、はるかにユダヤ人の方が頭がよく、平然と快適な生活を享受しているようにみえる。こうしたラーベの描写はたしかに、いくらか誇張があるかもしれない。それでも、百年、二百年前のヨーロッパ、特にドイツのユダヤ人は、まさに幸福な日常を送っていたことがうかがわれる。

二十世紀に入ってからも、ユダヤ人の発展はめざましく、文化的にすぐれた人物も続出した。相対性理論のアインシュタイン、精神分析学のフロイト、それに、『変身』『城』などすばらしい作品を書いた小説家、フランツ・カフカの名前をあげるだけで十分であろう。

前述したように、ユダヤ人はその後、悲惨な生活を送った。特にドイツにおけるユダヤ人の迫害のひどさは筆舌に尽くしがたいものであった。

ところが、ゾンバルトも実はその時代に生きていた。ヒトラー政権の時代にも大学の教授をつとめ、執筆にはげんでいた。しかしなんとしても、反ユダヤ運動のさかんなドイツである。ゾンバルトはおのれの学説、すなわち、ユダヤ人はすぐれた経済的素質があり、資本主義社会の発展に大いに貢献したという見解を捨てたのであろうか。

私はけっしてそんなことはなかったと思う。たしかに、ゾンバルトは若い時はあたかも企業家や資本家の音頭取りだと批判されるくらい、西欧の資本主義の発展を謳歌した感があった。しかし、その後、恩師シュモッラーから「ゾンバルトはキリスト教迫害者であるサウロがパウロと名前まで変えて、キリスト教支持者になったように変身した」と批判されたように、ゾンバルトは地味な見解をもつようになった。彼はドイツも今後は工業よりも、農業重視の自給自足経済を推進しなければならないと主張した。しかし、彼の愛国心も、ナチス・ドイツの支持者から見れば、まったく物足りない見解であり、特に彼はヒトラー総統の役割を無視していると非難された。

ゾンバルトはそのような軍国主義的な雰囲気の中で、ナチのユダヤ人排撃の人種理論とはまったく対立するような、いわば諸民族の融和を求める『人間について』を一九三八年に出版した。これによってナチににらまれて、ゾンバルトの著書はただ学者だけしか販売がゆるされなかった。また、研究報告まで禁止されるようになり、不満を抱きつつ、一九四一年に死去したわけだ。

それもそのはずである。ゾンバルトは、最後までユダヤ人を礼賛する態度を改めなかった。ゾンバルトは『人間について』の中の人種論、民族論をあつかった部分で、人間の価値は、血による遺伝素質より、むしろ精神力にあると説き、アーリア人種の血の優秀性のみを絶叫したナチズムとは鋭く対立した。

また、彼は純粋な民族よりむしろ混血民族のほうがすぐれた素質をもつものが多いとして、特にユダヤ人をその例としてあげた。

さらに彼はユダヤ人は混血をくりかえしていたかもしれないが、彼らの外観は同一であり、まったく不変であるという見方を伝えた。その理由として、各民族の肉体的外観は、彼らの環境にむかっての持続的な努力、遺伝的な選択と淘汰によって、さらに重要なのは彼らの精神的、内的状況によってもたらされる、と述べ、暗にユダヤ人の精神的卓越性が彼らの外観をも規定すると述べている。

こうしてみると、ゾンバルトのユダヤ人への高い評価は、生涯、変わらなかったとみてよいであろう。その点、彼は生涯、この問題に関するかぎり、学者としての良心をいささかもおろそかにしなかったことがうかがわれる。

最後に、講談社学術文庫で本書の刊行を実現させてくださった梶慎一郎氏をはじめ、出版関係者の皆さまに深甚なる感謝の気持ちをあらわしたい。

二〇一五年　春

金森誠也

本書は、一九九四年に荒地出版社より刊行された『ユダヤ人と経済生活』（金森誠也監修・訳、安藤勉訳）を原本とし、一部を割愛して文庫化したものです。

ヴェルナー・ゾンバルト（Werner Sombart）
1863～1941　ドイツの経済学者，社会学者。ベルリン商科大学教授，ベルリン大学教授を歴任。著書に『近代資本主義』等がある。

金森誠也（かなもり　しげなり）
1927年，東京生まれ。東京大学文学部卒業。NHK勤務の後，広島大学・亜細亜大学・静岡大学・日本大学等の教授を歴任。1993年に日本独学史学会賞，2007年に国際文化表現学会賞受賞。訳書にゾンバルト『恋愛と贅沢と資本主義』『戦争と資本主義』ほか多数。

講談社学術文庫

定価はカバーに表示してあります。

ユダヤ人《じん》と経済生活《けいざいせいかつ》

ヴェルナー・ゾンバルト
金森誠也《かなもりしげなり》 訳

2015年6月10日　第1刷発行

発行者　鈴木　哲
発行所　株式会社講談社
東京都文京区音羽 2-12-21 〒112-8001
電話　編集（03）5395-3512
販売（03）5395-4415
業務（03）5395-3615
装　幀　蟹江征治
印　刷　豊国印刷株式会社
製　本　株式会社国宝社
本文データ制作　講談社デジタル製作部

ISBN978-4-06-292303-3

「講談社学術文庫」の刊行に当たって

これは、学術をポケットに入れることをモットーとして生まれた文庫である。学術は少年の心を養い、成年の心を満たす。その学術がポケットにはいる形で、万人のものになることは、生涯教育をうたう現代の理想である。

こうした考え方は、学術を巨大な城のように見る世間の常識に反するかもしれない。また、一部の人たちからは、学術の権威をおとすものと非難されるかもしれない。しかし、それはいずれも学術の新しい在り方を解しないものといわざるをえない。

学術は、まず魔術への挑戦から始まった。やがて、いわゆる常識をつぎつぎに改めていった。学術の権威は、幾百年、幾千年にわたる、苦しい戦いの成果である。こうしてきずきあげられた城が、一見して近づきがたいものにうつるのは、そのためである。しかし、学術の権威を、その形の上だけで判断してはならない。その生成のあとをかえりみれば、その根は常に人々の生活の中にあった。学術が大きな力たりうるのはそのためであって、生活をはなれた学術は、どこにもない。

開かれた社会といわれる現代にとって、これはまったく自明である。生活と学術との間に、もし距離があるとすれば、何をおいてもこれを埋めねばならない。もしこの距離が形の上の迷信からきているとすれば、その迷信をうち破らねばならぬ。

学術文庫は、内外の迷信を打破し、学術のために新しい天地をひらく意図をもって生まれた。文庫という小さい形と、学術という壮大な城とが、完全に両立するためには、なおいくらかの時を必要とするであろう。しかし、学術をポケットにした社会が、人間の生活にとってより豊かな社会であることは、たしかである。そうした社会の実現のために、文庫の世界に新しいジャンルを加えることができれば幸いである。

一九七六年六月

野間省一